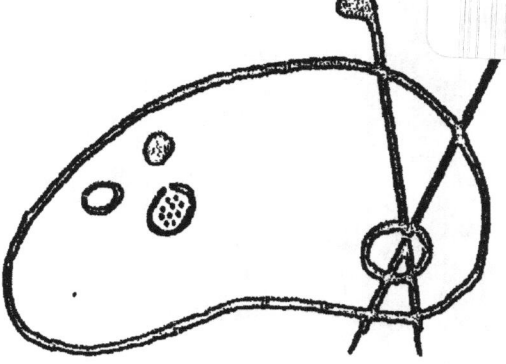

Couvertures supérieure et inférieure
en couleur

36013

APERÇUS FONDAMENTAUX

DE

PHILOSOPHIE MATHÉMATIQUE

MONTPELLIER, TYPOGRAPHIE DE BOEHM ET FILS.

APERÇUS FONDAMENTAUX

DE

PHILOSOPHIE MATHÉMATIQUE

PAR

JOSEPH-ÉMILE FILACHOU

DOCTEUR ÈS-LETTRES

Neque quisquam, quod ad hypotheses attinet, quicquam certi à philosophiâ exspectet...

MONTPELLIER
F. SEGUIN, LIBRAIRE
rue Argenterie, 25

PARIS
DURAND, LIBRAIRE
rue des Grès, 7

1860

A LA FACULTÉ DES LETTRES DE MONTPELLIER

Hommage de reconnaissance.

FACULTÉ DES LETTRES DE MONTPELLIER

MM. SIGUY, Doyen.
FLOTTES, Professeur honoraire.
GERMAIN, Professeur d'Histoire.
TAILLANDIER, Professeur de Littérature française.
MONDOT, Professeur de Littérature étrangère.
JEANNEL, Professeur de Philosophie.

AVANT-PROPOS

Je continue l'exposition de mes idées. Bien que les écrits ainsi successivement mis au jour tendent tous au même but, et que je les crois vraiment utiles à plusieurs, je ne me fais point illusion sur leur mérite. A mes yeux, tout ce que j'ai publié jusqu'à ce jour et que je publie même maintenant, n'est qu'une ébauche du vrai système de la nature ; mais je suis néanmoins beaucoup encouragé dans ces travaux, parce que j'ai lieu de reconnaître chaque jour que mon point de vue s'agrandit de plus en plus, et que, au bout du compte, ces essais doivent aboutir à l'institution d'une méthode générale capable d'embrasser à la fois, dans quelques formules très-simples, tous les ressorts et tous les objets du savoir.

Un système ne se recommande pas seulement par les raisons absolues qu'il peut invoquer à son appui ; il vaut surtout, quand il est conforme à la nature des choses, par les moyens qu'il fournit de passer de soi-même d'un ordre de vérités à l'autre, et de sentir, en quelque sorte, que la vérité en sort comme l'eau sort d'une source naturelle. Aussi, tel étant pour moi l'état des choses, je ne suis nullement touché des attaques dont je puis, très-indirectement d'ailleurs, être l'objet, quand on me reproche par exemple d'être obscur ou inintelligible, de supposer ceci ou cela, etc. Si l'on voulait discuter sérieusement, voici ce qu'on devrait faire : on devrait, parmi les propositions que j'établis, en choisir une ou deux principales, les soumettre aussitôt à un examen rigoureux, et démontrer qu'elles sont fausses ou contradictoires. Or, c'est ce que précisément l'on ne fait point. On détache seulement quelques traits, comme les Parthes, en fuyant ; on attaque l'homme, non la doctrine. Si, par ce procédé, l'on a l'avantage de blesser plus ou moins son adversaire, on n'a pas certainement celui d'en retirer beaucoup d'honneur.

Ceux qui taxent un auteur d'obscurité, peuvent bien vouloir donner à penser, ou qu'il ne s'entend pas lui-même, ou qu'il ne sait pas rendre ses pensées ; mais au fond, ils ne prouvent qu'une chose, savoir : qu'ils sont incompétents à le juger. Il s'en faut bien, en effet, qu'un livre de philosophie métaphysique doive pouvoir être lu comme on lit un ouvrage de littérature ou un discours de morale. Tous les écrits de cette dernière espèce sont ou doivent être clairs, parce que leurs auteurs s'y proposent moins de dire des choses nouvelles que de rendre nouvelles les anciennes. Le lecteur, ainsi présupposé d'avance au courant de ce qu'il lit, n'a plus rien à faire qu'à goûter l'art avec lequel ses propres pensées lui sont rendues plus belles qu'il ne les a conçues lui-même, et de là lui vient aussi le plaisir particulier qu'il goûte alors. Dans les écrits de cette métaphysique, au contraire, et dans ceux surtout dont l'objet est, non de réhabiliter des pensées communes, mais d'en rechercher et présenter de nouvelles, il ne s'agit plus d'en appeler aux connaissances préalables des lecteurs; car ce sont précisément ces mêmes connaissances préalables qu'il importe alors d'annuler, pour leur en substituer de meilleures et de nouvelles. Ce qu'on auteur peut et doit alors demander à son lecteur, c'est seulement de venir à lui le plus vide possible de connaissances acquises, et le plus plein possible de désirs et de moyens de savoir. Les moyens de savoir, personne ne peut les donner; mais le vide de connaissances préalables dont je parle, s'il n'existe pas, il faut le faire ; et l'auteur qui le fait, n'agit pas moins sagement que si, chargé de montrer à des hommes qui n'auraient jamais vu le ciel, les astres du firmament, il attendait pour cela qu'il fît nuit, et puis, quand la nuit serait venue, les mènerait en plein air, où il leur dirait : Maintenant, regardez en haut, voilà les astres ! Si par hasard ces nouveaux venus étaient aveugles, ils pourraient bien alors se plaindre, en apparence avec raison, de de ce que le démonstrateur a choisi le moment de la nuit pour les surprendre ; mais au fond ils auraient tort, car c'est bien à la faveur de la nuit qu'on peut voir et contempler les astres. Or, il en est tout à fait des vérités intelligibles ou absolues comme des astres ; l'obscurcissement du sens, c'est-à-dire des choses présentes, des connaissances usuelles, est l'indispensable et première condition de leur vue nette et distincte ; les représentations sensibles et concrètes les découvrant en s'effaçant elles-mêmes. Ceux qui se flattent de les percevoir autrement, n'ont jamais compris la différence qui règne entre les choses obscures qu'on voit seulement au moyen d'une lumière étrangère, et les choses lumineuses qu'on contemple seulement dans leur propre lumière. Ce qui est essentiellement lumineux demande les ténèbres. C'est le cas de dire : Voulez-vous voir, faites la nuit. Ce procédé ne nous est point au reste particulier : les auteurs allemands, comme on sait, en usent largement; et, parmi les philosophes français, leur chef Descartes lui-même nous paraît l'avoir connu et pratiqué. « *Inculta illa (scripta mea)*, écrivait-il (*Epist. 94, ad Chanutum*), *in lucem edidi, et absque ornatu ullo qui posset oculos vulgi allicere, ne scilicet ab iis perspicerentur qui hærent in cortice, sed ab ingeniosis tantùm nonnullis, qui illa sedulò examinarent.*

Si l'on veut bien me lire comme je désire être lu, l'on ne s'arrêtera point, ainsi que je l'ai déjà dit, sur ce qu'il y a d'accidentel dans mes idées, mais seulement sur ce qui en est comme le fond et l'essence ; c'est en effet ceci qu'il importe d'examiner, et non le reste, dont l'exposition est nécessairement incomplète. Par exemple, dans l'Introduction, j'énumère quatre sortes d'opérations, qui sont les opérations *constitutives*, *statiques*, *dynamiques* et *effectives*. Or, est-ce que, en établissant cette série d'opérations distinctes dans un certain ordre, j'ai tant soit peu voulu donner à penser qu'on ne saurait d'aucune manière les classer dans un ordre différent ? Nullement. J'affirme seulement par là qu'il y a des opérations *constitutives*, des opérations *statiques*, etc. ; et, bien qu'alors je suive pour les exposer un certain ordre, j'ai si peu la pensée de donner cet ordre pour irrévocable ou unique, qu'à mon avis, il eut, au contraire, tout à fait impossible d'établir sur ce point une ordonnance exclusive. Hors de fait, rien ne peut décider à cet égard, et volontiers je dirai là-dessus ce qu'on a dit de l'espace, savoir : que, comme il n'y a dans l'espace ni haut ni bas absolus, de même il n'y a point, dans les modes de l'activité, de détermination actuelle qu'on ne puisse prendre en quelque sorte à l'envers, et ranger à certains égards à la dernière place, comme sous quelque autre rapport à la première.

Je n'ajouterais plus rien, si je ne sentais encore le besoin d'avertir le lecteur qu'un savant célèbre semble avoir émis depuis longtemps une doctrine conforme à celle que je soutiens et développe dans cet écrit. « La méthode de ne point errer est recherchée de tout le monde, a dit Pascal (*Pensées*, 1re part., art. 3). Les logiciens font profession d'y conduire, les géomètres seuls y arrivent, et hors de leur science et *de ce qui l'imite*, il n'y a pas de véritables démonstrations. » On verra bien toutefois, par la suite, que ces paroles n'expriment qu'un vague pressentiment de la vérité tout entière, et qu'en définitive la vérité se trouve ou peut se trouver dans les diverses sciences, non parce qu'elles *imitent* les mathématiques, mais parce qu'*à la forme près*, elles sont toutes plus ou moins mathématiques. La vérité est une, et par conséquent la même partout.

DE
L'IDENTITÉ DES MATHÉMATIQUES
ET
DE LA PHILOSOPHIE, EN GÉNÉRAL

INTRODUCTION

DE L'IDENTITÉ
DES
MATHÉMATIQUES ET DE LA PHILOSOPHIE
COMME SCIENCES.

1. Nous sommes intimement convaincu que les idées, encore si diversement envisagées de nos jours : d'*être*, de *vie*, d'*esprit*, de *corps*, de *minéral*, de *végétal*, etc., sont essentiellement susceptibles d'être présentées sous la forme et avec la clarté des définitions mathématiques ; que toutes les grandes ou petites divisions de la philosophie, comprenant, soit les forces principes des différents phénomènes internes ou externes, soit ces phénomènes eux-mêmes, ne sont pas autre chose que l'indication des divers aspects sous lesquels on a coutume de considérer en mathématiques toutes grandeurs données ou leurs variations; en un mot, que les mathématiques et la philosophie, ces deux sciences aujourd'hui réputées si différentes, ne diffèrent point cependant en réalité, mais sont destinées

à se confondre un jour comme étant absolument identiques. Tout à fait étranger à certaines sciences naturelles et très-imparfaitement initié d'ailleurs à plusieurs autres, nous n'avons point la prétention de venir démontrer comme actuellement accomplie cette identité, dont la réalisation ne peut être que la conquête de l'esprit humain au terme de ses progrès; nous avons seulement à cœur de justifier la conviction qui nous anime et qui nous porte à désirer que tous les efforts soient dirigés dans ce sens, en démontrant la possibilité de la chose, et prouvant que les *notions* et les *opérations* philosophiques sont des notions et des opérations mathématiques; et inversement, que les points de vue des mathématiques appartiennent à la philosophie.

CHAPITRE PREMIER

Des NOTIONS fondamentales philosophiques et mathématiques

2. Les notions mathématiques les plus générales se réduisent, comme on sait, à celles de quantité *positive* ou *négative*, *rationnelle* ou *irrationnelle*, *réelle* ou *imaginaire*.

On appelle *positive* la quantité affectée du signe $+$, *négative* la quantité affectée du signe $-$; *rationnelle* la quantité susceptible d'expression numérique exacte, *irrationnelle* la quantité non exprimable exactement et dès-lors nécessairement représentée par un symbole tel que $\sqrt{2}$; *réelle* la quantité que, explicitement ou implicitement, on parvient à représenter en employant un nombre fini ou infini de termes; *imaginaire* celle qui n'exprime ni n'implique absolument rien de réel et s'aheurte immédiatement au contradictoire ou à l'absurde, comme dans cet exemple : $\sqrt{-2}$. En réfléchissant un moment sur ces *six* espèces de notions mathématiques, on reconnaît sans peine qu'elles se réduisent à quatre. Car les quantités dites *positives* et *négatives* sont les unes et les autres *rationnelles*, et les quantités dites *rationnelles* et *irrationnelles* sont encore indistinctement nommées *réelles*; c'est pourquoi, si l'on tient à éviter les doubles emplois et qu'on veuille bien se contenter du nom déjà trouvé pour chaque espèce de quantités, on les comprend et désigne toutes à la fois en nommant le *positif*, le *négatif*, l'*irrationnel* et l'*imaginaire*, comme on peut s'en convaincre en jetant les yeux sur le tableau suivant :

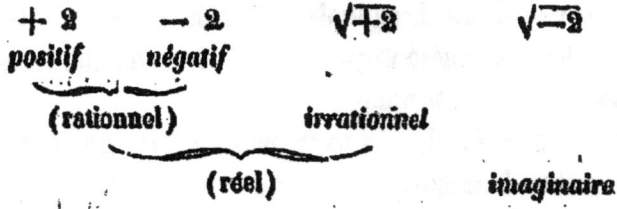

La philosophie, dans ce qu'elle offre de fondamental et d'invariable, n'implique maintenant rien de plus ni de moins que ces mêmes quatre notions, dont les trois premières expriment à nos yeux le triple caractère *relatif* ou *réel* de l'être, et la quatrième le caractère éminemment inanalysable de l'être ou l'*absolu*.

3. Du positif. — Occupons-nous en premier lieu de l'interprétation philosophique des expressions de la forme $+2$, ou *positives*.

Position et *positif* sont deux mots bien éloignés d'offrir le même sens. Le mot *position* désigne une chose abstraite, une représentation pure ou une idée logique; telle est l'idée représentée par le simple signe 2, ou de dualité. Ce signe 2, à moins qu'on ne sous-entende ou qu'on n'ajoute par la pensée le signe +, exprime simplement quelque chose d'idéal et sans objectivité proprement dite ou percevable, quoiqu'on en ait l'image ou la représentation dans l'esprit. Le mot *positif*, au contraire, suppose à la chose représentée cette actualité qui lui manque encore par hypothèse ; et c'est ce que la définition mathématique du *positif* fait très-bien reconnaître, lorsqu'elle dit qu'il est toute position imaginable affectée du signe + [1]. La définition mathématique du positif en est donc aussi la définition philosophique.

Au lieu de la simple expression 2, prenons donc l'expression beaucoup mieux déterminée + 2, et ne manquons point encore, pour en mieux fixer le sens, de mettre, comme on a coutume de dire, en la prononçant, l'accent sur le signe + : que s'ensuivra-t-il ? Si nous avons le soin de remarquer que la plupart des choses ainsi caractérisées pour nous ne le sont point arbitrairement de notre part, mais nous apparaissent ou nous sont données généralement comme telles, nous serons en droit d'en inférer que la catégorie du *positif* contient naturellement dans sa sphère toutes les choses que nous sommes universellement enclins à qualifier de concrètes; telles que le

---

[1] Le positif est tel, parce qu'il peut s'ajouter même à zéro, et que le négatif ne s'ajoute point, mais se retranche. On pose le contingent en l'ajoutant, parce qu'il présuppose toujours quelque chose, et de là vient l'idée de création.

soleil, la terre, notre corps, les pierres, l'eau, les éléments, etc. Nous devrons également comprendre dans la même catégorie du *positif* les choses mêmes qu'on range assez volontiers au nombre de nos simples affections sensibles, telles que le chaud et le froid, le blanc et le noir, l'aigre et le doux, etc. Car toutes ces choses sont bien positives ou manifestement affectées du signe + par rapport au sens qui les subit; il suffit, pour s'en convaincre, de réfléchir un peu sur l'effet de la suppression des êtres corporels dans la nature, ou des affections sensibles dans notre âme. L'effet de cette suppression qui se traduit en général par une simple note d'*absence*, est de nous constituer, soit au dehors, soit au dedans, dans le vide. C'est ainsi, par exemple, que les corps font place au lieu, la lumière à l'ombre, le bruit au silence, etc.; et certainement, en comparant ces différentes choses entre elles, nul n'imaginera de réputer positives celles qui lui sont seulement signalées par l'absence des autres. Les choses telles que les corps ou leurs impressions sur nous, sont donc les choses *positives* par excellence; mais ce caractère leur vient exclusivement du signe +, qui leur est inhérent ou dont elles ne peuvent absolument se dépouiller, de sorte qu'il en est, à proprement parler, la qualité spéciale ou l'essence.

4. Cela posé, voulons-nous considérer un peu de près la naissance ou la production du positif, voici ce

qui nous apparaît clairement. En admettant qu'une activité subsiste prête à s'exercer, mais sans s'exercer encore d'aucune sorte, elle ne se sent ni ne se représente encore aucunement; elle est donc comme n'existant point et ne peut s'attribuer aucune position hors de l'idéal, où par hypothèse elle réside. Mais qu'elle vienne à s'appliquer ou qu'elle passe en relation actuelle avec elle-même, soit du dehors, soit du dedans, aussitôt elle se détermine et se fixe ou devient positive; par cela seul qu'elle se donne ou reçoit le sentiment et la représentation ou la conscience absolue d'elle-même. Cependant, tout mode actuel de conscience ne mérite point d'être réputé spécialement *positif*; et, dans la contingence, celui-là seul est absolument positif qui constitue le *premier* et *immédiat* exercice d'une activité précédemment non appliquée. Une activité qui s'exerce pour la première fois et sans termes moyens, est évidemment une activité *vierge*, et par conséquent principe; *finale*, et par conséquent complète. Mais, en tant que nous la supposons encore en cours d'application contingente, elle est bien toujours censée distincte de l'effet produit; de sorte que cet effet qu'elle opère, elle ne laisse point de l'opérer comme hors d'elle-même, et il subsiste en elle comme flottant entre le dedans et le dehors. D'ailleurs, en tant qu'il est réputé *contingent*, elle ne l'opère ou n'y touche, en quelque sorte, que par un bout de son être; mais parce qu'il est son *premier* acte, elle ne saurait être empêchée de concentrer sur lui tout le degré d'attention disponible en principe. Elle n'a pas davantage raison de rien ajouter par la pensée, l'esprit, à ce qu'elle opère. Elle opère donc alors simplement ce qu'elle perçoit, comme elle perçoit simplement ce qu'elle opère ; elle se voit agir comme si elle ne s'appartenait point ; elle s'ignore comme cause ; et cela est si vrai, que ses mobiles ou ses ressorts d'alors lui sont, de fait, complètement inconnus. Qui ne sait, par exemple, que nous ignorons la plupart des forces ou facultés qui sont en jeu dans nos actions les plus communes, et que nous nous mouvons toujours d'instinct, sans calculer le degré de vitesse ou d'énergie requis pour une marche plus lente ou plus rapide ? Les mobiles ou les ressorts des premiers actes ou des actes immédiats, quoiqu'ils existent et nous influencent bien incontestablement, nous sont donc absolument inconnus ; et, par un effet direct de cette ignorance ou de cet oubli, toute l'attention se concentre alors sur l'effet ou l'acte. Nous sommes semblables à l'homme qui verrait des caractères se former sur un mur, et ne verrait point la main qui les trace. Nous voyons des actes, mais nous n'en apercevons point les causes ; nous n'en apercevons pas davantage les effets ultérieurs. Tout est compris pour nous dans un présent qui passe ou dans un espace limité ; chaque chose que nous apercevons est circonscrite dans un temps ou dans un lieu donné ; mais aussi nous avons le plaisir de l'apercevoir bien positivement ou matériellement. N'est-ce point ainsi qu'on entend un son, qu'on voit une couleur, qu'on distingue un ou plusieurs corps? Tout ce que nous saisissons sensiblement ou physiquement est originairement isolé s'il est distinct, et distinct s'il est réel; c'est quelque chose comme + 1, + 2, + 3, + 4, etc. Ce n'est pas à dire, pour cela, que les êtres ou les actes physiques ne soient diversement liés les uns aux autres; mais cette liaison est une chose qui leur vient d'ailleurs, par exemple de la forme. Ils sont semblables à des anneaux qui se tiennent, et cependant sont parfaitement isolés, distincts; ils sont d'ailleurs, ainsi que nous le disions tout à l'heure, marqués du signe + par la nature, c'est-à-dire absolument premiers et immédiats, ou *positifs*.

Tout *positif* est premier et immédiat. Cette double assertion est pleinement conforme aux notions mathématiques les plus élémentaires, d'après lesquelles toute quantité, à moins d'avis contraire et par cela seul qu'elle est donnée, porte implicitement avec soi le signe +, et d'après lesquelles encore la première opération arithmétique sans laquelle il ne serait jamais question de soustraction, de multiplication, de division, est l'*addition*, c'est-à-dire, cette opération qui procède par le simple emploi du signe +.

5. Bien que, dans le cours des opérations algébriques, on puisse arriver à des équations exclusivement

composées de termes négatifs, il suit de ce que les premières quantités sont nécessairement *positives*, que des équations composées de termes tous négatifs ne sont point naturelles ou bien s'écartent de la forme primitive, évidemment possible avec des termes tous positifs. Soit alors une équation composée de termes tous positifs, telle que celle-ci : $m + n = p + q$: nous en déduirons immédiatement cette autre, composée de termes positifs et négatifs : $m - q = p - n$. Et telle est effectivement la marche ordinaire de l'esprit allant du positif au négatif. Mais il est bien clair, d'abord, que les mêmes quantités n et q, qui s'y présentent sous forme négative dans la seconde équation, étaient positives dans la première. On comprend, en outre, aisément que, si les quantités n et q sont positives dans la première, elles doivent l'être également (puisqu'elles n'ont pas changé de nature) dans la seconde, et que si cependant il y a lieu de les réputer cette fois négatives, c'est par un simple effet de changement de relation externe; d'où il résulte qu'on en fait varier, non le sens ou la valeur absolue, mais seulement l'application ou la valeur relative. Les quantités mathématiques sont donc, d'abord et constamment, en elles-mêmes positives; et lorsqu'on les trouve sous forme négative ou qu'on a $-n$, $-q$, etc., c'est comme si l'on avait $-(+n)$, $-(+q)$, etc.

Toutes les quantités sont radicalement positives, *prises individuellement*, et c'est seulement quand on cesse de les envisager de la sorte, pour les prendre ensemble et les associer dans un système quelconque, que la première sorte de position absolue devient relative et susceptible de changement ou de variation. Le mode d'existence des divers êtres de la nature et nos propres modifications, s'expliquent aisément par ce moyen. Chacun de ces êtres et de nous tous a d'abord sa nature propre, qui est bien absolument positive ; mais ensuite, bien que cette nature ne dût jamais changer, en la supposant isolée de tout le reste, elle ne laisse point d'être excessivement modifiable au contact de tous les autres corps de la nature, et c'est alors par un simple effet des circonstances que nous changeons presque continuellement de sentiment, d'état ou de forme apparente. Ainsi, quand dans nos relations externes avec les autres êtres, nous passons du *plus* au *moins*, nous éprouvons quelque chose d'analogue à ce qu'on appelle froid, ténèbres, silence, etc. ; quand, au contraire, nous passons du *moins* au *plus*, nous éprouvons ce qu'on appelle chaud, lumière, bruit, etc. Un certain instinct a toujours porté les bons physiciens à s'expliquer à ce point de vue la différence des deux électricités dites positive et négative. Les fluides imaginés pour rendre compte des phénomènes caloriques, lumineux, électriques et magnétiques, représentent en principe l'état normal des êtres, en deçà ou au-delà duquel ils ressentent l'excitation en plus ou l'excitation en moins. Il n'y a point d'autre sorte de négation possible ou concevable dans le ressort des sens ou de la nature physique '.

Il importe, ici, de ne pas passer outre sans être bien convaincu de cette vérité, qu'il n'y a point d'êtres négatifs dans la nature, et que, s'il y en a de tels en apparence, c'est un effet de simple position externe ou relative. C'est ainsi par exemple que, de deux poids donnés, si l'on admet que l'un est positif, on doit convenir également que l'autre l'est. Cependant, quoiqu'ils soient bien tous les deux positifs, il est possible qu'ils fonctionnent négativement l'un par rapport à l'autre : il suffit, pour cela, qu'on les suspende aux deux extrémités d'un levier placé horizontalement et par son milieu, sur un point d'appui qui lui permette d'osciller des deux côtés, comme de pencher du côté du poids présupposé le plus fort. Car, dans ce cas, en même temps qu'il tombera pour obéir à l'influence de ce dernier, il aura son mouvement incessamment ralenti par la force du poids opposé, qui se comportera comme négatif, quoiqu'il ne cesse jamais d'être en lui-même aussi positif que l'autre.

La négation étant étrangère à la position absolue primitive prise en elle-même, d'où vient-elle ? Nous allons essayer de répondre à cette question en traitant du négatif.

L'affirmation précède la négation.

6. Du négatif. — Nous connaissons déjà (§ 3) la distinction qu'il faut mettre entre *position* et *positif*; distinction d'où il résulte que si le mot *positif* désigne une position absolue, pleine ou complète, le mot *position* exprime simplement l'idée de cette position ou une position partielle, relative, abstraite, en d'autres termes et pour ainsi parler, une demi-position. Nous savons également par ce qui précède que, de ces deux sortes de positions, de l'absolue et de la relative, la première est seule primitive ou radicale, et la seconde postérieure ou dérivée; c'est pourquoi l'on se sent naturellement enclin à préposer le plein au vide ou le concret à l'abstrait, comme on conçoit que tout objet représenté précède l'image qui le représente. Il est donc par là même admis présentement : 1° que la simple *position* n'intervient qu'après le *positif*; 2° qu'elle exprime une position n'aboutissant point à l'absolu, mais partielle, ou (comme nous l'avons déjà dit) une demi-position. Mais alors, n'intervenant qu'après le positif et le présupposant, elle en sort ou dérive; d'ailleurs, puisqu'elle s'arrête en quelque sorte à mi-chemin, elle le divise et le transfigure, en en retenant une partie ou une face et niant l'autre ; d'où il suit qu'elle se pose tout spécialement, en lui ou à côté de lui comme privative ou négative. Le *négatif* sort donc du *positif* lui-même et consiste dans la négation de ce qu'il offre de personnel ou d'absolu, non dans celle

de ce qu'il implique d'idéal ou d'abstrait, parce que ceci n'est point incompatible avec cet enlèvement[1].

La distinction que nous venons de faire nous amène à signaler dans le positif deux points de vue spéciaux très-remarquables. Le *positif* est bien, comme nous l'avons équivalemment dit, l'absolu pris absolument; mais il ne suit aucunement de là qu'il ne soit point alors même pris relativement ; car la manière de prendre l'absolu absolument, est une manière de le considérer tout aussi *relative* qu'une autre. Prendre l'absolu absolument, signifie relation d'absolu à absolu, ou relation absolue ; c'est quelque chose comme si, ne pouvant saisir un corps avec toute la main et l'embrasser de toutes parts, nous nous contentions de le pousser ou presser avec un doigt; l'opération serait cette fois beaucoup plus simple, on la pourrait même à certains égards réputer toute simple, et néanmoins elle serait incontestablement relative. Ainsi, le positif le plus absolu, tout vraiment absolu qu'il est, est vraiment aussi relatif, ou, pour nous exprimer maintenant d'une autre manière, il est une position absolue et relative tout ensemble : il est absolu par une face, et relatif par l'autre. Comme absolu, il

---

[1] Herbart dit quelque part (*Psychologische Untersuchungen*, 1er Heft, Vorrede, VIII) qu'il ne peut y avoir du négatif dans les représentations. Quelle singulière distraction et méprise! Elle n'a point d'autre raison que le défaut d'idées assez générales des choses.

est personnel, isolé, distinct, indépendant et maître de lui-même ; comme relatif, il perd sa raideur, son isolement, sa position personnelle, et devient une simple fin ou un moyen d'action. Nous pouvons retrouver en nous-mêmes une parfaite image de l'état que nous venons de décrire ; car quelquefois nous imposons nos propres volontés aux autres avec un empire en quelque sorte irrésistible ; nous leur apprenons alors à compter avec nous, à nous prendre pour quelque chose. Mais cela ne dure qu'autant que nous sommes maîtres de la situation. Ce plein pouvoir ne dure en général, on peut le dire, qu'un moment ; et quand vient l'heure prévue ou imprévue de notre déchéance, ou, ce qui revient au même, quand le pouvoir passe en des mains étrangères, nous devenons à notre tour, entre ces mains, une sorte de matière passive dont elles font ce qu'elles veulent ; nous en subissons, à notre tour, toutes les influences et toutes les volontés. D'où cela vient-il, maintenant, si ce n'est de ce que tantôt nous sommes posés d'une manière absolument absolue, et tantôt d'une manière simplement relative ? Posés d'une manière absolument absolue, nous sommes libres, nous sommes indépendants, nous sommes rois ; posés d'une manière relative, nous pouvons bien tenir encore un moment le sceptre, mais nous ne le tenons cette fois qu'un moment ; le même moment qui nous l'a donné, nous l'enlève pour le transmettre à quelque sujet, qui le perd à son tour ou le cède à d'autres, jusqu'à ce qu'il soit passé par toutes les mains royales et revienne au premier terme de cette série de puissances respectivement absolues, mais pourtant bien relatives en elles-mêmes.

7. Au milieu de toutes ces considérations, n'oublions point cependant la considération du *négatif*, qu'il s'agit actuellement d'étudier plus à fond. Nous savons déjà par ce que nous venons de dire, qu'il provient du *positif*, et qu'il en jaillit comme une idée qui le divise et par là-même l'affaiblit ou lui soustrait toute l'absoluité de sa position relative, pour s'en approprier, un moment ou respectivement, la puissance. Essayons maintenant de dire en détail ce qu'il est.

Le *négatif* est à la *négation* ce que le *positif* est à la *position*; et, de même alors que le positif est la position arrivée à son terme ou complète et absolue, le négatif est aussi la négation absolue, complète ou définitive. Nous avons dit, à ce point de vue, que le positif était toute quantité affectée du signe $+$, et que ce signe en était la caractéristique; nous dirons de même à présent, que le négatif est toute quantité affectée du signe $-$, et caractérisée par ce signe. Cela ne suffit point toutefois pour nous en révéler parfaitement la nature et l'essence; car il est manifeste par les définitions mêmes que nous venons de donner, qu'il y a comme une partie commune au positif et au négatif, et neutre, à déterminer, et c'est cette partie qu'il importe essentiellement de bien considérer, si l'on veut savoir ce qui constitue proprement le négatif. Nous l'appelons *quantité* ou *relation* (mais relation réelle [1]).

D'après ce que nous avons déjà dit, le *positif* et le *négatif*, envisagés d'une manière simplement formelle ou logique, sont l'un la position absolue, et l'autre la négation absolue; d'où il suit que leur genre commun est l'absolu. Mais comme cette définition formelle ne nous apprend rien sur leur génération et leur nature réelle, il importe d'en trouver une autre; et pour arriver alors à caractériser autrement ces deux absolus, il faut admettre que la *position* déclarée absolue dans un cas, est radicalement identique à la *négation* déclarée absolue dans l'autre. Nous nous rangeons à cette dernière manière de voir, et nous admettons en conséquence que la position qui sert de base au positif et la négation qui sert de base au négatif, devant être présupposées toutes les deux abstraites ou idéales avant de recevoir l'une ou l'autre des deux déterminations caractéristiques, qui les placent au rang d'absolues, sont par là-même quelque chose d'originairement réductible en une notion commune, telle que la notion abstraite de *quantité* pure et simple. Cette opi-

---

[1] A nos yeux, la relation *réelle* est la *quantité*, la relation *idéale* est la *forme*, et la relation *virtuelle* ou *radicale* est l'*essence*. Nous définissons la *quantité* : le rapport immédiat ou positif de deux objets que l'on compare.

nion ou manière de voir que nous adoptons, sans retomber tout à fait dans la célèbre assertion de Hégel: *L'être est identique au néant*, *Seyn und Nichtseyn ist dasselbe*, a néanmoins tant de ressemblance avec elle, que nous croyons devoir nous arrêter un moment ici sur ce point, pour donner à notre travail toute la clarté désirable.

Hégel ne dit point, si l'on y fait attention, que l'être et le néant sont une *seule* et *même* chose; il se borne à soutenir qu'ils sont une *même* chose; ou bien, s'il affirme qu'ils sont une *seule* chose, l'unité qu'il leur attribue pour lors n'a point d'autre sens que celui d'indistinction ou d'identité. Mais, dès-lors que cet auteur ne cesse point de regarder l'être et le néant comme distincts, il est clair qu'il y a contradiction à les donner pour identiques, car l'identité est l'indistinction même. Pour être ou se placer dans le vrai, ce qu'il importe de faire dans ce cas, c'est donc, contrairement à l'assertion hégélienne, de maintenir la distinction ou la non-identité, et d'affirmer en même temps l'unité; ou bien, comme il n'y a point d'unité possible sans identité, d'affirmer la distinction sous un rapport et l'identité sous un autre, de la même manière, par exemple, qu'on dit de l'homme et de la femme qu'ils sont de même nature et d'espèce différente. Alors l'unité ou l'identité portant sur la nature ou l'*absolu* radical, et la distinction ou la différence portant au contraire sur l'espèce ou le *relatif*, ou inversement, la contradiction est enlevée, et cependant il y a toujours identité dans la distinction, comme distinction dans l'identité.

Nous nous plaçons à ce point de vue quand, nous appropriant ici la pensée ou plutôt la locution de Hégel, nous disons avec lui : *L'être et le néant envisagés d'une manière abstraite, ou la position et la négation, sont identiques.* Et, en effet, il en est ainsi, comme nous allons le démontrer sur un exemple mathématique, bien propre, si nous ne nous trompons, à faire comprendre toute notre pensée. Cet exemple est celui-ci : *Le dessus et le dessous d'un plan sont identiques.* Il est de prime-abord évident que le plan n'est point une série de surfaces superposées, mais une seule surface avec deçà et delà, ou bien avec dessus et dessous quand il est horizontal ; et pour lors il est certain aussi que la surface qui constitue le côté de dessus ne se distingue en rien de celle qui constitue le dessous, car il est admis d'avance qu'une seule et même surface suffit à former le plan avec dessus et dessous. Cependant, bien que le dessus et le dessous se confondent et s'identifient en principe ou dans le plan, on ne peut s'empêcher d'en concevoir la distinction, et jamais on ne se permettra de dire que le dessus et le dessous sont une seule et même chose à tous égards. Comment est-il possible alors que ces deux choses se distinguent et s'identifient tout à la fois, et de cette manière impliquent entre elles contrariété ?

La raison en est que chacune d'elles est essentiellement *relation* ou chose relative. L'idée (la même idée) de plan est *fondamentale* et pour l'une et pour l'autre; mais cette idée ne fonctionne pas également dans les deux cas : dans le premier cas, l'idée de plan est déterminée dans un sens, et, dans le second cas, elle est déterminée dans un autre ; *dessus* signifie, par exemple, plan vu du côté du zénith, et *dessous* signifie plan aperçu du côté du nadir. Les déterminations ajoutées sont donc opposées ou contraires, mais l'idée fondamentale ne l'est pas. Il en est de même maintenant des idées de position et de négation prises en elles-mêmes : ce sont deux vues diverses de la même chose, savoir : de la *relation*. Nous avons déjà dit précédemment (§ 6) que le positif est la première relation ou le premier mode de relation, mais envisagée d'une manière absolue ; le négatif est ou doit être, par la même raison, la seconde relation ou le second mode de relation prise absolument. La relation est donc le thème absolu du positif et du négatif, ou de la position et de la négation, et, sous ce rapport, il y a vraiment identité fondamentale entre la position et la négation. Ce n'est pas tout : avant de se convertir en positif et négatif, la position et la négation sont toutes les deux idéalité pure ou chose idéale, abstraite ; et, tout en admettant que chacune d'elles exprime une vue relative distincte, telle que celle de dessus et de dessous, on ne saurait nier que ces deux vues n'expriment, faute d'application et d'emploi, deux simples possibilités compatibles dans un même intellect, comme les deux côtés de dessus et de dessous s'unissant en un seul et même plan, et qu'elles ne soient même, outre cela, compatibles ensemble, de manière à pouvoir être affirmées ou niées l'une de l'autre, comme lorsqu'on dit : *cela n'est pas, cela est que cela n'est pas*, etc. L'être et le néant considérés à ce point de vue pouvant être, puisqu'ils sont choses relatives, comparés aux deux extrémités d'un tube à demi plein et libre d'osciller comme un levier horizontal sur un point d'appui. Si l'on incline pour lors l'une de ses extrémités, tout le liquide contenu dans le tube afflue vers cette dernière, et l'autre reste vide ; si l'on incline au contraire celle-ci, le liquide y afflue de nouveau et l'autre devient vide. On conçoit cependant que l'*absolu* soit simultanément attribuable aux deux déterminations relatives appelées position et négation, et la raison en est que l'une d'elles ne fait jamais fonction de l'autre, du moins à ses dépens ; car chacune d'elles ne s'oppose point radicalement à l'autre, mais se pose simplement à part, sans hostilité préalable. Il est bien entendu qu'il faut d'abord subsister, pour pouvoir entrer ensuite en lutte ou s'opposer. La position et la négation sont donc d'abord parfaitement compatibles et coexistent dans un même intellect, ou, ce qui revient au même ici, sont absolument unes, malgré toute leur diversité relative ; et s'il est une fois admis, comme nous l'avons reconnu, que la position est la première relation titrée d'absolue, la négation est forcément alors la seconde relation prise absolument ou qualifiée pareillement d'absolue.

8. La *position* et la *négation* sont bien deux relations radicalement distinctes, par cela seul qu'on les conçoit; mais cette distinction préalable n'implique point encore séparation, et la séparation ne s'accomplit que lorsque chacune d'elles aboutit à son terme ou qu'elles se convertissent, l'une en *positif* et l'autre en *négatif*. Lorsqu'il en est ainsi, nous avouons qu'il n'y a plus d'alliance possible; mais aussi tous les produits d'alors sont éminemment contingents, et de là vient que, quoique cela paraisse peut-être répugnant de prime-abord, on peut parler de la conversion du positif en négatif ou du négatif en positif. Il est, en effet, impossible d'admettre que la simple position abstraite $+$ ou la simple négation abstraite $-$ se convertissent ou s'échangent l'une en l'autre; mais on conçoit, au contraire, très-bien que $+$ et 1, $+$ et 2 se disloquent et se séparent, pour devenir -1, -2; que de même $+(-1)$... devienne $-(-1)$... etc. Car ce changement est un simple changement de fait ou d'actualité, chose étrangère aux natures considérées, ainsi qu'aux idées ou représentations prises en elles-mêmes. Nous avons déjà dit (§ 5) que toute quantité porte originairement avec soi le signe $+$; mais il résulte maintenant assez clairement des explications

précédentes, que si la position est la première relation à inscrire de droit dans les registres de l'état civil des puissances, elle n'est point la seule, et qu'après elle, et même à côté d'elle, nous devons inscrire de nouveau la négation, et que, par conséquent, on a — 1, — 2..., aussi bien que + 1, + 2..., ou bien ± 1, ± 2, etc. Le positif et le négatif peuvent exister l'un sans l'autre : ainsi, l'on peut avoir chaud sans avoir froid, voir clair sans voir obscur, et dès-lors ces affections ou qualités sont échangeables ; mais on ne peut aucunement concevoir ou se représenter le chaud sans le froid, ni le clair sans l'obscur, et dès-lors ces déterminations-ci ne sont plus échangeables en elles-mêmes. Cependant, comme nous aurons occasion de le faire remarquer plus tard (§ 10), elles n'en sont que plus propres à faciliter le changement des aperçus ou des rapports externes.

Ce serait mal entendre les explications déjà données, que de s'imaginer qu'on déserte les déterminations *positives* quand on passe aux négatives, et *vice versâ*; ou bien encore que celles-là sont seules essentielles et respectivement absolues, toutes les autres accidentelles et secondaires. Il est vrai que les déterminations intrinsèquement affectées du signe + sont primitives, et que les déterminations intrinsèquement affectées du signe — sont subséquentes ; mais ce n'est pas une raison de ne point les réputer toutes contemporaines de fait, ou de réputer ces dernières inégales ou inférieures aux premières. Elles sont, au contraire, toutes égales entre elles ou respectivement absolues. Ce sont deux choses qui se balancent, comme attraction et répulsion, masse et volume, etc. Les premières sont les déterminations *plein*, *solide*, *chaud*, *froid*,... toutes les déterminations sensibles en un mot. Les secondes sont les représentations *néant*, *vide*, vide plus ou moins grand ou *espace*,... en un mot toutes les représentations purement intellectuelles.

S'il y a, comme nous l'avons expliqué précédemment (§ 5), des déterminations *sensibles essentielles* et d'autres *secondaires*, il y a de même des déterminations *intellectuelles* essentielles et secondaires. Les déterminations sensibles *essentielles* sont marquées par les positions absolues comprises entre parenthèses, telles que $(+ 1)$, $(+ 2)$...; les déterminations sensibles secondaires ne sont marquées, au contraire, que par le signe hors de la parenthèse, comme dans ces exemples $+ (+ 1)$, $+ (+ 2)$... Nous caractériserions de la même manière les négations essentielles ou secondaires en écrivant $(- 1)$, $(- 2)$..., ou bien $- (- 1)$, $- (- 2)$. La réunion de toutes ces considérations donne lieu à la notation plus compliquée $\pm (\pm 1)$, $\pm (\pm 2)$.

Les signes de position ou de négation placés en dehors des parenthèses attestent qu'il y a des positions ou des négations accidentelles ou secondaires, par rapport à d'autres plus fondamentales ou radicales.

Ces sortes de positions ou de négations accidentelles ou secondaires par rapport à d'autres seraient-elles par hasard, en raison de ce rôle accessoire externe, moins importantes ou moins absolues en elles-mêmes ? Nous ne le pensons pas, et nous espérons amener le lecteur à notre avis, dans la discussion que nous allons en faire, en les envisageant comme *irrationnelles*.

9. DE L'IRRATIONNEL. — (Le mot irrationnel peut être pris en divers sens. Il peut vouloir dire, par exemple, *ce qui est absurde*; mais, pris dans son acception mathématique, il signifie simplement *ce qu'on ne peut point se représenter, se figurer.*)

En nous rappelant ici que nous avons appelé *positives* les quantités (intrinsèquement) affectées du signe +, et *négatives* les quantités (intrinsèquement) affectées du signe —, nous pourrions nous sentir induit à prétendre que les *irrationnelles* sont celles qui ne sont affectées d'aucun signe. Mais ce serait nous renfermer dans un cercle perpétuel d'erreurs que de nous engager dans cette voie, et nous soutiendrons, au contraire, que les quantités *irrationnelles* sont celles qui sont essentiellement constituées par les simples + ou — extérieurs aux parenthèses. Les quantités *positives* et *négatives* ne sont point, en effet, constituées par ces simples signes, mais supposent toujours quelque chose de plus qui les complète et qui, pour ainsi parler, les exagère en les faisant fonctionner comme absolues dans le ressort du sens ou de l'intellect. Nous arrêtons-nous alors à mi-chemin et nous contentons-nous de considérer les signes en eux-mêmes, abstraction faite de tout cas d'application ou de détermination plus avancée ? Nous restons clairement dans un ordre de choses ou d'idées bien distinct des précédents, et nous avons en même temps l'avantage d'avoir entre nos mains un instrument bien plus capable de se prêter à toutes les opérations ultérieures possibles avec les données préalables de l'intellect et du sens.

Revenons maintenant sur la première définition des quantités irrationnelles, donnée § 2. Là, nous avons dit que ces quantités étaient quelque chose comme $\sqrt{2}$, c'est-à-dire incommensurables[1]. Il est clair que cette question ou notion des incommensurables nous amène à celle des *infiniment petits*, dont on s'est demandé et dont on se demande encore s'ils sont réellement possibles et s'ils existent. Nous ne pensons point que les infiniment petits, pris *objectivement* ou en eux-mêmes, soient susceptibles d'existence réelle ; car, s'ils existaient, que seraient-ils ? Des quantités infiniment proches de zéro ou du néant, et non nulles pourtant. Or, cela répugne. Entre $+1$ et -1, il y a zéro, ni plus ni moins ; $+1-1=0$. L'exactitude

---

[1] Le relatif se reconnaît par comparaison ou mesure.

de ce raisonnement ne souffre aucune atteinte de ce que rien n'empêche d'intercaler un nombre indéfini de termes décroissants entre +1 et 0, ou 0 et —1 ; car il est manifeste qu'il n'y a point de dernier terme concevable en toute série qui ne se termine point et, par hypothèse même, est intrinséquement infinie. Il n'y a donc point d'infiniment petits réels dans la nature. Mais si les infiniment petits ne sont point possibles objectivement, ils ne laissent point de l'être subjectivement ; car entre la simple *possibilité* d'une chose et la *réalité* de cette même chose, il y a la *tendance* ou la disposition à la chose ; et si cette *tendance* n'a point encore de réalité pour le sens faute de matière, ni pour l'intellect faute de forme, elle ne laisse point d'en avoir ou de pouvoir en avoir pour la conscience attentive aux mouvements intérieurs qui s'agitent en elle, sans pour cela faire encore irruption au dehors. Autant il est vrai de dire alors que cette tendance n'est pas même un commencement de la chose, autant il l'est de soutenir qu'elle en est le principe ou la condition. Si la chose était, elle serait manifestement positive ou négative, car elle ne peut être zéro. Mais, par hypothèse, elle est objectivement nulle, et cependant on y tend ; et pour la réaliser objectivement, il suffit d'objectiver ou d'appliquer la tendance. Donc, la tendance est réellement non l'élément, mais le principe de la chose. Cette tendance, qui n'existe pour lors que comme un germe non éclos et de la même manière, à peu près, qu'on conçoit une matière organique entre la matière brute et la matière organisée, n'est point cependant matière; elle est plutôt un simple essai secret ou mental de position ou de négation, une sorte d'idée à l'état de projet, mais non encore exécutée : c'est la chose en effigie [1]. Puisqu'il est déjà reconnu que les quantités *positives* ou *négatives* sont des positions ou des négations absolues, les quantités *irrationnelles*, qui seules les composent, comme les infiniment petits composent les intégrales, en sont donc le type indispensable ou l'exemplaire en projet, et sont pour cela de simples positions ou négations non terminées ou indéterminées, c'est-à-dire relatives.

10. Il n'est pas sans intérêt de saisir la différence entre les quantités *rationnelles* (positives ou négatives) et les *irrationnelles*. Celles-là sont comparables à des fossiles logés dans les replis de la conscience, ou du moins à ces cailloux que les eaux des torrents roulent perpétuellement, sans pouvoir les user jusqu'à consomption entière; elles sont ou peuvent être susceptibles d'une existence en quelque sorte indéfinie. Celles-ci subissent des modifications accidentelles incomparablement plus fréquentes; mais c'est, en général, sans aucun détriment pour elles [2], et ce sont elles qui

---

[1] Si l'objet de la tendance était simple, il lui serait coexistant et radicalement identique.

[2] Elles ne varient, en effet, que dans leur application.

règlent précisément le cours de toutes les opérations pratiquées sur les données de l'intellect et du sens. Ainsi, tandis que toutes les quantités absolues $a, b, \ldots, x, y, \ldots$, sont censées porter invariablement avec elles-mêmes leurs signes $\pm$, ces mêmes signes $\pm$ se prêtent merveilleusement, en raison de leur entier dégagement de matière et de forme, aux transformations ou variations indiquées par la théorie de la multiplication ou de la division, et connue sous le nom de *règles des signes*; d'où il résulte que $+ \times + = +$, $+ \times - = -$, $- \times + = -$, $- \times - = +$. Cependant, il ne faudrait point conclure de cette plus grande variabilité respective, que les quantités *irrationnelles* sont inégales ou bien inférieures aux *rationnelles*; elles leur sont plutôt absolument égales, puisqu'elles en règlent souverainement l'emploi dans toutes les opérations, et qu'elles sont même, pour l'esprit, une condition *sine quâ non* d'arriver jusqu'à elles. De ce que les quantités *irrationnelles* ne sont (absolument) ni *positives* ni *négatives*, il suit bien encore qu'elles ne sont point susceptibles de réalisation sensible ni de représentation intellectuelle, et sont par là-même réduites au mode de notation figurée, symbolique; mais, sous cette notation, au moins, elles sont aussi absolues ou possèdent autant de réalité que les autres, et le langage mathématique ne permet aucun doute à cet égard, du moment où il les comprend, avec les autres, au nombre des quantités *réelles*.

11. De l'imaginaire. — Le *positif*, le *négatif* et l'*irrationnel* (ou *incommensurable*) sont les trois modes du relatif.

Que me trouvant, par exemple, à la température moyenne, j'entre en rapport sensible avec un corps d'une température notablement plus haute, j'éprouverai de suite un sentiment de chaud ; si j'entre, au contraire, de la même manière en rapport avec un autre corps d'une température notablement plus basse, j'éprouverai le sentiment du froid. Il n'y a donc rien d'absolu dans le sentiment physique, si ce n'est le fait même sensible qu'on éprouve en chaque relation corporelle ; mais il y a loin encore de cet absolu tout relatif à l'absolu radical raison ou principe de toute relation et nécessaire et contingente.

Que, de même, j'aie l'occasion de voir un objet qui se présente à moi successivement sous plusieurs formes, par accroissement ou décroissement alternatif de volume ou de masse, le comparant alors avec lui-même en ses divers états, je deviens capable de saisir la qualité tour à tour dominante, et, suivant que l'une ou l'autre d'elles l'emporte, je l'appelle ou volumineux ou massif. Si j'ai l'occasion de voir également divers corps semblables par le volume ou la masse, je distingue la qualité simultanément commune à plusieurs, et j'acquiers la notion formelle de *volume* ou de *masse*[1].

---

[1] Ainsi, l'on arrive aux représentations concrètes par la négation simple, en niant d'un être ce qui convient à l'autre, et aux

J'acquerrais de la même manière la notion plus générale d'*être*. Mais qu'est-ce que distinguer ainsi les notions formelles de volume, de masse ou d'être, si ce n'est *abstraire* ces idées, ou, tout en conservant la représentation d'un fait, en *nier* l'actualité même ? D'ailleurs, comment parvient-on à représenter distinctement, par exemple, le volume, si ce n'est en donnant à ce mode spécial de représentation la prépondérance sur la représentation contraire de masse ? Et, de même, quand éprouve-t-on la nécessité de poser l'être, si ce n'est quand on voit s'approcher la négation ? Les idées intellectuelles sont donc, comme nous l'avons prétendu, non-seulement négatives en elles-mêmes, mais encore relatives ; elles sont même, on peut dire, doublement relatives, puisque, outre que chacune d'elles a sa corrélative, elles se rapportent en commun, l'une et l'autre, à quelque fait sensible, d'où elles sont sorties par abstraction.

Enfin, si je viens à considérer, par exemple, divers mouvements actuels, il est tout naturel que j'en remarque la différence, comme je remarquais tout à l'heure une simple différence de formes ; et par ce moyen, en comparant l'un à l'autre deux mouvements inégaux en vitesse, je dois m'élever à la notion de vitesse, et même de vitesse élémentaire ou radicale.

représentations abstraites par la négation de la négation ; en constatant des ressemblances.

Mais cette vitesse-là, dont il me sera toujours assurément impossible d'apercevoir la réalité nulle part au-dehors (puisqu'elle a toute sa réalité concentrée dans l'esprit, qui la conçoit en lui-même comme un rapport issu de l'idéal); cette vitesse-là, dis-je, est alors exclusivement relative. Et cela est si vrai, qu'en vain on voudrait tâcher de la saisir indépendamment des deux termes de relation qui lui donnent le jour : elle se refuse constamment à paraître seule; elle se montre uniquement, comme notre propre image, à l'aide d'un miroir qui la reflète; et ce miroir qui la reflète en est ce que nous avons appelé le symbole, c'est-à-dire le signe extérieur.

Cela compris, voyons maintenant de nous élever jusqu'à l'*imaginaire*, ou l'absolu pur et simple.

On s'élève à l'*imaginaire*, non plus comme dans le cas de l'*irrationnel* ou de l'*incommensurable*, à l'aide d'un symbole ou d'un signe extérieur capable de lui donner le relief qui lui manque, mais d'après un ensemble de traits qui ne représentent rien et qui ne peuvent même rien représenter; parce que, pris ensemble ils impliquent l'absurde ou le contradictoire, comme lorsqu'on écrit l'expression $\sqrt{-2}$, où l'on suppose que -2 est un carré parfait, malgré qu'il soit impossible d'obtenir aucune espèce de carré sous cette forme. La pensée fait donc ici défaut, ou du moins elle semble faire complètement défaut en cette circonstance, puisqu'on ne voit pas le moyen de rien imaginer de possible, encore moins de réel, au sein ou au-delà du contradictoire ou de l'absurde. Néanmoins, l'achoppement actuel de la pensée contre ses propres limites n'est point stérile pour elle, et l'enseignement qu'elle y puise a précisément pour effet de l'initier au genre de connaissances le plus fondamental ou le plus profond, en lui révélant l'*imaginaire*.

12. L'*imaginaire* sort tout à fait de la région du *relatif* étudié jusqu'à cette heure, et consiste dans l'objectivement immédiate reconnaissance de l'*absolu* pur et simple, ou radical.

Nous l'avons déjà dit : $+2$ est relatif, -2 l'est aussi, $\sqrt{2}$ l'est également; mais $\sqrt{-2}$ ne peut l'être. Car, dès qu'on pose $\sqrt{-2}$, l'activité qui n'a fait que reculer jusqu'à cette heure du dehors au dedans à travers la série des termes $+$, $-$, $\sqrt{\ }$, se trouve dans l'entière impuissance de reculer encore. Acculée maintenant au contradictoire ou à l'absurde, elle est invinciblement arrêtée, bornée par l'impossible, et dès lors tout ce qu'elle peut faire, c'est de se ramasser ou de se recueillir en elle-même, pour redevenir ce qu'elle était à son principe, c'est-à-dire absolue. De fait, elle ne peut plus sentir, ni représenter, ni tendre. Sentir, c'est poser $+$ ou le positif; or, c'est déjà chose faite. Représenter, c'est poser $-$ ou le négatif, et c'est encore chose faite. Tendre, c'est chercher à contrebalancer le positif et le négatif l'un par l'autre, et c'est encore fait. Il ne reste donc rien à faire, si ce n'est à ne rien faire, c'est-à-dire, à se poser sans objet, à se contenter d'être ou d'agir absolument. Or, une activité réduite à ce dernier rôle et démantelée de toutes ses puissances en n'en retenant tout au plus que la possibilité, c'est ce qu'on appelle une activité absolue. L'imaginaire est donc l'absolu pur et simple, ou radical.

Il est remarquable comme, tandis que tout signe ordinaire (v, g, $\sqrt{2}$, $\frac{1}{3}$, etc.) est propre à provoquer l'apparition de l'*irrationnel* ou de l'*incommensurable* à l'esprit, l'imaginaire ne se révèle, au contraire, qu'au moyen du contradictoire, ou, ce qui revient au même ici, de l'impossible. Cela étant, il est par là-même manifeste qu'il n'y a rien de conventionnel ou d'arbitraire dans le mouvement intérieur qui nous porte à reconnaître l'absolu, et que nous y arrivons par un acte irrésistible comme la nécessité, fatal comme la sensation physique. Que signifie cette formule $\sqrt{-2}$? Un fait, un simple fait, un fait absurde même, et rien de plus; ce serait complètement s'abuser que d'y chercher un profond secret : il n'y a ni secret ni profondeur dans l'absurde. A-t-on dit alors de lui qu'il est : on en a dit tout ce qu'on en pouvait dire, la matière est épuisée. Tel est donc l'absolu : un fait, un fait reconnu, constaté, mais qui ne s'analyse point. L'analyser, ce serait se rejeter dans le relatif. L'absolu sort du relatif et s'en distingue. Il est donc, encore une fois, tout un et simple, comme l'est, par exemple, l'absurde. Mais ce fait, absurde pour la pensée qui cherche vainement à le scruter pour y découvrir ou distinguer quelque chose, est sans doute loin de renfermer en lui-même l'absurdité de la formule par laquelle on arrive à le poser; il n'apparaît tel que dans nos définitions, et nous ne pouvons aucunement, d'ailleurs, le définir ni le représenter autrement, pour peu que nous voulions nous étendre à son sujet, parce qu'étant radicalement un et simple, il doit indispensablement repousser de lui-même, en tant qu'absolu, comme impossible, toute diversité, multiplicité, manière d'être, condition ou qualité relative.

Nous sommes loin de penser que le mode indirect ou réfléchi de connaissance que nous venons d'attribuer à l'absolu, soit sa seule manière de se poser en lui-même; nous croyons, au contraire, qu'il existe pour lui d'autres manières de se saisir ou de se percevoir, et qu'il peut même se connaître d'une manière tout immédiate et, comme on dit, intuitive. Mais il importe, en ce cas, de distinguer deux sortes d'*immédiatetés*. Si l'on dit que l'absolu se perçoit et se connaît immédiatement par voie d'*intuition*, on admet par là-même qu'il entre en *relation* et on le fait relatif; l'immédiateté dans la manière de connaître ne donne donc qu'une connaissance relative. Au contraire, dit-on que l'absolu se perçoit ou se connaît immédiatement par *réflexion*, à l'occasion du relatif plus ou moins déterminé dont il fait abstraction pour se saisir lui-même, alors sa manière de connaître immédiatement est *médiate*, mais la connaissance qu'il a de lui-même est *absolument absolue* ou ne contient rien de relatif. En résumé, quand le mode d'arriver à se connaître est immédiat, l'objet est relatif; quand le mode d'arriver à la connaissance de soi-même est médiat, l'objet est absolu.

13. Les distinctions indiquées dans le dernier paragraphe et les précédents, donnent la clef de plusieurs systèmes récents, et permettent en même temps de les juger avec connaissance de cause. Nous avons ici surtout en vue les systèmes de Herbart et de Hégel. Herbart, par exemple, soutenant que la contradiction est le seul moyen d'arriver au vrai métaphysique, a pu s'exagérer l'importance ou la nécessité de la méthode apagogique ou régressive dans la recherche de la vérité ; mais, au fond, c'est bien avec raison qu'il a vanté l'excellence et les avantages de cette méthode, et nous ne croyons pas qu'on eût pu se récrier, comme on l'a fait, contre son principe, si l'on eût remarqué qu'il ne faisait qu'importer dans les spéculations philosophiques une formule mathématique adoptée sans contestation dans tous les temps. Le système de Hégel, bien inférieur à celui de Herbart, du côté logique et des détails, l'emporte incontestablement du côté des généralités; mais il a le défaut d'être excessivement obscur et peu précis. C'est ainsi, par exemple, qu'on le voit avec regret

essayer de nier la distinction entre les deux faces objective et subjective de l'idée, lorsqu'il dit (*Logik*, 1, S. 94): *Der Gedanke des reinen Raums, u. s. f., d. i., der reine Raum.* Mais il a le mérite d'insister fortement sur la distinction entre la connaissance immédiate et la connaissance médiate, et surtout d'avoir reconnu la présence de l'absolu dans l'expresse exclusion et l'impossibilité de toutes choses capables d'en altérer l'infinie simplicité radicale. *Dieses dumpfe, leere Bewustseyn ist, als Bewustseyn aufgefasst, — das Seyn..... So offenbart sich in dieser Reinheit, alles Ausser- und Nebeneinanderseyn, alle hierauf beruhende Manigfaltigkeit und Vielheit, als ein rein unmögliches.* (*Logik*, 1, S. 92.)

CHAPITRE II.

Des opérations principales philosophiques et mathématiques.

14. Les quantités mathématiques envisagées au point de vue des opérations, se divisent en *données* et *trouvées*, et en *cherchées* et *découvertes*. Les quantités *données* et *trouvées* sont celles sur lesquelles on opère ou doit opérer, et que, par conséquent, il faut indispensablement présupposer offertes à l'esprit et reconnues par lui quand il agit par lui-même. Les quantités *cherchées* et *découvertes* sont celles auxquelles on parvient ou se propose de parvenir, en opérant sur les quantités données et trouvées.

S'il y a maintenant des quantités données et trouvées, cherchées et découvertes, il y a de même évidemment des opérations destinées à donner ou trouver, et des opérations destinées à chercher ou découvrir. Nous diviserons toutes ces sortes d'opérations en quatre grandes classes comprenant les opérations *constitutives*, *statiques*, *dynamiques* et *effectives*. Nous appelons *constitutives* les opérations qui fournissent le sujet ou les termes absolus de toutes les opérations subséquentes;

c'est par elles qu'on trouve ou perçoit le donné. Les opérations *statiques*, qui sont le premier mode d'inquisition, consistent à chercher les sommes ou les parties, et procèdent par addition ou soustraction. Les opérations *dynamiques* sont le second mode d'inquisition, et consistent a chercher, par voie de multiplication ou de division, les facteurs ou les produits des quantités. Enfin, les opérations *effectives* sont celles par lesquelles on aboutit aux derniers résultats du calcul, et découvre les *principes* ou les *conséquences absolus.*

15. Des opérations constitutives.—Les opérations *constitutives*, qui s'offrent à nous les premières, fournissent les termes de toutes les opérations subséquentes, en constituant à l'état de conscience distincte les quatre sortes de notions déjà nommées, savoir : le *positif*, le *négatif*, l'*irrationnel* et l'*imaginaire*. La connaissance de ces quatre notions irréductibles implique quatre opérations constitutives spéciales, dont trois sont relatives, et une absolue. Les trois opérations constitutives relatives sont la *perception*, la *représentation* et l'*appétition ;* l'absolue est l'*attention.* Le mode formel d'application est, au reste, radicalement le même pour ces quatre opérations à la fois, et ce mode est celui d'*équation immédiate* ou d'*intuition.* Par la première d'entre elles, on constate le fait donné sensible, qui constitue le *positif ;* par la seconde, on reconnaît le fait intellectuel donné, qui constitue

le *négatif*; par la troisième, on saisit l'esprit ou le moyen terme et la commune mesure du positif et du négatif, chose qui dès-lors n'est plus susceptible de mesure et forme l'*irrationnel*; par la quatrième, enfin, on s'élève jusqu'à l'idée d'une unité suprême et nécessaire, et l'on se constitue ainsi dans la possession définitive de l'*absolu* pur et simple ou radical [1].

Tant qu'on se renferme strictement dans la sphère des quatre opérations constitutives ou fondamentales, on ne sort point réellement de l'unité radicale, et chacune d'elles, quel qu'en soit le genre, est simple. Alors, le positif est un dans son genre, de même le négatif est un, l'irrationnel est un, l'imaginaire est un ; toutes les opérations fondamentales se font donc avec l'unité seule. D'ailleurs, il ne peut être aucunement question au même point de vue constitutif ou radical, de songer à les ajouter ou retrancher, multiplier ou diviser ; car toutes les opérations de cette dernière espèce, qu'on peut faire avec elles, ne sont point constitutives, mais secondaires ou dérivées. Le nombre des opérations constitutives se borne donc aux quatre sus-indiquées, et dont l'objet est de poser simplement et généralement le positif, le négatif, l'irrationnel et l'imaginaire.

[1] A ce point de vue, la négation absolue de tout relatif est la position absolue suprême; c'est là l'identité absolue de l'être et du néant de Hégel.

16. Il importe toutefois de signaler ici, dès ce moment, à cause des graves conséquences que nous en déduirons, une différence capitale qui règne entre les opérations médiatées, fondement du relatif, et l'opération immédiate, condition de l'imaginaire. Cette différence, qu'on ne saurait assez méditer, consiste, exprimée sommairement, en ce que l'imaginaire apparaît par acte relatif *ad extra*, mais indéterminé; tandis qu'il n'y a point d'apparition du positif, du négatif ou de l'irrationnel *ad intra*, qui n'implique à la fois objet et sujet déterminés. Constatons d'abord qu'il n'y a point de positif sans rapport actuel d'objet et de sujet; car la chose est, à cet égard, à peu près évidente. Si je souffre, par exemple, n'est-ce point ma douleur que j'éprouve; et si je jouis, n'est-ce point également mon plaisir que je sens? En quelque état que je sois, je perçois donc mon état propre, ou bien je me perçois moi-même en tel ou tel état; le positif, qui n'est pas autre chose que ma perception d'alors, m'implique donc en deux états corrélatifs de percevant et de perçu, ou bien d'objet et de sujet. On peut maintenant se convaincre de la même manière de l'identité du subjectif et de l'objectif, dans le négatif et l'irrationnel. Dans le premier de ces deux derniers cas, en effet, l'objet nié ne laisse point d'être maintenu et affirmé comme nié; donc il implique simultanément affirmation et négation, c'est-à-dire, deux points de vue relatifs et deux manières d'être identiques (§ 7). Or, elles ne

peuvent l'être qu'en un sujet doublement modifié de la sorte, c'est-à-dire, simultanément représentant et représenté. Donc, dans le négatif, le sujet et l'objet sont radicalement identiques. Dans le second cas, ou dans l'irrationnel, il en est encore de même ; car, bien que l'irrationnel n'admette point de perception ni de représentation objective externe, il n'exclut point et présuppose plutôt intérieurement un objet réel correspondant au mouvement appétitif qu'il s'agit alors de satisfaire, et tant l'objet que le sujet de ce mouvement se confondent évidemment dans un seul et même acte respectivement absolu, connu sous les noms de tendance, de volonté, de désir. Les actes d'appétition, comme ceux de perception et de représentation, sont donc tous sans exception objectivement et subjectivement déterminés. Au contraire, l'acte par lequel nous est donné l'imaginaire, est un acte excluant de soi toute détermination objective et subjective, ou n'ayant trait à rien. D'après ce qui précède (§ 12), en effet, l'imaginaire nous est donné par lui comme absolu pur et simple, abstraction faite de tout point de connexion, soit avec le dehors, soit avec le dedans, et partant de là, nous n'avons pas de peine à voir d'abord qu'il exclut formellement de soi toute détermination objective. Car un acte sans relation avec le dehors est clairement de la nature de ceux qu'on appelle actes *ad extrà*, et dont l'objet est, pour ainsi parler, de n'avoir point d'objet, comme lorsqu'on écoute et n'entend point, ou qu'on regarde et ne voit point. Mais encore ce même acte est formellement dépourvu de toute détermination subjective intrinsèque; car, en admettant même qu'il soit produit et réclame sous ce rapport un sujet qui le pose, il n'intervient point comme constituant ou terminant ce sujet en lui-même, il vient plutôt pour en remplir à certains égards la fonction ou pour en prendre la place. N'ajoutons rien, n'ôtons rien à l'idée d'un acte absolu réalisé par un autre : n'est-il pas manifeste que, dans ce cas, le sujet actif et producteur se place de lui-même dans l'ombre ou se réduit spontanément à la condition de ne rien percevoir, rien représenter, rien vouloir, pour que l'acte absolu contingent subsiste ?.... On doit bien convenir, d'ailleurs, que le sujet actif et producteur n'a point alors d'objet en vue, puisqu'il s'abstient expressément par hypothèse de tout exercice sensible, intellectuel ou spirituel capable d'ôter, soit à son produit, soit à lui-même, le caractère absolu qu'on leur suppose ; il n'y a donc point entre eux de relation actuelle et fixe; la relation originaire d'effet à cause se borne à les unir de cette seule sorte d'union absolue qui fait, par exemple, que deux gouttes d'eau peuvent tourner l'une dans l'autre sans se séparer, ou que la terre tourne librement au milieu de la sphère d'attraction solaire sans rompre le lien d'attraction qui l'unit au centre du système. De même, alors, que l'imaginaire est imaginaire pour le sujet actif et producteur, ce dernier est imaginaire par rapport à son produit ; et par conséquent s'il survient plus tard entre eux quelque cas de relation, ce cas de relation est essentiellement accidentel dans son principe, sa fin et ses moyens. Il n'y a donc point radicalement de relation essentielle entre l'imaginaire et l'absolu qui le pose, ou bien l'imaginaire est, par son origine même, dénué de toute détermination tant subjective qu'objective.

17. De ce que l'imaginaire n'est rien de déterminé pour le sens, ni pour l'intellect ni pour l'esprit, il suit maintenant, chose éminemment remarquable, qu'il n'exprime originairement rien en particulier, mais qu'il équivaut à la notion indéfinie de l'être, sorte d'idée logique qu'on peut prendre une fois, deux fois, trois fois, autant de fois enfin qu'on voudra, sans qu'en la prenant plus ou moins, on s'expose au reproche de l'exagérer ou de la trop réduire. Comme idée logique, elle n'existe incontestablement qu'une fois; mais il suffit que, comme idée psychologique, elle n'apparaisse au terme des applications internes de l'être radical que comme une sorte d'épave sans connexion intrinsèque avec le sujet actif, pour qu'on soit en droit de l'imaginer imaginable autant de fois qu'on voudra, ou que, — en tenant compte des conditions *à posteriori* de la légitime pensée, — l'on devra.

18. Cette première conséquence nous permet d'en

trouver une autre non moins importante. Nous venons de dire : l'*imaginaire*, comme notion logique de l'absolu, n'existe qu'une fois; mais comme notion psychologique, il peut exister un nombre indéfini de fois. Essayons-nous de dire la même chose du *positif*, du *négatif* et de l'*irrationnel* : nous ne pouvons, et nous sommes amené plutôt à soutenir le contraire, et à dire que ces trois dernières sortes de notions sont logiquement multiples et psychologiquement unes. En effet, dès le moment qu'il m'est permis de concevoir ou d'admettre un être absolu, qu'est-ce qui pourrait m'empêcher d'en admettre *deux*, *trois*, ou davantage? Ce qui différencie ces divers cas est une différence de nombre, non d'idée radicale. Or, il est manifeste qu'il n'y point de répugnance à poser deux fois ce qu'on peut poser une, à poser trois fois ce qu'on peut poser deux. L'imaginaire est donc bien véritablement susceptible de multiplication indéfinie chez un sujet actif, quoiqu'il soit logiquement un. Au contraire, si je conçois (conformément à ce qui précède) plusieurs actes absolus sensibles, intelligents ou spirituels hors de moi, je ne viendrai pour cela jamais à bout d'en concevoir plus d'un en moi-même, envisagé comme sujet psychologique; j'imaginerai bien alors plusieurs êtres sentant, représentant et voulant, mais tout cela n'existera qu'objectivement au bout de ma conscience et de mon imagination; en moi-même ou subjectivement, je me trouverai seul à sentir, à représenter et à vouloir. Il y a donc cette différence incontestable entre l'imaginaire d'une part, et le positif, le négatif et l'irrationnel (ou le relatif) de l'autre, que là, la multiplication est psychologique et l'unité logique ; ici, *respectivement*, la multiplicité logique et l'unité psychologique [1].

19. Allons maintenant plus loin encore, et tâchons de tirer des principes établis tout ce qu'ils contiennent d'utile et de fondamental, en montrant comment on peut arriver à s'expliquer, par eux, le passage de l'un au multiple.

D'abord il est bien certain, comme nous l'avons fait remarquer précédemment (§ 15), que, tout à fait originairement et dans la région du constitutif, il n'y a qu'*un* positif, qu'*un* négatif, qu'*un* irrationnel, et que ces *trois* modes spéciaux de relation ne constituent de même qu'un absolu dans l'imaginaire; mais nous avons eu lieu de faire remarquer aussi (§ 17) que l'imaginaire n'apporte point cette notion d'unité nécessairement inhérente à lui-même, ou bien que, si l'on veut l'y trouver, il faut avoir soin de le considérer exclusivement au point de vue de l'abstraction la plus haute ou de l'idée logique. Dans ce cas, rien n'empêche, puisque la notion de l'imaginaire est toujours dispo-

---

[1] En d'autres termes, et pour chacun de nous, l'objectif est un en idée, multiple de fait; inversement, le subjectif est multiple en idée, et un de fait.

nible avec son unité, d'en appliquer le bénéfice à chacun des trois modes relatifs pris à part, ou bien de réputer séparément absolus (sans lésion toutefois de l'unité radicale), soit le positif, soit le négatif, soit l'irrationnel. On peut donc réputer *absolu* le positif à côté du négatif, ou le négatif à côté du positif, et l'on a pour lors trois absolus en fonction, bien qu'on n'en ait qu'un en nature.

En second lieu, si la notion de l'*imaginaire* peut refluer vers les trois notions antérieures du positif, du négatif et de l'irrationnel, de manière à les déterminer comme respectivement absolues, pourquoi ne ferions-nous point refluer également vers les deux notions premières du positif et du négatif, la notion très-déterminative de l'*irrationnel*, qui en dérive ? Nous savons déjà que cette notion revient à celle de principe premier ou d'élément transcendant, incommensurable, idéal. Or, il est manifeste que les actes de perception et de représentation généralement envisagés dans leur source (l'*intime pénétration* ou l'*évidence*), au lieu d'exclure les actes d'union ou d'illumination moins parfaites, se prêtent au contraire à les faire naître, et les favorisent de leur concours autant que le permet la diversité des points de vue et des ensembles. Rien n'empêche donc encore d'attribuer le rôle de l'*irrationnel* au positif et au négatif absolus, c'est-à-dire de regarder ces deux derniers modes radicaux de relation comme le principe, la racine ou l'incommensurable élément d'une infinité d'actes similaires contingents et respectivement positifs ou négatifs.

En troisième lieu, si les trois modes spéciaux de relation peuvent chacun faire fonction d'*imaginaire* ou d'*irrationnel*, pourquoi ne tomberaient-ils point également, le cas échéant, sous la commune appellation du *négatif?* Ce cas arrive au moins fréquemment à l'égard du positif; et, pour se rendre compte d'un tel revirement, on n'a qu'à se rappeler ici combien de fois on a lieu, par exemple, de comparer entre eux des corps dont l'un est plus chaud, plus pesant qu'un second, et en même temps moins chaud, moins pesant qu'un troisième. Le même objet paraissant alors positif et négatif, il est par là-même évident que la note de négativité s'adapte au positif, et par conséquent il ne répugne point, il est au contraire naturel de concevoir des objets très-positifs en eux-mêmes désignés par des caractères exclusivement négatifs, tels que non chaud ou non froid, non pesant ou non léger, etc. Mais alors nous voilà bien clairement ramené par une marche inverse à la notion même de l'imaginaire, d'où nous sommes parti pour revenir au positif; car des positifs négatifs (comme ces mots opposés l'indiquent assez d'eux-mêmes) sont quelque chose d'analogue à $\sqrt{-2}$, ou de contradictoire; et personne ne disconviendra que si l'impossibilité déclarée par les formules imaginaires arrête tout court le mouvement de la pensée, l'extrême facilité d'émettre des qualifications négatives n'invite expressément à concevoir autant d'absolus qu'il y a non-seulement d'indices différents accidentellement apparus, mais encore de directions différentes simplement possibles dans la voie des déterminations positives du sens. La pensée, réfléchie sur elle-même et sans le moindre influx direct externe, est donc amenée naturellement à passer réellement de l'idée d'un à celle de *multiple*, ou bien à remplacer cette même idée d'un par celle de *pluralité*, de *nombre*. Les nombres, ainsi représentés en puissance par elle, sont tous les nombres possibles, de 1 à ∞.

Toutes les conséquences que nous venons de tirer dépendent de cette présupposition, qu'effectivement l'activité, dès qu'elle a pour la première fois rencontré sur ses pas l'imaginaire, revient spontanément sur elle-même de l'imaginaire vers son début le positif. Mais cette présupposition est à peu près évidente. N'avons-nous point admis déjà (§ 12) sans hésitation, que l'activité va tout d'abord, par un mouvement analytique ou régressif, du positif au négatif, du négatif à l'irrationnel et de l'irrationnel à l'imaginaire ? Comment alors, arrivée là, perdrait-elle subitement la faculté de se mouvoir ou d'agir ? N'est-il pas plutôt infiniment probable que, par un mouvement inverse ou progressif, elle revient, par les diverses étapes connues de l'irrationnel et du négatif, vers son premier point réel de départ, ou le positif, auquel elle assigne cette fois, au défaut de la position radicale qu'elle ne peut plus renouveler, toute la multiplicité des positions contingentes et secondaires compatibles avec le nombre et la variété de ses produits, ou bien avec le rôle plus ou moins développé que, d'avance ou par prévision, elle l'appelle à remplir? Il serait absurde d'identifier d'abord l'être à l'activité, pour se contenter de le réduire plus tard à l'inaction. L'être actif, qui n'agit point encore au dehors et sur une matière donnée, travaille sur lui-même ou se développe intérieurement, posant ainsi les bases de toutes ses œuvres externes ou temporelles.

20. Il est possible que le lecteur juge étrangères aux mathématiques les diverses idées que nous venons de déduire ou d'exposer; mais il ne doit pas oublier que les mathématiques, envisagées non comme simple instrument, mais comme science, doivent comprendre dans leur ressort tout ce qui les fonde ou les explique. Si, par exemple, le *nombre* est du ressort des mathématiques, pourquoi l'*essence* ou l'*idée* du nombre n'en serait-elle pas? Je sais bien que plusieurs distinguent entre *mathématiques appliquées* et *mathématiques pures*, *nombres concrets* et *nombres abstraits*; et trouvent même abusive la première manière de parler, prétendant que toutes les mathématiques sont en elles-mêmes pures, que tous les nombres en eux-mêmes sont abstraits; mais nous ne trouvons pas leur raison bien convaincante. Si les nombres dits concrets ne pouvaient être appelés nombres par défaut de généralité, l'on devrait soutenir par la même raison que les nombres abstraits

eux-mêmes ne sont point du ressort des mathématiques; car ils manquent d'abstraction et de généralité, comparés aux expressions algébriques infiniment moins déterminées. On admet cependant que le rapport arithmétique $\frac{2+3}{5}$ est autant mathématique que le rapport $\frac{a+b}{c}$. Donc, je puis et je dois, sans sortir des mathématiques, écrire, au moment où j'y suis déterminé par une raison quelconque, $\frac{2P+3P}{5P}$. Ainsi, nous sommes d'avis que tout ce qui concerne les mathématiques est mathématique, que les applications des mathématiques sont par conséquent mathématiques, et que leurs fondements sont aussi mathématiques; car s'il en était autrement et si les applications des mathématiques, par exemple à la physique, n'étaient point mathématiques, il s'ensuivrait, par la même raison, qu'elles ne seraient point non plus physiques: et alors que seraient-elles, n'étant ni mathématiques ni physiques? Dès le moment que les ressorts de deux sciences se confondent, il est inévitable que ces deux sciences se confondent également, et c'est aussi pour cela que nous persistons à confondre ici la philosophie et les mathématiques. Une preuve maintenant que toutes les idées articulées précédemment sont fondamentales en mathématiques, c'est qu'elles y sont toutes évidemment présupposées. La loi du reflux d'une notion mathématique sur l'autre est manifeste dans l'alternation et l'association des divers signes. Au lieu, par exemple, de parquer les quantités absolues entre parenthèses, comme nous l'indiquions précédemment, pour fixer les idées (§ 5), et encore au lieu d'écrire séparément $+1$, -1, comme s'il était indispensable de rester dans les cas particuliers, on écrit synthétiquement ± 1. On mêle de même les notions et les signes, quand on écrit $\pm \sqrt{1}$, $\pm \sqrt{-1}$. Nous pourrions aller plus loin encore et montrer, par exemple, comment on peut faire sortir le négatif ou le positif de l'imaginaire, en posant $\sqrt{-1}\sqrt{+1} = -1$, etc.; mais il ne convient pas d'anticiper sur ce qui peut suivre, ni même de tout dire quand l'essentiel est dit.

21. DES OPÉRATIONS STATIQUES. — Nous avons admis dans ce qui précède (§ 19), que l'activité prélude à l'actuelle représentation temporelle du contingent par l'actuelle représentation éternelle de toutes les quantités *imaginaires* possibles, en se servant pour cela des signes de contradiction non a, non b, non c, etc., ou $\sqrt{-1}$, $\sqrt{-2}$, $\sqrt{-3}$, etc. Il s'agit maintenant de savoir l'emploi qu'elle fait de ces données radicales.

Le premier emploi qu'elle en fait est l'objet des opérations que nous avons déjà nommées (§ 14) *statiques*. Nous avons nommé ces sortes d'opérations *statiques*, parce qu'elles ne sont destinées à opérer aucun changement réel ni dans les êtres ni dans les forces, mais qu'elles consistent simplement, les parties ou les composantes étant données, à trouver leur somme ou résultante ; ou bien, la somme ou la résultante étant donnée, avec certaines parties ou composantes, à trouver les autres parties ou composantes non encore connues.

On procède, en mathématiques, à cette double opération par deux méthodes inverses, appelées *addition* et *soustraction*. Par l'*addition* on fait la *somme* de plusieurs objets ou de plusieurs forces concourantes, tout autant du moins que les forces concourent ; on a seulement soin, dans ce dernier cas, d'appeler la somme *résultante*. Par la *soustraction*, on prend la *différence* de deux sommes d'objets ou de forces connues. La soustraction étant simplement l'inverse de l'addition, tout ce qu'on dit de la dernière de ces deux opérations convient alors inversement à l'autre ; elles ont ainsi cela de commun, qu'elles sont essentiellement toutes les deux d'origine et de nature intellectuelle, n'impliquant rien de plus ni de moins, l'une ou l'autre, que l'acte formel de réunir dans sa pensée ce qui n'est pas un, ou de désunir ce qui est un. De plus, on procède également à l'une ou à l'autre de deux manières, l'une *arithmétique* et l'autre *algébrique*. La méthode arithmétique consiste à exprimer la *somme* ou la *différence* par un seul terme, comme lorsqu'on dit $2 + 1 = 3$; $2 - 1 = 1$. La méthode algébrique consiste à se contenter d'indiquer les opérations, comme lorsqu'ayant des quantités telles que a et b à ajouter ou à soustraire, on se contente d'écrire $a + b$, $a - b$. Pour que l'addition et la soustraction soient possibles, on pose deux principes dont l'un est encore *arithmétique* et l'autre *algébrique*. Par le premier de ces principes on exige que les quantités à ajouter ou à soustraire soient *homogènes*, et par le second on exige que les différents termes soient semblables, c'est-à-dire composés des mêmes lettres affectées des mêmes exposants.

22. Nous venons d'exposer, sans y rien changer, tout ce que les mathématiques enseignent de fondamental sur les deux opérations statiques spéciales, l'addition et la soustraction. Il s'agit actuellement d'envisager le même enseignement au point de vue philosophique ou rationnel, et d'examiner s'il n'est point absolument le même dans ce dernier cas que dans l'autre. En quelques instants, nous allons être convaincus de son identité.

Toutes les considérations à ce sujet peuvent se résumer en trois points, qui sont : les *principes* des opérations statiques, leurs *méthodes*, et leur caractère éminemment *formel*. Parlons d'abord des principes. Ces principes, dont nous avons dit l'un arithmétique et l'autre algébrique, sont que les quantités doivent être *homogènes* et les termes *semblables*. Au fond, il est manifeste que ces deux principes s'identifient et se confondent en un seul, celui d'*homogénéité* ; et la raison en est que, dans tous les termes algébriques, toutes les lettres dont ils se composent doivent pouvoir être considérées en bloc comme une seule unité, puisque la destination du coefficient est d'exprimer combien de fois cette unité est prise pour composer un terme. La loi d'*homogénéité* est donc le principe général des opérations statiques au point de vue mathématique. Mais n'en est-il point de même maintenant au point de vue philosophique? Tous les nombres se divisent, comme on sait, en *abstraits* et *concrets*. Personne ne fait difficulté d'ajouter indéfiniment l'unité à elle-même; d'où résulte la série des nombres entiers 1, 1 + 1 ou 2, 1 + 1 + 1 ou 3, etc.; mais on ne procède dans ce cas avec autant de spontanéité, que parce que toutes les unités réunies sont également abstraites, et par suite homogènes. Descendons-nous dans le ressort du concret, nous n'évitons pas seulement d'assembler les choses concrètes hétérogènes, pour obéir aux prescriptions de l'arithmétique et quand il s'agit de calculer; nous voulons que la loi de l'homogénéité règne dans nos nomenclatures, ne rangeant, par exemple, que des vertébrés dans l'ordre des vertébrés, que des mammifères dans la classe des mammifères; quand cette loi n'apparaît point, nous cherchons à la découvrir, nous appliquant à construire à cette fin une échelle des êtres qui remonte du dernier des êtres au premier, ou inversement descende du premier au dernier; enfin, quand rien ne l'indique de fait, nous l'imaginons encore sur certains indices : comme, lorsque voyant les agents calorifiques ou lumineux restreindre parfois leur action, nous imaginons de dire qu'ils sont alors *polarisés*. Qu'est-ce que cette polarisation que nous attribuons alors à ces agents? C'est une simple détermination plus avancée qui les rend moins libres ou moins puissants, à peu près de la même manière qu'on conçoit les liquides plus déterminés que les gaz, et les solides encore plus déterminés que les liquides. La concrétion marche de la même manière, car ce n'est pas autre chose qu'une affaire de détermination ou de polarisation, et la pensée philosophique ne s'écarte par conséquent en aucune façon des vrais principes mathématiques, quand elle rapporte au principe absolu de l'*isolement* l'origine de la matière, et fait de l'unité de nature ou de l'homogénéité la condition absolue de ses séries.

Parlons en second lieu des méthodes. Nous en avons distingué deux, l'une arithmétique et l'autre algébrique ; et la première consiste, avons-nous dit, à réduire plusieurs termes en un seul ; la seconde à joindre simplement les deux ou plusieurs termes qu'il s'agit d'additionner. Au point de vue philosophique, cela revient à dire qu'il y a deux sortes d'addition, l'une d'union interne ou de *fusion*, l'autre d'union externe ou de *juxta-position* : l'addition arithmétique fond les différents termes ensemble, l'addition algébrique se contente de les amener au contact et de les y fixer par hypothèse. De là résultent, toujours au même point de vue philosophique, deux grandes conceptions admises par les mathématiques elles-mêmes, qui sont celles des quantités *intensives* ou *extensives*, *discrètes* ou *continues*. Nous ne pouvons fixer ici complètement le sens des deux mots *intensité* et *extension*; mais assez évidemment le premier implique *fusion*, et le second *juxta-position*. On est, v. g., dans un cas d'*intensité*, quand on superpose des unités de vitesse dans une formule de mouvement M V, ou bien quand on entasse dix unités simples dans la dizaine, dix dizaines dans la centaine, etc. On est au contraire dans le cas de l'*extension*, quand on considère dans son esprit la série des nombres entiers 1, 2, 3, 4, etc., ou bien encore quand on se représente la série des années qui font un siècle, ou des jours qui font une année, ou des heures qui font un jour, etc. Considère-t-on ensuite une à une les unités simples ou complexes, intensives ou extensives : on a des quantités *discrètes*. Les considère-t-on réunies, comme nous venons de dire qu'elles le sont dans le cas de l'extension : on a des quantités *continues*. Et, par cette définition des quantités continues, on découvre de suite évidemment qu'elles impliquent nécessairement en principe concrétion, détermination, polarisation, ou bien isolement radical ; mais néanmoins qu'envisagées d'une certaine manière abstraite ou formelle, elles ne laissent point d'être capables d'union externe ou de juxta-position plus ou moins stable. Ainsi, la continuité ne diffère point essentiellement de l'extension. De ces premières notions à celles plus déterminées de temps et d'espace, il n'y a qu'un pas à faire. Le temps, par exemple, est une succession continue de quantités présupposées discrètes, et l'espace un ensemble continu de semblables parties. Le temps et l'espace n'admettent, l'un et l'autre, qu'un mode de continuité purement externe ; ils ne sont pas l'extension ou la continuité même, ils n'en sont que l'idéal.

Arrivons enfin à parler du caractère absolument *formel* des opérations statiques. Il n'y a personne qui n'entrevoie de prime-abord, pour les sens externes au moins, l'impossibilité d'apercevoir le général ; si donc on aperçoit intuitivement le général, c'est simplement par voie d'intelligence ou de raison. Or, il est déjà reconnu, d'une part (§ 22), que les choses ne sont susceptibles d'addition que par leur côté commun ou général ; et, d'autre part, il est manifeste que le commun ou général est une chose impossible à percevoir par les sens extérieurs. Donc, les actes accomplis par l'activité dans les conditions requises d'homogénéité sont des actes non sensibles et intellectuels ou formels. Remarquons maintenant l'importante conséquence qui résulte de cette proposition. Au fur et à mesure qu'on remonte des êtres plus déterminés, plus polarisés ou plus concrets, à ceux qui le sont moins, la possibilité des opérations statiques s'accroît, ou plus il y a de tels actes possibles ; et si l'on arrive enfin à considérer toutes choses du point de vue le plus élevé, qui est celui du pur être, on les peut alors ajouter ou soustraire toutes, puisqu'elles apparaissent alors universellement homogènes. Or, il y a des cas dans lesquels on est ainsi tout naturellement conduit à considérer toutes choses au même point de vue : tels sont, par exemple, les cas d'attraction ou de répulsion. Tous les corps, en effet, sont pesants ou, ce qui revient au même, attirés, attractifs; et, par suite, on peut aussi les dire tous repoussés ou répulsifs, puisqu'ils ne peuvent manquer de figurer une répulsion du côté opposé à celui vers lequel l'attraction se manifeste. L'attraction et la répulsion étant des propriétés générales des corps, impliquent donc en principe une action générale, ou bien sont, d'après ce qui précède, des effets intellectuels ou formels et non sensibles[1].

23. Cette dernière assertion est directement contraire à l'opinion de ceux qui ne reconnaissent point d'autres agents que des agents physiques, et qui se refusent absolument à voir dans l'univers l'image et le produit de l'intelligence. On tient à cette dernière opinion, parce qu'on voit qu'effectivement on s'élève [en]

---

[1] Ainsi, l'attraction et la répulsion sont de simples forces apparentes, non réelles.

tement, *à posteriori*, des choses sensibles aux choses intellectuelles. Mais si ce développement de notre conscience par mouvement rétrograde est incontestable, il ne prouve point ce qu'on prétend en conclure, savoir : que la nature en général emploie le même procédé; et, de ce que tous les actes de notre conscience sont des actes particuliers, impossibles à concevoir s'ils n'étaient sous-tendus ou supportés par des forces générales, nous sommes induit, au contraire, à conclure qu'ils sont un simple retour de notre activité sur elle-même, après la consommation des actes constitutifs qui la fondent, ou des actes intellectuels moins indéterminés qui la caractérisent ou polarisent.

24. DES OPÉRATIONS DYNAMIQUES. — Nous avons maintenant quelques données de plus qu'au § 21. Là, nous avions seulement des quantités absolues représentées par les expressions *non a*, *non b*, *non c*..., ou $\sqrt{-1}, \sqrt{-2}, \sqrt{-3}$... Ici, nous avons de plus des quantités positives ou négatives, telles que $+2, -2, +a, -a$...; et rien ne nous empêche encore de réputer ces dernières sortes de quantités intensives ou extensives, discrètes ou continues, etc. Il est vrai que nous ne les avons point d'abord à l'état abstrait ou réfléchi, mais n'importe de quelle manière ou sous quelles formes elles sont d'abord en nous ou avec nous: que ce soit, *v. g.*, sous forme de désir ou d'espérance, de prévision ou de souvenir, il est certain que nous les

avons et qu'elles président à tout notre développement individuel, impossible sans elles. Il nous reste alors à savoir l'emploi que nous en faisons et jusqu'où nous nous élevons incontinent par leur moyen.

Les opérations par lesquelles nous sommes mis en état de faire valoir les données précédentes, sont les opérations appelées *dynamiques* (§ 14). Nous avons appelé ces opérations *dynamiques*, parce que, quoiqu'elles n'influent point encore jusque sur les objets physiques, ou le sens, elles ne laissent point de réaliser déjà quelque changement dans les forces présupposées en exercice, et transforment ou modifient singulièrement, en apparence, les valeurs des quantités données. Les opérations spéciales à cette classe sont nommées, en mathématiques, *multiplication* et *division*.

On définit la *multiplication* : une opération par laquelle, connaissant un facteur donné nommé *multiplicande*, on cherche une autre quantité nommée *produit*, qui soit à lui comme un autre facteur donné nommé *multiplicateur* est à l'unité. Il suffit de changer, dans cette définition, les mots *multiplicande*, *produit*, *multiplicateur*, respectivement en ceux de *dividende*, *quotient*, *diviseur*, pour avoir la définition de la *division*, qui est l'inverse de la multiplication. Un cas particulier, mais très-remarquable, de ces deux opérations se présente toutes les fois que les facteurs d'un produit sont égaux ; car alors le produit prend le nom de *puissance*, et la quantité prise une ou plusieurs fois comme facteur prend le nom de racine. Les facteurs étant présupposés différents, on établit qu'on ne change rien au produit en intervertissant l'ordre des facteurs. Il n'y a qu'une exception à cette règle, c'est lorsqu'on opère, en arithmétique, avec un facteur concret, ou qu'on peut se croire, en algèbre, dans un cas pareil, ayant à faire, par exemple, le produit de $5p$ par 4, p désignant des quantités concrètes; car, comme il est reconnu d'avance que le produit est toujours de la qualité du multiplicande, force est alors de conserver leur rang aux facteurs multiplicande et multiplicateur. Les règles de la multiplication sont au nombre de trois, et on les connaît sous les noms de *règle des coefficients*, de *règle des lettres* et de *règle des signes*. La règle des coefficients renferme toute la méthode arithmétique de la multiplication et consiste à prendre le multiplicande autant de fois qu'il y a d'unités dans le multiplicateur, ce qui prouve que la multiplication est une véritable proportion ou règle de trois. La règle des lettres et la règle des signes constituent la méthode algébrique proprement dite, et consistent, la première, à écrire réellement ou symboliquement (sous forme d'exposants) toutes les lettres les unes à la suite des autres, comme facteurs, et non plus comme termes; la seconde, à donner toujours au produit de deux facteurs le signe $+$ quand les deux facteurs sont de même signe, et le signe $-$ quand ils sont de signe contraire.

25. Les définitions, principes ou règles mathématiques que nous venons de résumer, ne sont pas autre chose que la théorie philosophique de la puissance, soit absolue, soit relative. Constatons d'abord que, quoique la multiplication puisse être appelée parfois une addition abrégée, elle diffère néanmoins essentiellement de l'addition ; car, dans l'addition, les quantités données sont ce qu'elles valent et valent ce qu'elles sont ; et de là il résulte qu'à la fin de l'opération, on peut dire que la somme est égale aux parties. Dans la multiplication, au contraire, il s'en faut bien que les choses se passent de la sorte : ainsi, l'on ne dit point généralement qu'un produit est égal à ses facteurs. Donc, la multiplication diffère essentiellement de l'addition. La raison de cette différence est maintenant facile à trouver. Nous avons déjà fait observer que la multiplication équivaut à une proportion ; elle est donc une œuvre de comparaison faite ou à faire, et les quantités qu'on y considère y sont prises, non plus dans leur sens absolu, comme celles qu'on additionne, mais dans un sens simplement relatif. Le nombre 4, par exemple, peut être comparé à 1, à 2, et $\frac{4}{1}$ est évidemment plus grand que $\frac{4}{2}$. C'est à ce point de vue que nous avons pu dire déjà (§ 24) que les opérations dynamiques changeaient les quantités ou les forces ; elles ne les changent point absolument, mais relativement, et font ainsi des grandeurs qui ne sont point tout à fait imaginaires, puisqu'elles sont fondées sur quelques données, et qui cependant ne sont point non plus tout à fait vraies ou réelles, parce que ces données sont accidentelles et non propres au sujet, dont la valeur devient alors, par comparaison, plus grande ou plus petite. De plus, nous avons fait remarquer, en parlant de l'addition, que les quantités devaient être rigoureusement homogènes. Cette condition n'est plus requise dans la multiplication, où il suffit que les quantités ne soient point positivement hétérogènes. Par exemple, on ne pourrait ajouter *animal* et *lion*, parce que ces choses ne sont point rigoureusement homogènes ; on ne pourrait pas davantage ajouter un nombre abstrait et un nombre concret. Mais, quoiqu'on ne puisse multiplier un nombre concret par un autre nombre concret, on peut multiplier un nombre concret par un nombre abstrait, parce que si cette fois l'exacte homogénéité n'existe point, l'hétérogénéité n'existe pas davantage. La multiplication est donc possible où l'addition cesse de l'être, et, par suite, ces deux opérations sont essentiellement différentes.

Il y a cependant une affinité réelle entre la multiplication et l'addition; et cette affinité consiste dans une certaine identité de système ou de méthode. Nous avons déjà signalé les deux méthodes additionnelles de *fusion* ou de *juxta-position*. Les lois de la multiplication impliquent absolument ou en principe, tant en arithmétique qu'en algèbre, deux quantités perpétuellement distinctes, et par là-même excluent la méthode de fusion; mais, d'autre part, elles l'impliquent relativement ou de fait, car on y suppose les quantités assez pénétrables pour s'identifier l'une avec l'autre, au moins dans leur produit. Si je dis, en effet, 4×5, c'est comme si je disais que chacune des unités renfermées dans 5 vaut 4, ce qui donne 5 fois 4, et prouve en même temps la possibilité d'intervertir l'ordre des facteurs, sans nuire au résultat, tout autant au moins qu'on l'envisage comme abstrait. Si ce résultat n'est point abstrait, parce qu'un des facteurs ne l'est pas, il est toujours conçu possible, en admettant, comme nous l'avons déjà fait observer, que le multiplicateur est un nombre abstrait et par là-même compatible avec le facteur concret dont il sert à multiplier la première puissance.

Au point de vue que nous venons d'examiner, la règle des lettres contient le même enseignement que la règle des coefficients arithmétiques; mais la règle des signes en contient un autre, en ce qu'elle signifie que l'union dont il s'agit n'est qu'une union systématique ou méthodique non réelle (§ 10). Car, jusqu'à présent, tout est éminemment intellectuel ou formel dans les relations entre quantités; et d'ailleurs, si le redoublement ou le dédoublement de puissance y sont tels, il faut bien que la fusion le soit aussi.

26. Deux choses nous sont présentement acquises, savoir: que les quantités sont, au point de vue des

opérations dynamiques, 1° *potentielles*, 2° *relatives*. Elles sont potentielles, dès-lors qu'une unité simple se trouve avoir, suivant les circonstances, des valeurs telles que 2, 3, 4, etc.; elles sont relatives, puisque cette augmentation de valeur est simplement proportionnelle aux différents termes avec lesquels on les compare. Voyons maintenant d'aller plus loin, en distinguant deux sortes de quantités potentielles et relatives, les unes étant simplement *apparentes* et les autres *réelles*.

Cette distinction est marquée par ce qu'on nomme, dans la théorie mathématique de la multiplication, *produit* et *puissance*. Si je pose, par exemple, 2 fois 5 = 10, le nombre 10 est un *produit*, et rien ne m'empêche même de l'appeler une *puissance* de 5; mais comme je ne puis l'appeler ainsi qu'en raison du facteur 2, qui est étranger à 5, la quantité 10 ne sera tout au plus qu'une puissance accidentelle d'origine externe et, par conséquent, *simplement apparente* de 5. Au contraire, si je pose 5 fois 5 = 25, la quantité 25 ne sera plus un simple produit de 5, mais elle en sera plutôt la seconde puissance *réelle*, parce que 5 n'est effectivement redevable de cette transformation qu'à lui-même. Ainsi, si, pour appliquer maintenant cette distinction, je pince une corde convenablement tendue, je puis, à mon gré, la pincer avec un degré de force double, triple, quadruple, et le son qu'elle rendra sera pour lors deux, trois, quatre fois moins intense ou plus intense ; mais, dans tous les cas, il sera tout à fait accidentel et d'origine étrangère par rapport à la corde pincée qui le rendra. Je pourrais de même pincer cette corde à l'air libre ; je pourrais également la pincer sur une caisse de violon ; et personne n'ignore que, dans ce dernier cas, elle résonnerait bien plus puissamment que dans l'autre. Mais comme le son qu'elle rendrait ne proviendrait point uniquement de la corde et dépendrait simultanément de la corde et de la caisse sur laquelle elle vibrerait, il représenterait simultanément quelque chose de semblable à 2 fois 5 $= 10$. Au contraire, je suppose qu'au lieu de m'occuper à faire vibrer une corde avec mon doigt, j'émette spontanément de ma poitrine un son plus ou moins fort : alors le produit que j'émettrai n'appartenant qu'à moi-même, j'en aurai fourni seul tous les facteurs identiques à moi ; c'est pourquoi je pourrai dire qu'il exprime ma puissance, ou que je suis à lui comme 5^2 à 25.

Il est aisé de comprendre, après cela, que les relations dites *simplement apparentes* ne le sont pas parce qu'elles n'auraient par hasard aucune espèce de réalité, mais seulement parce qu'elles ont pour unique raison d'être des existences distinctes et respectivement isolées, dont la rencontre est éminemment fortuite et dont les produits subsistent en quelque sorte en l'air, puisqu'ils reposent sur un rapport externe et tout formel, comme nous l'avons déjà fait voir en parlant des ensembles statiques (§ 22). Au contraire, dans les cas de relation d'un être avec lui-même, n'importe que ces cas soient peut-être d'origine externe, il est toujours vrai de dire qu'ils impliquent des actes de conscience ayant leur objet dans leur sujet même, et dès-lors on ne peut plus leur dénier l'absolue réalité, car on ne saurait concevoir de réalité plus complète que celle d'actes chez lesquels l'agent et l'agi sont en puissance et en acte identiques.

27. DES OPÉRATIONS EFFECTIVES. — Les *actes absolus* que nous ont fournis les trois opérations radicales une fois *constituées*, doivent être conçus, en tant qu'absolus, comme ne s'appartenant point ou dénués de toutes relations internes. En traitant des opérations *statiques* et *dynamiques*, nous avons vu ces mêmes actes passer par deux degrés d'association, mais d'association purement formelle encore ou bien imaginaire comme eux, figurant là comme simples éléments d'agrégats possibles, ici comme facultés ou puissances relatives. C'est à ce dernier moment que nous devons maintenant les considérer, pour voir ce qui s'ensuit.

Les opérations mathématiques au moyen desquelles nous nous rendrons compte de l'élaboration de leurs états internes, sont des opérations d'ensemble qu'on connaît sous les noms d'*arrangements*, de *permutations* et de *combinaisons*[1]. On nomme: *arrangement*, l'opéra-

[1] Ces divers modes de groupements ne sont pas les seuls *effets*

tion par laquelle on dispose des quantités données (telles que les lettres de l'alphabet) en divers groupes dont chacun diffère des autres, non-seulement par la nature des quantités, mais encore par leur rang ; *permutation*, l'opération par laquelle on effectue des groupes différant seulement entre eux par le rang des quantités ; *combinaison*, l'opération par laquelle on obtient les groupes qui diffèrent entre eux au moins par une quantité. Par ces définitions, il est évident que tous les groupes dont se constitue le nombre des combinaisons possibles avec m quantités n à n, sont respectivement *hétérogènes* ; que ceux qui forment le nombre des permutations possibles avec les mêmes quantités n à n sont respectivement *homogènes* ; et enfin, que tous les arrangements possibles des mêmes quantités n à n contiennent la somme entière des groupes tant hétérogènes qu'homogènes.

L'activité radicale ayant en elle-même l'actuelle représentation de tous les ensembles possibles et des forces propres à chacun d'eux, supposé qu'elle ait aussi le désir et la volonté de les réaliser, a par là-même en soi toutes les conditions requises pour qu'elle puisse procéder et procède réellement à l'exécution de

des forces précédemment étudiées, il y en a d'autres qui consistent à *passer* de diverses manières par les effets déjà nommés ; et les nouveaux effets auxquels nous faisons maintenant allusion, sont les diverses espèces de mouvements dont il sera question dans le cours de l'ouvrage.

ses fins. Concevons donc d'abord les actes absolus ou les êtres intellectuellement représentés, se distribuant fatalement en divers groupes où ils entrent un à un, deux à deux, trois à trois, etc. Tous les groupes dans lesquels ils entreront ainsi diversement seront manifestement des groupes d'*intensité différente*. Et comme cette diversité de groupement ne proviendra pas seulement d'une différence de nombre, mais d'une différence de nature (le même être entrant en même temps dans plusieurs groupes, mais n'entrant pas dans tous), les mêmes groupes, que nous venons de dire être en général d'intensité différente, seront encore d'*extension* variable, ou bien différeront entre eux en quantité ou qualité. Ce n'est pas tout : il est aisé de voir que, comme chaque groupe forme un système distinct, tout être individuel compris dans un groupe a pour position la force, la puissance ou l'*intensité* du groupe même auquel il appartient ; il a, de plus et par la même raison, la force, la puissance ou l'*extension* de son groupe, au milieu des autres groupes qui lui sont opposés ou comparés dans le temps. Et de là résultent pour chaque être deux sortes de puissances infuses, l'une absolue, l'autre relative, mais toutes les deux d'origine étrangère. Sa puissance à lui se réduit tout d'abord à la capacité de percevoir. Au fur et à mesure qu'il trouve l'occasion d'appliquer ses puissances d'emprunt, il a l'occasion d'appliquer aussi sa puissance propre ; mais il ne sait point encore les distinguer, et tout ce qu'il perçoit, il le perçoit en animal ou sans réflexion. Il arrive cependant un moment (à force d'expériences et de luttes, qui le font passer par les états les plus nombreux et les plus opposés de force ou de faiblesse relative) qu'il commence à voir son identité permanente prendre rang, comme apparition, au milieu de toutes les autres apparitions; il se voit dès lors dans le miroir de la nature, comme il voit la nature dans le miroir de son âme; et quand, enfin, le sentiment de sa puissance personnelle s'est assez développé, c'est-à-dire *simplifié* (par suite des innombrables relations qu'il a traversées), pour apprendre successivement à s'en dépouiller et à se concentrer en lui-même, dès ce moment il est devenu réellement une personne, c'est-à-dire un *être à soi et pour soi*. Il ne suffit point, pour être entièrement ou vraiment simple, d'être un en principe ou subjectivement, il faut encore être un en terme ou objectivement. L'unité de principe n'institue que l'unité de puissance; mais l'unité de terme ou de fin institue l'unité d'acte ou d'opération. Or, c'est seulement quand elle est finalement une, qu'une activité quelconque est réellement simple. Une fois devenue simple, elle a d'ailleurs tout ce qu'il lui faut pour réaliser l'unité de la puissance et de l'acte, qui est la suprême condition des vraies relations absolues internes. L'être, un objectivement et subjectivement, est où il regarde et regarde où il est; il se voit et se connaît intuitivement; il est en état désormais, s'il lui plaît, de s'influencer, de s'exciter lui-même. Il est donc vraiment dès-lors un être personnel ou bien une puissance vraie, réelle, interne.

28. Que le lecteur examine maintenant si nous avons eu tort d'affirmer que les mathématiques et la philosophie n'ont qu'un seul et même objet, ou bien sont deux sciences identiques! Si l'on persistait à considérer les mathématiques comme un simple instrument des sciences physiques, et la philosophie comme une somme de connaissances intérieures, rebelles à toute vérification naturelle, oh! nous avouerions de suite, sans peine, qu'il faut continuer à les laisser aller séparément et ne pas chercher à concentrer l'une dans l'autre. Mais, à cette heure, on est sans doute convaincu, par ce que nous avons dit de l'identité des *notions* et des *opérations* communes à ces deux classes de sciences, qu'elles se touchent et coïncident en des points tellement essentiels qu'il n'est vraiment plus possible de les laisser subsister isolées. Afin de mieux faire sentir encore l'urgence de leur réunion, nous nous efforcerons d'en montrer ici l'absolue nécessité par un dernier exemple. On se souvient que nous avons distingué (§ 14) des opérations *statiques* et des opérations *dynamiques*, et que nous avons admis, en outre (§ 27), que ces deux sortes d'opérations marchent toujours ensemble, quand il s'agit de conditionner le

contingent. Imaginons actuellement, pour offrir une application de ces idées, que ces deux classes d'opérations ou de forces interviennent à la fois pour opérer le mouvement oscillatoire d'un point matériel en deçà et au-delà d'une position primitive d'équilibre sur une ligne droite donnée. D'après l'enseignement admis, le mouvement du point matériel est uniformément retardé ou accéléré, suivant qu'il a pour effet d'éloigner ou de rapprocher le mobile de la position primitive d'équilibre. En supposant alors au mouvement quatre instants seulement de durée de part ou d'autre, le point matériel, s'éloignant de la position primitive d'équilibre, parcourra : dans le premier instant, un espace comme 7; dans le deuxième instant, un espace comme 5; dans le troisième instant, un espace comme 3; dans le quatrième et dernier instant, un espace comme 1. Le même point, revenant vers son point de départ, parcourra inversement les mêmes espaces 1, 3, 5 et 7. Voilà ce qu'enseigne la physique mathématique. Pourquoi cette loi? Pourquoi ces nombres? Elle n'en dit rien. La philosophie mathématique vient alors expliquer l'énigme.

Imaginons ici le point matériel *animé*. L'être animé, c'est-à-dire vraiment puissant, est, d'après ce que nous avons dit (§ 26), celui qui s'excite lui-même ou se fournit tous les facteurs ; et, par conséquent, si son degré de première puissance est 4, il aura pour deuxième puissance $4 \times 4 = 16$. Ce nombre 16 est donc la valeur de l'opération dynamique à son terme. Mais l'opération *dynamique*, avons-nous dit encore (§ 27), doit s'accompagner ou s'aider de l'opération *statique*. Or, cela ne manque pas d'arriver ; car, au lieu de poser simplement et tout d'un coup $4 \times 4 = 16$, posons successivement d'abord $4 + (4 - 1)$, nous aurons 7 ; $3 + (3 - 1)$, nous aurons 5, etc. Le lecteur est sans doute surpris ici du procédé que nous lui soumettons : en voici la justification complète.

Les deux facteurs dynamiques ne peuvent être, ne sont point tout à fait homogènes, comme nous l'avons établi (§ 25); mais l'un est généralement plus déterminé ou plus polarisé que l'autre. Et, dans le cas actuel, le plus polarisé, qui est aussi le plus attractif, est l'intellect ou l'idée ; l'autre, numériquement égal au précédent, est l'esprit ou la vitesse. Il suit de là que la première affinité de l'esprit ou de la vitesse, dans le mouvement oscillatoire, est pour l'intellect ou pour l'idée qui cherche à se faire jour du dedans en dehors, en excitant le mouvement. L'appoint 4 de la vitesse est en toute équité, dans ce concours, justement égal à l'appoint 4 de l'idée ; mais comme la vitesse et l'idée sont deux forces ou deux opérations *presque* hétérogènes, il faut d'abord admettre qu'elles ne s'ajoutent point strictement, comme le feraient deux forces parfaitement homogènes. Il faut de plus remarquer que, d'après la nature même de l'idée présente, le produit ne doit ou ne peut être intégralement réalisé que dans le temps; d'où il résulte que, tout en considérant le produit 16 à réaliser comme une somme, rien n'empêche de l'imaginer réalisé conformément à la nature des forces dynamiques en concours. Voyons toutefois ce que nous aurions dans le cas d'une homogénéité parfaite. L'intellect ou l'idée fournissant d'abord l'appoint 4 (quatre instants), puis l'appoint (4 — 1) ou 3 (trois instants), etc., nous aurions la vitesse réelle égale à

4 + 4 = 8 dans le 1er instant du mouvement.
3 + 3 = 6 dans le 2e —
2 + 2 = 4 dans le 3e —
1 + 1 = 2 dans le 4e —

Or, il se trouve que, d'après l'expérience, l'espace décrit ou le produit réel est seulement :

Dans le 1er instant, égal à 7
— 2e instant, égal à 5
— 3e instant, égal à 3
— 4e instant, égal à 1

De cette inégalité de produit entre le fait qui nous donne seulement, pour les divers instants du mouvement, 7, 5, 3 et 1, et l'hypothèse qui nous donne 8, 6, 4 et 2, nous ne pouvons nous empêcher de conclure qu'une unité de vitesse reste en chaque instant sans emploi dans l'une ou l'autre force concourante. Or, quelle sera celle des deux forces dynamiques concourantes qui fera défaut ici d'une unité ? Ce sera manifestement l'intellect ou l'idée ; car, si la mise en est vraiment égale à 4 au début du mouvement, elle l'est seulement à ce début ; après ce début et dans la durée du premier instant, il est évident qu'elle diminue d'une unité. L'idée active est donc respectivement force variable, trompeuse. La vitesse est, au contraire, force instantanée, sincère ; et voilà pourquoi la mise de l'idée est simplement 3 de fait, lorsque de fait l'appoint de la vitesse est 4. La vitesse, reconnaissant au bout de chaque instant cette partielle infidélité de l'idée directrice, ne laisse point de persister dans son concours ; elle ne l'abandonne entièrement que lorsque cette idée n'apporte absolument plus de mise à l'association. Mais, de même que, pendant la durée de chaque instant, la vitesse rend à l'intellect des faveurs que l'intellect se contente de mériter au début, elle doit également, pendant la période du mouvement accéléré, faire au sens des avances que ce dernier récompense seulement, s'il lui plaît, à la fin. En effet, non moins tardif à récompenser que l'intellect est prompt à prévenir, le sens est seulement en voie d'apporter à la vitesse un concours actif égal à 1, lorsque la vitesse l'a déjà gratifié d'une faveur égale à 1 ; et c'est pour cela que l'espace parcouru dans le premier instant du mouvement de sens contraire au précédent, ou centripète, est encore seulement égal à 1, lorsque la vitesse acquise ne laisse point d'être déjà égale à 2, 6: ainsi de suite. Il n'y a donc point, en général, de différence entre l'intellect et le sens actif : ces deux forces, en concours avec la vitesse, lui font également en chaque instant défaut d'une unité. La seule distinction qu'on peut noter alors entre l'intellect et le sens, c'est que l'intellect n'a sa mise complète qu'au début du mouvement, et que le sens ne l'a complète qu'à la fin ; d'où il résulte qu'en aucun instant du mouvement, ni la mise de l'intellect ni la mise du sens ne sont entières. Additionnons maintenant arithmétiquement toutes les mises successives et déjà trouvées de vitesse réelle : nous aurons une somme double inverse, ainsi qu'il suit :

(Mouvement répulsif retardé) $7 + 5 + 3 + 1 = 16$
(Mouvement centripète accéléré) $1 + 3 + 5 + 7 = 16$

et cette somme est justement égale au produit de la première mise de l'intellect ou de la dernière mise du sens, par l'appoint respectivement primitif ou final de l'esprit, ou, pour mieux dire encore, à la deuxième puissance du facteur absolu primitif 4, puisque $4^2 = 16$.

On peut remarquer que toutes les raisons de droit alléguées dans cette Introduction, ont été tirées du fond même du sujet. Si l'on voulait ici les vérifier par une sorte de contre-épreuve, en examinant si par hasard elles sont bien conformes aux idées régnantes sur les rapports des différentes sciences entre elles, on y trouverait aisément une pleine confirmation de ce que nous avons dit. En effet, personne à peu près ne fait difficulté d'admettre qu'il y a de la philosophie dans toutes les sciences; et, d'un autre côté, l'on sait très-bien encore que les mathématiques sont à peu près applicables partout, par exemple dans la physique, la chimie, la psychologie, l'anatomie, la botanique, etc. Il reste seulement à savoir alors si ce qu'il y a de général dans les sciences et se présente ici ou là sous forme mathématique ou philosophique, est, malgré cette duplicité de forme, susceptible de se généraliser pour ainsi dire encore, et de s'identifier ou de se confondre en un dernier et suprême point de vue vraiment universel. Or, une telle question est d'avance affirmativement résolue pour tous ceux qui croient à la possibilité de concentrer réellement toutes les sciences en une seule; et nous ne comprendrions pas qu'on se refusât, de nos jours, à professer cette opinion. Certainement, toutes les sciences se tiennent et se donnent la main; on ne peut guère en étudier l'une sans l'autre; et, plus on les approfondit, plus on découvre entre elles de rapports intimes propres à les lier comme en un seul faisceau, de manière à ne composer toutes ensemble qu'une seule et même science universelle. Mais, comme il a été dit, il y a deux faces d'universalité déjà trouvées, savoir : la face mathématique et la face philosophique; et si cette distinction était maintenue, l'on n'arriverait jamais à l'unité. Le besoin de concentration oblige donc à nier jusqu'à la distinction radicale entre les mathématiques et la philosophie, pour arriver par ce moyen à fonder cette entière universalité dont on trouve partout tant d'indices.

DES ÊTRES A L'ÉTAT LATENT

OU

DES QUANTITÉS EN GÉNÉRAL

PREMIÈRE PARTIE

DES ÊTRES A L'ÉTAT LATENT

ou

DES QUANTITÉS EN GÉNÉRAL

29. Les vrais amis de la science pour elle-même se plaignent de deux entraves qu'ils rencontrent sur leurs pas et qui sont l'*inspiration* ou l'*hypothèse*, la *foi* ou la *théorie*. Par l'inspiration, la foi, l'on juge moins d'après sa raison que d'après ses sentiments ou ses désirs, et l'on admet alors de préférence ce qui plaît, ce qui satisfait, ce qui repose le cœur ou l'esprit dans ses joies et ses peines. Par la théorie, l'hypothèse, on supplée plus ou moins au défaut d'expériences ou d'observations, et, dans l'impossibilité d'atteindre aux vrais mais intimes principes des choses, on cherche alors, au moyen de certaines lois préconçues, à s'en rendre compte du mieux possible en comblant artificiellement le vide qui peut exister entre les faits et la raison. Ces vrais amis de la science

pour elle-même dont nous parlons, s'ils sont tant soit peu raisonnables, n'entendent point sans doute nier l'importance de la foi pour l'homme en général, ni l'utilité des théories dans un grand nombre de cas où l'évidence est loin d'être complète; mais, tout en admettant la légitimité des préjugés qui militent en faveur de l'inspiration ou de l'hypothèse, ils sont pleinement en droit de se refuser à regarder leurs données, même comme un commencement, une ébauche de la science en elle-même. Car la science est tout à la fois, et par essence, une chose d'expérience et de raison; excluant tout tâtonnement, tout hasard, tout procédé de confiance, elle n'admet ni demi-jour ni demi-certitude, et n'est par conséquent entière ou vraie qu'autant qu'on peut se flatter de joindre toute la certitude des faits à toute l'évidence des idées. À ce dernier point de vue, rien n'est arbitraire; tout est senti, compris; et la vérité subjective va se confondre avec l'être objectif dont elle est la représentation immanente interne.

Nous nous plaçons à ce même point de vue des vrais amis de la science pour elle-même, quand nous cherchons à démontrer qu'en dehors des connaissances mathématiques il n'y a point de vraie philosophie. Car, en mathématiques, tout est certain et évident, ou doit l'être. On n'y saurait le moins du monde faire appel à la foi, ni songer à fonder une démonstration sur une théorie quelconque, plus ou moins plausible ou probable. Et, parce que les mathématiques ne tolèrent point l'incertain, elles sont justement exemptes d'erreur. Il est étonnant que les philosophes, perpétuellement occupés de courir après la certitude, n'aient point cherché depuis longtemps à se rapprocher plus qu'ils n'ont fait des données ou des présuppositions mathématiques. Là, et non point ailleurs, se trouve le vrai critérium de la philosophie. Un fait est-il certain, un principe est-il évident; bien plus, le fait est-il évident comme principe, et le principe est-il certain comme fait: c'est tout ce qui suffit et ce qu'il faut pour mettre fin à tous les doutes et constituer en même temps cette vraie science philosophique des choses; sans laquelle il n'y aurait point, d'ailleurs, de théorie rationnelle ni de foi légitime.

30. Le but que nous nous proposons est donc manifeste; voyons maintenant comment nous nous flattons d'y parvenir. D'après ce que nous savons par notre première dissertation, les mathématiciens et les philosophes, les uns sous le nom de *quantités*, les autres sous celui d'*existences*, ont en vue les mêmes objets qui se divisent, suivant les circonstances, en positifs ou négatifs, rationnels ou irrationnels, réels ou imaginaires; et les opérations que l'intellect exécute sur les quantités, sont absolument les mêmes que celles qu'il applique aux existences; dans toutes

ces choses, il n'y a de changé que les noms. Ce n'est pas tout; nous avons constaté que l'esprit humain, tout en partant (en principe) d'une unité nécessaire et radicale, arrivait à la reconnaissance explicite d'existences actuelles et contingentes en nombre toujours déterminé de fait, quoique susceptible de s'accroître à l'infini. L'esprit humain, arrivé là, se trouve juste à la limite des deux mondes *nécessaire* et *contingent*, et s'il fait un pas de plus en avant il entre réellement dans le domaine de la contingence; la reconnaissance d'une pluralité de positions ou d'existences est donc un point extrêmement important; et c'est aussi là que se rattache tout ce qui doit suivre. Les êtres multiples contingents, qui sont, tous, comme un simple moment devant l'unité nécessaire et radicale, peuvent être conçus en trois états spéciaux respectifs, qui sont ceux *de repos, d'équilibre et de mouvement*. Conçus respectivement en état de repos absolu, complet, ils ne font ni ne souffrent rien, ils sont simplement existants et comme non-existants; ils sont, comme on a coutume de dire, à *l'état latent*. Conçus respectivement en état d'équilibre, ils agissent et souffrent déjà; mais parce que leurs actions sont encore censées égales, elles sont contenues les unes par les autres, et ne se manifestent point au dehors; ils agissent et souffrent donc, mais ils ne paraissent point agir ni souffrir, et sont pour lors, comme on dit, à *l'état de tendance*. Conçus, enfin, en état de mouvement, ils ne sont point seulement intérieurement actifs, ils manifestent encore au dehors leur changement d'état ou de manière d'être interne, et, par suite, ils agissent et paraissent agir et se comportent comme actes réels, ou, suivant la manière ordinaire de parler, comme *forces*. Maintenant, des trois états spéciaux que nous venons d'énumérer, l'un d'inaction réelle *ad extra*, l'autre d'action réelle mais d'inaction apparente, le troisième d'action simultanément réelle et apparente, les mathématiciens connaissent et définissent clairement les deux derniers, mais ils ignorent complètement la nature du premier et ne semblent pas même soupçonner la possibilité d'en dire quelque chose. Dès qu'il est question des êtres à l'*état latent*, ils n'en parlent pas plus savamment que l'ancienne école ne parlait des *qualités occultes*; et la philosophie moderne, qui bafoue les qualités occultes, n'en sait pas plus qu'eux sur cet article. Par là se révèlent une fois de plus les fâcheux résultats d'une scission trop profonde ou radicale établie d'avance entre les sciences mathématiques et la philosophie. Les mathématiques doivent ici, manifestement, s'adresser à la philosophie, pour apprendre d'elle ce que peuvent être des êtres à l'état latent; mais la philosophie, que sa séparation radicale des sciences mathématiques laisse sans boussole ou sans guide, se contente alors d'articuler quelques mots abstraits et complètement insignifiants par eux-mêmes, tels que ceux d'entité, de faculté, de fluide, d'éther, etc.; et, tandis que la science réclame des notions parfaitement définies pour le sens et l'intellect, elle laisse ainsi l'esprit flotter incertain dans le vide des théories simplement spéculatives, c'est-à-dire, sans connexion intrinsèque avec l'intime réalité des différents objets considérés.

Nous espérons réparer amplement cette impuissance de la philosophie vulgaire, en continuant à demander aux sciences mathématiques, à cause de leur identité radicale avec la philosophie, ce plein jour de l'esprit qu'elles sont, seules, aptes à fournir. Pour cela, nous considérerons successivement les divers êtres contingents, ainsi que nous le disions tout à l'heure, aux trois états de *repos*, d'*équilibre* et de *mouvement*, et nous démontrerons qu'il n'y a point de différence entre parler d'*êtres à l'état de repos parfait* ou parler de *quantités en général*; que ce qu'on appelle *êtres à l'état d'équilibre* équivaut de même pleinement à ce qu'on nommerait autrement *corps ou matière inerte*; et enfin, que les *êtres mouvants* ou *mus* sont ce qu'on appelle en langage mathématique *forces vives*.

Les mathématiciens appellent *statique* la science mathématique de l'*équilibre*, et *dynamique* la science mathématique du *mouvement*; ils n'ont point donné de nom à la science, mathématique ou philosophique, des êtres à l'état de repos. Supposé que cette science existe, elle ne doit point cependant rester innommée : nous l'appellerons *thétique*. La *thétique* est donc la science des êtres à l'état de repos absolu, complet ; et c'est cette première branche de la philosophie mathématique qui va maintenant être l'objet de toute notre attention.

THÉTIQUE.

31. Commençons par exposer sommairement et d'une manière générale nos principales idées sur la matière en question.

Pour nous exprimer tout d'abord en langage *ordinaire*, nous dirons que nous admettons, chez l'être radical, trois relations éternelles, coexistantes et respectivement absolues ou personnelles, appelées l'une *principe*, l'autre *fin* et l'autre *moyen*, mais dont les fonctions ou les qualités sont exclusivement propres à ce même être qu'elles constituent intérieurement ou *ad intrà*. C'est pourquoi, si plus tard on veut en sortir et passer à la contingence, il ne répugne point d'admettre que chacune des relations personnelles internes est, suivant les circonstances, apte à fonctionner *ad extrà* comme *principe*, *fin* ou *moyen*. Et supposé que, en créant ou réalisant les actes absolus contingents, elles doivent nécessairement être censées retenir intérieurement leur type originaire, il n'en est pas moins vrai qu'elles le retiennent seulement entre et pour elles-mêmes. Car elles ne passent ou ne se transforment point effectivement en ces actes absolus contingents qu'elles produisent ; elles les contiennent ou en sont contenues seulement comme puissances indéterminées ou comme *principe, fin et moyen* non appliqués, en raison de la nature absolue de ces êtres. Bien qu'en effet elles contribuent réellement, chacune, à les produire, il suffit qu'elles les émettent toutes en commun, non-seulement pour qu'ils soient indéterminés en eux-mêmes, mais encore pour que leur indétermination reflue naturellement sur leur cause et la rende entièrement semblable à une table rase sur laquelle rien n'est ni n'apparaît d'actuel, malgré que tout y soit déjà prédéterminé comme possible (§ 16).

Les mêmes idées exprimées en langage philosophique s'énoncent autrement. Nous plaçant à ce nouveau point de vue, nous dirons : il y a trois puissances souveraines et radicales, qui sont : le *sens*, l'*intellect* et l'*esprit* ; et ces trois puissances, qui se succèdent imaginairement dans l'ordre que nous venons d'indiquer, ne sont pas seulement susceptibles de s'appliquer accidentellement dans l'espace ou le temps, en objectivant d'une infinité de manières leurs affections ou leurs pensées internes ; elles sont encore susceptibles d'une application subjective éternelle ayant pour objet contingent les mêmes actes absolus contingents qu'elles contiennent d'abord simplement à priori comme possibles. Mais, en admettant ce point, il est indispensable d'avouer que les actes absolus contingents, objet de l'éternelle contemplation spontanée des trois puissances internes réfléchissant sur elles-mêmes, ne doivent point être censés exister encore en eux-mêmes; car, en tant qu'absolus, ils n'ont rien acquis, et, en tant que contingents, ils sont produits; d'où il résulte qu'ils ne sont certainement encore que pour et par autrui. Il suffit, cependant, qu'ils soient comme absolus et comme impliquant en principe *ad intrà sens, intellect* et *esprit*, pour qu'ils soient réputés capables de se retourner en quelque sorte sur eux-mêmes, c'est-à-dire, de servir de point de départ pour un nouvel ordre d'applications, et de fonctionner à leur tour comme subjectifs dans la conscience de l'Être radical. Car, alors, ils ont par hypothèse sens, intellect et esprit, c'est-à-dire, pouvoir radicalement illimité de sentir, de représenter et de vouloir; ils ont, de plus, en tant qu'absolus, le pouvoir de servir de point de ralliement à tout un ordre donné de manifestations sensibles, intellectuelles et morales: ils sont donc essentiellement aptes à devenir, d'absolus, relatifs, ou bien à subsister en et pour eux comme ils existent imaginairement déjà dans et pour leur cause.

Il est encore possible d'exprimer les mêmes idées en langage *mathématique*, et, considérées sous ce dernier aspect, les trois puissances ou personnalités radicales prennent les dénominations de *sens*, de *direction* et de *vitesse*. Le *sens* exprime ici cette disposition subjective spéciale par laquelle, suivant les circonstances, on se concentre au dedans ou se répand au dehors, ou bien encore on avance ou recule. La *direction* exprime une autre disposition subjective spéciale, savoir : celle par laquelle, entre une infinité de voies possibles, on en choisit nécessairement une qui est ordinairement la plus courte. La *vitesse*, enfin, exprime la rapidité du mouvement avec lequel, pendant un temps donné, on tend à sa fin dans la *direction* et le *sens* présupposés. Il est clairement impossible de se placer dans cette nouvelle manière de voir, sans supposer quelque acte absolu contingent en fonction ; mais alors, et par cela même que l'acte en fonction est présupposé contingent, il est essentiellement fini de fait en sens, direction et vitesse, ou bien il n'atteint jamais sous ce triple rapport à ses limites naturelles. Bien plus, quoiqu'un tel acte emploie sens, direction et vitesse, il ne saurait jamais s'approprier aucune de ces trois choses prises en elles-mêmes ; car il n'est ni principe, ni fin, ni moyen absolus du rôle qu'il remplit accidentellement dans l'espace et le temps.

D'après ce qui précède, les actes absolus contingents sont bien toujours pénétrés des trois puissances radicales, mais ils n'en sont pas moins radicalement indéterminés, comme elles, en eux-mêmes ; et par conséquant, s'il leur arrive d'acquérir quelque détermination relative, c'est toujours avec et par elles qu'ils apparaissent plus ou moins doués de sens, d'intelligence ou d'esprit. Mais l'activité des trois puissances radicales est, disions-nous tout à l'heure, outre une première manière de voir ordinaire, susceptible d'être envisagée philosophiquement ou mathématiquement. Les actes absolus contingents sont donc, eux aussi, susceptibles d'être définis philosophiquement ou mathématiquement. Les considérons-nous philosophiquement : nous les dirons, par exemple, *simples*, comme n'ayant point de parties; *coexistants*, comme existant tous ensemble dans le même être radical; *libres*, comme respectivement exempts *à priori* de toute complication ou relation externe. Les considérons-nous, au contraire, mathématiquement : oubliant tout à fait les divers aperçus dont nous venons de parler et n'ayant plus que des quantités devant l'esprit, nous remplacerons la notion de *simplicité* par celle d'*unité*, la notion d'*ensemble* par celle de *nombre*, et enfin la notion de *liberté* par celle bien plus disparate encore de *numération*. Mais, quelle que soit la différence qui règne en apparence entre ces diverses sortes de notions philosophiques et mathématiques, nous prouverons qu'elles rentrent en définitive les unes dans les autres et qu'elles s'identifient ; ou bien que ce qu'on appelle, là, *simplicité*, *coexistence* et *liberté*, se nomme avec raison, ici, *unité*, *nombre* et numération. La différence entre ces diverses idées ou dénominations est, pour nous, une simple différence de point de vue, non de fond ou de nature; nous affirmons donc l'identité du fond ou des choses prises en elles-mêmes; et si nous attachons quelque intérêt à le prouver, c'est uniquement parce nous sommes convaincu qu'on ne saurait partager notre manière de voir sans un notable accroissement de lumière sous l'influence combinée des éléments mathématiques et philosophiques réunis.

CHAPITRE Ier.

Des êtres et des unités simples.

32. Les *mathématiques* étant la *science des quantités*, il est clair qu'on y doit raisonnablement débuter par la définition même de la *quantité*. Une quantité, c'est, y dit-on communément, tout ce qui est susceptible d'augmentation ou de diminution. A vrai dire, nous ne connaissons guère de définition plus défectueuse que celle-là. Car soit, par exemple, le nombre *6*, que tout le monde confesse être une vraie quantité. Est-ce que, par hasard, il peut être supposé le moins du monde variable par accroissement ou décroissement, comme si tantôt on avait 6 = 7 ou 8.., et tantôt 6 = 5 ou 4...? Évidemment, cela ne se peut ; et comme, cependant, la définition vulgaire du mot *quantité* le suppose, il s'ensuit que la chose exprimée par ce mot est très-mal définie par la faculté prétendue de croître ou de diminuer. Il est bien vrai que, si l'on augmente ou diminue *6* de *2* ou de *3*, on obtient une quantité plus grande ou plus petite que *6*; mais *6* ne change pas pour cela. Ce qui change alors, ce n'est aucune quantité, c'est seu-

lement l'application ou l'emploi de la notion de quantité. Cette notion est une notion générale et, par là-même, en quelque sorte, vague, élastique et indéfiniment applicable à tout objet donné, quelles qu'en soient d'ailleurs les dimensions ou la grandeur. Cet objet en question est-il simple, est-il fini; devient-il même par hypothèse infini? Rien n'empêche de l'appeler, malgré toutes ces variations de grandeur, *quantité*; car aucune dimension déterminée n'est impliquée de fait par cette notion générale. Ainsi considéré, le mot *quantité* désigne, non *tout ce qui est susceptible d'augmentation ou de diminution*, dans le sens qu'on donne ordinairement à ces termes, mais bien *tout ce qui est ou fait nombre*. Par exemple, 0 est une quantité, parce qu'il *est* nombre; mais 1 est encore une quantité, parce qu'il *fait* nombre. La notion de *quantité* se réfère donc à l'idée de *nombre*, mais elle implique de même l'idée d'*unité*, et c'est là une double considération dont il n'importe pas médiocrement ici de tenir compte.

La notion de *quantité* n'exprime positivement, par elle-même, ni unité ni pluralité; elle exclut plutôt la représentation *positive* de ces deux déterminations spéciales, et dit quelque chose comme non-unité et non-pluralité. Mais, tout en les niant, elle les implique ou présuppose; elle en est donc une position implicite ou négative et relative : elle en est une position négative, comme niant le fait et maintenant la possibilité ou la puissance ; elle en est une position relative, comme mettant en relief ce qui peut leur convenir à toutes deux, et retenant dans l'ombre ce qui les différencie l'une de l'autre. Elle est donc, en définitive, quelque chose d'analogue à l'espèce de *direction* qu'on divise en *droite* ou *gauche*, ou de *position* qu'on divise en *haute* ou *basse*. Conçoit-on le droit sans le gauche, ou le haut sans le bas? Non, sans doute. De même, alors, sans l'idée d'unité, d'une part, et sans l'idée de pluralité, de l'autre, on n'aurait point l'idée de quantité; mais cette dernière idée ne se compose point, pour cela, des deux idées d'unité et de pluralité. Elle présuppose bien ces deux idées spéciales ; mais elle ne les présuppose point pour en constituer une sorte de tout concret, ce qui serait absurde, elle les présuppose seulement pour les nier l'une l'autre et l'une par l'autre, en retenant par cela l'image, non la chose. Qu'on ne nous demande point maintenant de donner plus de lumière sur ce point; on doit achever de le comprendre par soi-même. Notre esprit est essentiellement actif ; et, comme tel, il ne cesse point d'aller et de venir en lui-même et sur lui-même : dès-lors, toute manière de voir par laquelle il compare seulement deux choses ou deux idées, est une relation une ou simple parce qu'il n'y a pour lui qu'un trajet ou qu'une direction de l'une à l'autre. Ainsi, quand nous considérons les deux idées de l'un et du *multiple*, nous passons alternati-

vement de la considération de l'un à celle de l'autre;
et si cette considération alternative dure, on peut dire
que nous nous y fixons; et si nous nous y fixons,
rien n'empêche d'ajouter que nous avons dans l'esprit une représentation objectivement complexe mais
subjectivement simple, qui est la relation présupposée
de l'un au *multiple*. Cette représentation-la présente
maintenant cela de remarquable qu'elle a de la grandeur sans *être* grande, car elle *est* sans grandeur,
comme subjectivement simple ; elle *a* de la grandeur,
comme objectivement complexe et roulant même en
général sur l'idée de quantité ou de grandeur, non
pour se l'approprier, mais pour l'exclure. Il est donc
bien manifeste que, comme nous l'avons prétendu,
l'idée de quantité consiste à prendre négativement
l'idée de grandeur, sans cesser de la retenir comme
possible ; d'où il résulte qu'en définitive elle ne la
nie ni ne l'affirme, mais la maintient seulement à
l'état de disponibilité, comme c'est le cas de toutes les
idées simples et générales. Cependant, parce que, objectivement envisagée, la notion de *quantité* se termine ou se rapporte aux idées présupposées de l'*un*
et du *multiple*, il faut dire que, comme l'ombre ac-
compagne partout le corps qui la projette, ainsi les
idées d'unité et de pluralité apparaissent inséparables
de la notion de *quantité*, qu'elles accompagnent toujours par manière d'ombre ou de fantôme. C'est pour
cela qu'on ne peut, en aucun cas, s'empêcher de se

représenter tout nombre comme un, et toute unité comme un nombre. Il ne faut point chercher d'autre origine aux unités formelles telles que celles de forêt, d'armée, etc., ni aux nombres formels tels que $\frac{1}{2}$, $\frac{100}{100}$, etc.

Nous venons de dire que la notion de *quantité* exclut également et simultanément, de fait, les deux déterminations opposées d'*unité* et de *pluralité*. Mais on peut évidemment vouloir sortir de la notion de *quantité* et passer à ses déterminations; et si l'on en sort, il est assez vraisemblable qu'il faut passer par l'unité pour arriver au nombre. Nous nous arrêterons donc d'abord à considérer l'idée de l'*unité*, la discutant préalablement en elle-même, et puis cherchant à découvrir dans quelle étroite connexion elle est avec l'incomplexe ou le *simple*.

33. Il y a des idées (et ce sont toujours des idées primitives) qui ne peuvent être bien définies que par leur origine ou leur emploi. Par exemple, l'idée de l'*être* n'est définissable que par son origine, l'affirmation, comme lorsqu'on dit que l'*être* est l'*objet de l'affirmation*. L'idée de l'unité, au contraire, demande à être définie par son produit, le nombre ou la pluralité, comme lorsqu'on dit: l'*unité est l'élément* ou le *principe du nombre*. Il ne suffit point, cependant, dans la plupart des cas, d'indiquer l'origine ou l'emploi d'une idée, pour en exprimer la nature propre ou l'essence; et pour ne pas nous arrêter alors

à la surface des choses, nous essayerons de comprendre l'essence de l'unité d'une autre manière et nous partirons, pour cela, de la considération du relatif, que nous examinions naguère sous le nom de *quantité.*

Avant tout, il importe de bien remarquer ici que, si l'on veut arriver *de fait* jusqu'à la plus intime essence des choses, il ne faut point s'arrêter avant d'avoir atteint l'*acte* et l'acte *réel*, qui est, suivant les circonstances, un acte *sensible*, ou un acte *représentatif*, ou un acte *moral*. Mais, alors, on se trouve évidemment sur le terrain psychologique; et notre but n'est point, dans cette étude, de pénétrer jusque-là. Nous ne nous proposons point, en effet, ici, de savoir ce que sont les choses *en elles-mêmes*; nous voulons savoir seulement ce qu'elles sont *pour la pensée*, nous en recherchons l'être idéal. Or, nous savons déjà (§ 7) que la pensée ne procède que par voie de négation, en enlevant le positif, pour envisager exclusivement le négatif. Donc, au moment où nous ne nous soucions plus d'atteindre à l'intime essence des choses, et renonçons, par suite, à l'emploi de la méthode intuitive, qui serait alors obligatoire, nous sommes forcément condamnés à nous contenter de la méthode exclusive ou négative, propre à l'intellect; et, ainsi, l'on ne doit point être surpris de nous entendre dire, actuellement, que l'essence intellectuelle des choses ne se connaît que par voie d'exclusion, ni de nous entendre répondre à ceux qui nous demanderaient la définition de l'unité, qu'elle consiste dans la *négation de la pluralité*, etc. Car c'est bien ainsi qu'il nous faut procéder désormais dans nos définitions exclusivement rationnelles. Revenons maintenant sur ce que nous disions naguère (§ 32). D'après ce que nous avons dit là, le *rapport de quantité* est constitué, dans son unité, par les deux termes d'*unité* et de *pluralité* considérés non comme réels, mais comme nuls. Or, tout comme on peut nier ces deux termes à la fois, on peut se contenter d'en nier un. Cesse-t-on, alors, de maintenir la négation du premier ou de l'un, ou bien se borne-t-on à maintenir la négation du second ou du *multiple* : on voit par là-même la notion primitive de *quantité* s'accroître de celle d'unité, et l'on a de plus la notion de *quantité une* ou *d'une quantité*. Et ce qui fait alors, comme toujours, ressortir puissamment, dans l'ordre intellectuel, cette notion, c'est la permanence, à côté d'elle, de l'idée de *pluralité* à l'état d'ombre ou de fantôme. En effet, si l'unité manquait, on serait dans la pluralité ; l'unité se maintient par l'absence du multiple, et c'est pour cela qu'on définit intellectuellement l'un le *non-non-un* ou le *non-multiple*. Vouloir procéder autrement, ce serait scinder la fusion présupposée de la quantité et de l'unité, ou regarder comme non avenue leur union.

Telle est la marche du développement logique des

idées. L'idée première absolue est celle de l'*être*. Cette idée, comme absolue, exclut *de fait* la relation ; mais, par cela seul qu'elle l'exclut *de fait*, elle l'implique en *puissance* : alors elle apparaît *quantitative*. L'idée de *quantité* exclut *de fait*, à son tour, l'*unité* et la *pluralité* ; mais encore, par cela seul qu'elle les exclut, elle les implique en *puissance* ; et, sous ce rapport, elle apparaît devoir être, en cas d'application, *une* ou *multiple*. Supposé, toutefois, qu'elle s'applique, il faut qu'elle passe par l'unité avant d'atteindre à la pluralité. Cette nécessité d'atteindre l'*un* avant d'arriver au *multiple* explique le rapport intime qui lie l'une à l'autre les deux idées d'*être* et d'*unité*, rapport qui semble avoir grandement préoccupé les anciens philosophes et qui, cependant, apparaît une chose bien simple à quiconque suit la marche des idées que nous venons d'indiquer. L'*être* est nécessairement *un* avant d'être *multiple*, parce que, comme nous avons eu l'occasion de le dire au début de ce paragraphe, l'unité est l'élément ou le principe du nombre, c'est-à-dire, ce qui, tout en excluant de soi le nombre, sert néanmoins à le constituer ou produire.

34. Ceux qui voudraient ici s'expliquer comment l'*un* peut engendrer le *multiple*, le pourraient faire aisément en remarquant que, pour cette idée, comme pour celle de l'être et toutes les idées intellectuelles en général, l'unité logique n'exclut point la multipli-

cité psychologique (§ 18), et qu'ainsi, de même qu'on arrive d'un *être* à plusieurs *êtres*, on arrive tout simplement d'un à *plusieurs*. Par là se maintient le rapport intime que nous signalions tout à l'heure entre l'*être* et l'*unité*. Mais, au lieu de nous arrêter sur cette réflexion, nous aimons mieux reprendre la considération de la nature intellectuelle ou de l'essence de l'*unité*, de l'*un*. Nous disons indistinctement de l'*unité*, de l'*un*; mais bientôt on comprendra que ces expressions ne signifient point toujours la même chose.

L'*un*, se référant à la quantité, n'est point, d'après ce qui précède, quelque chose qu'on ne puisse *concevoir* en aucune manière divisé ni divisible; ce n'est point, non plus, quelque chose qui n'implique, en principe, aucune pluralité d'actes relatifs concourant à le *produire*; ce n'est point même quelque chose qui ne comporte aucune dimension dans ses diverses applications ou ses puissances: c'est simplement quelque chose de *non-non-un* dans une de ses déterminations, fondamentale par rapport à toutes les autres, et consistant dès-lors en un *acte* subjectif que l'idée peut bien multiplier ou diviser à sa guise, mais qui, malgré toutes ces multiplications ou divisions, demeure toujours un pour la conscience, comme le centre est toujours un pour la sphère quel qu'en soit le rayon. Cette même idée qui surcharge un acte subjectivement simple de déterminations respectivement contingentes, est, du reste, ce qui le protège ou le garantit efficacement contre toute altération ou division ; car, en même temps qu'elle l'investit du multiple, elle ne cesse de le poser ou représenter un ou non multiple en lui-même. Quelquefois on commet, il est vrai, la méprise d'introduire le multiple et l'accidentel dans l'essence et l'unité ; mais cette erreur n'est point imputable à l'intellect, conscient de lui-même et mesuré dans ses jugements. Cet intellect vraiment éclairé ne sépare jamais l'un du subjectif, du réel, et rejette toujours le multiple dans l'objectif ou l'imaginaire.

Les jugements des philosophes eux-mêmes ne sont point toujours exempts d'erreur sur cet article. Les uns, par exemple (et ce sont les matérialistes), s'imaginent que, parce qu'on conçoit l'un divisible, il doit nécessairement l'être, et ils admettent en conséquence qu'il n'y a point de véritables unités. D'autres (et ce sont les éléates), ont mis toute la réalité dans l'un, et n'ont point admis par conséquent d'objets ou de réalités composés ou multiples. Ce sont là, disons-nous maintenant, deux manières de voir également erronées et condamnables; car l'un peut clairement être multiplié comme il peut être divisé. Ainsi, l'on pose mille fois sans la moindre hésitation 1×5 ou bien $\frac{1}{5}$. Mais l'*un* multiplié ou divisé n'est point l'un réel ou subjectif, ni même l'un objectif logique ; c'est l'*un quantité*, c'est-à-dire, l'*un* tombé dans la sphère de l'intellect ou de l'esprit, et là se modifiant au gré de ces puissances avec d'autant plus de facilité qu'il est plus abstrait, qu'on en juge plus exclusivement par relation, et qu'on s'applique davantage à mieux perdre de vue l'absolu radical, en ne tenant compte que de l'aspect sous lequel il se montre plus apte à présenter toutes les formes.

C'est le moment de nous arrêter sur la distinction entre l'un et l'unité, que nous indiquions il n'y a qu'un instant. L'un n'exclut point le multiple aussi rigoureusement que l'unité exclut le nombre. C'est ainsi, par exemple, que l'on conçoit un être actif, — quoique originairement constitué par un seul acte, — surchargé (dans le cours de ses applications et par acquisition d'états ou de manières d'être accidentels), de déterminations très-diverses et très-nombreuses, sans qu'il doive néanmoins être censé pour cela dépouillé de son unité constitutive ou radicale, si réellement l'acte qui le constitue foncièrement est fondamental et permanent. Cette possibilité d'une espèce de superfétation accidentelle sur un fond unique et radical tient, d'abord, à la nature de l'être, que nous savons admettre, comme activité, les trois points de vue de l'*acte*, de la *tendance* et de la *puissance*; puis, à la triplicité des relations subjectives qu'il implique et qui sont le *sens*, l'*intellect* et l'*esprit*. Suppose-t-on que l'être soit et demeure foncièrement *un*, par exemple, comme *sens*: rien n'empêche, alors, d'admettre qu'il se comporte comme *multiple* du côté de l'*intellect* ou de *l'esprit*; car, au moment où le sens occupé par hypothèse la position absolue, les deux autres relations personnelles ne sont plus censées de fait l'occuper, elles la perdent donc, et de là il résulte qu'on peut très-bien les regarder dès ce moment, d'une part, comme formelles et par suite subissant toutes les variations de la forme; d'autre part, comme forces et par suite subissant toutes les variations de la vitesse. L'*acte réel* est, comme nous ne nous lasserons jamais de le répéter, essentiellement *un*; mais il n'en est pas de même de la *tendance* ou de la *puissance* en tant qu'elles se distinguent de l'*acte*, car alors on peut les dire infinies en force. Et si, comme rien n'empêche de l'admettre, l'*acte réel* fonctionne lui-même accidentellement comme *tendance* ou *puissance*, il est inévitable qu'il en contracte en apparence les modifications et donne le jour à des actes apparents multiples et divers. Mais cette détermination-ci de l'acte réel primitif n'en altère point l'unité radicale; et la raison en est manifeste. Ou cet acte fonctionne alors comme non-un par multiplication; ou il fonctionne ainsi par division. Or, dans le premier cas, il ne subit point évidemment la multiplication, puisqu'il la produit lui-même en se conservant et demeurant toujours dans son premier état. Dans le second cas, on ne peut nier qu'il ne subisse jusqu'à un certain point la division, puisque la détermination produite alors est censée consommée dans son propre sein, non au dehors et sous forme de vue accidentelle [1]. Néanmoins, il est toujours vrai de dire qu'alors même la division ne dépasse point en lui le cercle de ses relations actuelles et contingentes, et s'arrête sur le seuil du for interne. Ce for interne est-il réellement, essentiellement un? Il n'y a point, pour quiconque en demeure là, de superfétations ou de déterminations accidentelles possibles; sous ce rapport, l'acte a sa forme avec lui, qu'il ne peut perdre; et par conséquent, s'il est l'un, il exclut l'*autre*, car l'unité convient manifestement à l'un absolu, radical. Au contraire, admet-on qu'il passe en actes d'application contingentes, il est alors absolument *un* dans son fond, mais relativement multiple en exercice ou fonction, et se compose, pour ainsi parler, de deux natures: infini par l'une, il est fini par l'autre, il n'est donc plus l'*unité* même; mais il peut cependant être encore réputé *un* comme réunissant en lui l'un et le multiple.

35. Cessons maintenant d'avoir égard à cet un imparfait ou infecté de multiple, pour considérer spécialement l'un pur et primitif, égal à l'unité même. Il s'agit alors de savoir si, dans ce mouvement de re-

---

[1] Un acte simple est conçu divisible, comme on conçoit qu'un centre est divisible en autant de rayons qu'il y en a qui le pénètrent et qui se concentrent en lui.

tour de l'un vers l'unité qui nous transporte immédiatement sur le terrain mathématique, nous ne perdons pas trop, et peut-être même tout à fait, de vue le sens philosophique ? Eh bien ! non : et la preuve en est dans ce que nous avons déjà dit sur la filiation ou le développement logique des idées (§ 33). L'*être*, avons-nous dit, est la représentation fondamentale, et cette représentation *quantitativement* déterminée se pose tout d'abord comme *unité*. Qu'est cet *être* dont nous avons voulu parler là ? Ce n'est point assurément l'être réel ou subjectif, ni même l'être logique en tant que logique : c'est seulement l'être logique psychologiquement pris ou répété autant de fois qu'on s'imagine pouvoir et devoir le faire. Mais l'être envisagé sous cet aspect est une chose abstraite, il est même la chose la plus abstraite possible, le signe par excellence de l'indétermination. En associant alors à cette première idée d'*être* l'idée plus avancée d'*unité*, l'on s'élève à l'idée d'*unité étant*, ou, ce qui revient évidemment au même, d'*être avec unité*, d'*être un*, et par conséquent l'un est à la fois *être* et *unité*, ou bien encore l'*unité* est *être* dans l'*un*, l'*être* s'élève dans l'*un* à l'*unité*; c'est une même chose, au point de vue de l'un, de dire *être* ou *unité*. Donc, puisque c'est évidemment l'un qui figure en mathématiques, nous n'errons aucunement en affirmant que les philosophes et les mathématiciens continuent à se trouver sur le même terrain en fait de notions fondamentales ou d'éléments.

On nous objectera peut-être ici que les philosophes et les mathématiciens se placent à des points de vue très différents, puisque ceux-ci se contentent d'unités abstraites, lorsque les premiers tendent toujours aux unités réelles. Nous nions nettement cette distinction, et nous nous fondons, pour cela, sur ce que les mathématiciens demandent, aussi bien que les philosophes, de vraies unités. De vraies unités sont tout ce qu'il faut aux philosophes du côté de l'intellect. Aurait-on oublié, par hasard, ce que nous disions naguère (§ 33), de la nécessité de mettre ici de côté tout ce qui concerne la face la plus intime des êtres? Et voudrait-on qu'en ontologie ou métaphysique, il fût question d'esprits, de passions, d'appétits?... Autant vaudrait-il aller jusqu'à parler du bien ou du mal, du plaisir ou de la souffrance, etc. Mais tout cela ne regarde point évidemment le métaphysicien-philosophe. Ce ne sont donc point les êtres concrets finis, tombant sous notre expérience quotidienne, que nous devons ici considérer; ce sont seulement les êtres qui, quoique réels, habitent la région de la spéculation la plus haute ou de la raison pure. Or, à ce point de vue, tout ce que les philosophes en peuvent dire leur est commun, nous le répétons, avec les mathématiciens.

Il est vrai que les philosophes n'ont pas coutume d'employer le mot *unités*, et qu'ils se servent volontiers, de préférence, de ceux de *monades*, *êtres sim-*

ples, etc. Mais ce mot *simples*, qui est proprement ici le langage philosophique, ne présente guère d'autre sens que celui d'unité vraie ou absolue. Car, que veut-on dire, quand on dit d'un être qu'il est *simple?* On veut dire que cet être, envisagé non du dehors mais en lui-même, est sans parties ou éléments, qu'il est un *ad intrà*. La *simplicité* d'être a donc toute la signification des mots *unité ad intrà*. Mais une telle unité est bien, sans contredit, l'unité par excellence ou l'unité absolue. Les philosophes disent donc (en d'autres termes si l'on veut) la même chose que les mathématiciens.

Une dernière réflexion sur ce sujet. On sait que les mathématiciens se meuvent exclusivement, en ce qui les concerne, dans la région des idées abstraites ou imaginaires, et qu'entre leurs formules et l'expérience, il y a, quelle qu'en soit d'ailleurs l'harmonie, un abîme. Qui a jamais vu leurs unités, leurs points, leurs lignes, leurs surfaces ?... Mais il en est justement de même des philosophes métaphysiciens ; ceux ci parlent d'êtres simples, de positions absolues, d'atomes... qu'on n'a jamais vus et qu'on ne verra pas davantage à l'avenir. Tout ce que les uns et les autres disent et affirment dépasse donc l'expérience et tombe ainsi sous la catégorie de l'invisible ou, comme on dit, du *latent*. Cela prouve que la parité règne en tout point entre l'enseignement philosophique et l'enseignement mathématique ; d'où l'on peut conclure que ces deux enseignements sont réellement identiques.

36. Nous présumons qu'il n'y a plus de doute possible sur l'identité radicale du *simple* philosophique et de l'*un* mathématique. Mais le parallèle peut être poussé plus loin entre les deux sciences sur le même sujet du *simple* et de l'*un*, en se demandant, par exemple, comment ils sont, l'un principe de la *composition*, l'autre principe du *nombre*? Les mathématiciens, interrogés sur l'origine du nombre, ne nient point que le principe en est l'*unité*, car les nombres se font avec des unités. Les philosophes sont moins clairvoyants ou moins sincères, car, interrogés à leur tour sur le principe des êtres *composés*, ils se refusent la plupart à reconnaître qu'ils ont pour principe le *simple*. Deux métaphysiciens célèbres, Leibnitz et Herbart, ont soutenu dans les temps modernes cette doctrine, mais sans beaucoup de succès. La vérité philosophique sera-t-elle la dernière à devenir populaire?

Leibnitz a dit : Il n'y a point de composés sans composants. Or, il y a des êtres composés; et si l'on prétendait, *à l'infini*, que les êtres composant ces composés sont eux-mêmes composés, on n'aurait point de composants. Donc, les composants proprement dits, les premiers composants du moins, ne sont point eux-mêmes composés, c'est-à-dire ils sont simples.

Herbart a soutenu la même thèse d'une autre manière non moins démonstrative, en disant équivalemment : Si les composés sont réels, les composants le sont aussi. Et si ces composants sont composés, leurs propres composants sont réels encore, et ainsi de suite, jusqu'à ce qu'on arrive aux derniers composants. Donc, toujours, les composants sont réels. Mais, s'ils sont réels, ils sont bien manifestement indépendants du trajet ou du circuit plus ou moins long, et peut-être infini, qu'il faut faire pour les atteindre; et, puisqu'ils sont une fois au moins placés à la limite de la décomposition, ils sont, cette fois, simples.

Nous avons adopté l'opinion des deux grands philosophes précédents; nous en adoptons également le genre de démonstration respectif, mais nous ferons néanmoins valoir une raison d'un autre genre et bien plus simple; elle consiste à dire : Les composés se forment du simple, comme les nombres de l'unité. Nous l'avons déjà démontré; il y a identité entre l'*un* et le *simple*. Mais, alors, il est bien clair que, comme l'un donne naissance aux *nombres*, le *simple* donne également naissance aux *composés*. Il n'y a donc pas de doute que les composés ont des éléments comme les nombres, et que d'ailleurs ces éléments sont uns ou simples.

Nous ferons remarquer que le recours à l'infini, qui vient compliquer les raisonnements de Leibnitz et de Herbart, n'a point d'emploi dans le nôtre, au moment où nous mettons en avant le principe de l'*activité* comme essence ou qualité de l'être. En supposant, en effet, que l'être radical ait d'abord la conscience immédiate du simple, il a par là-même la conscience de l'infini; car ces deux sortes de consciences sont clairement corrélatives, et chacune d'elles implique l'autre. Pour concevoir alors un autre mode de conscience, il faut sortir de la conscience du simple, non en passant brusquement à des nombres élevés, mais en concevant, par exemple, au moins une *dualité* de positions imaginaires simples; car cette représentation d'une pluralité d'absolus détermine aussitôt la reconnaissance d'une *relation externe* actuelle, et cela suffit pour constituer une dégénérescence du sens non moins entière que subite. Il ne faut point de temps sensible ou réel pour opérer la transition du simple au composé, ou de l'infini au fini; car l'activité qui l'accomplit est encore présupposée simple, et, d'ailleurs, elle l'accomplit par un acte tout rationnel. Une fois engagé dans la représentation morose du fini, l'on peut bien demander du *temps* pour passer d'un acte à l'autre; mais on n'a besoin que de *raison* pour poser les conditions mêmes du fini, qui sont, élémentairement envisagées, tout unes ou simples.

37. Les positions ou les unités simples, *imaginairement* présentes à l'être radical, ne subsistent à ses yeux qu'à l'état idéal, abstrait, et, comme semblables encore en tout point, elles ne sont que *quantitative-*

ment discornables. Elles sont cependant censées, au moins intelligiblement, posées à part, comme quantités ou unités distinctes ; et alors il y a lieu de se demander s'il peut être permis de les réputer *pénétrables ?* Nous répondons affirmativement à cette question ; mais, pour prouver notre sentiment, nous ne nous contenterons pas de dire, comme on dit communément : tout ce qui est simple et, par suite, n'occupe pas d'espace, est pénétrable. Or, les êtres idéaux sont simples; donc ils sont pénétrables. Ce raisonnement n'est point rigoureusement démonstratif, par défaut de généralité. Ce qui rend, en effet, de prime abord la doctrine de la pénétration difficilement admissible, ce n'est pas seulement l'actuelle constitution physique des corps qui s'excluent les uns les autres de l'espace qu'ils occupent, c'est encore la difficulté de comprendre la fusion — sans confusion — des êtres intellectuels ou des idées. Cette fusion des êtres intellectuels ou des idées est cependant une chose démontrable et clairement compréhensible. Nous la prouverons, en faisant d'abord observer qu'il est précisément de la nature des idées d'en contenir, l'une, une infinité d'autres. On n'a, pour s'en convaincre, qu'à réfléchir un peu sur le mot *concevoir*, qu'on emploie généralement à représenter l'acte par lequel on saisit intellectuellement quelque chose. Ainsi, quand on conçoit une idée, l'on est censé concevoir par là-même, avec cette idée, tout ce que la même idée contient. Et, de fait, si l'on conçoit, par exemple, l'idée de *nombre*, n'a-t-on pas déjà conçu par là-même l'idée de tous les nombres? Si l'on possède l'idée d'unité, n'a-t-on point par là-même présentes à l'esprit toutes les unités particulières possibles? Il est vrai que le sens ne les aperçoit point distinctement encore; mais ce n'est point là ce dont il s'agit présentement. Nous avons voulu seulement établir l'universalité des notions de l'intellect, et cette universalité nous semble incontestable. L'universalité s'unit donc en lui à l'unité. Mais ce n'est pas tout : après avoir fait remarquer que l'intellect représente aussi facilement un soleil qu'un atome, un homme qu'une tête, etc., voyons s'il ne lui est pas possible de penser deux choses à la fois. Il le peut évidemment, puisqu'il peut comparer. Mais alors le même intellect qui pense l'une, pense l'autre. Les deux choses sont donc unes *in subjecto*; elles se pénètrent donc.

« Oui, nous dira-t-on ici peut-être, elles sont unes *in subjecto*, mais elles sont deux *in objecto*, c'est-à-dire en elles-mêmes. Cela ne combat-il point immédiatement le dogme de la pénétration? » Nullement. La distance qui sépare par hypothèse les idées considérées en elles-mêmes, n'est point réelle en elles, elle l'est seulement dans l'intellect, qui les conçoit et qui par là-même, en même temps qu'il les pense, les pense en tel ou tel état. Le même intellect, avons-nous dit, qui pense l'une pense l'autre. Nous dirons de même maintenant : le même intellect qui les unit les distingue. C'est dans l'intellect qu'elles sont unies et distinctes ; ce n'est point en elles-mêmes. Il ne leur est pas possible d'être le principe de deux points de vue si contraires, puisqu'elles ne sont point encore censées actives. Mais l'intellect peut à la fois les représenter ainsi diversement ; et voici ce qui doit maintenant nous faire bien entendre la chose. L'intellect est, comme le sens, puissance et acte. Le sens, qui se délecte dans les jouissances de la pénétration, présuppose d'abord la séparation, mais il tend incessamment à l'annuler, et, la surmontant, il réalise l'union. L'intellect, au contraire, présuppose l'union déjà faite et vise alors à l'écart ; s'il aboutit, il pose intelligiblement à part ou distingue ; mais il ne va jamais, lui, jusqu'à séparer réellement. L'opération de cet écartement est l'affaire du pouvoir exécutif ou du sens. L'office de l'intellect se borne donc à balancer en lui-même la réalité de l'union, par la représentation de la séparation possible ; il jette ainsi, par le fait si l'on veut, un germe de désunion dans l'union, mais il ne détruit point l'union ; il l'implique plutôt vraie, tout entière et réelle ; et, par suite, puisque toute la distinction qu'il établit ne réside qu'en lui, rien n'empêche les idées, même opposées, qu'il objective, de coexister en lui comme on conçoit que des mouvements opposés coexistent, sans s'entraver le moins du monde, dans le règne des corps.

D'après ce qui précède, la pénétration n'est pas seulement chose possible ; elle est originairement chose réelle. L'intellect la présuppose en acte ; il n'a point de procédé propre à l'opérer, et doit la laisser à la charge du sens. Son tour d'agir arrive quand il s'agit de l'annuler. Alors il a deux procédés à lui, qu'on appelle *multiplication* et *division*. Ces deux procédés ont cela de commun, qu'ils consistent tous les deux à prendre l'unité plusieurs fois ; mais le premier consiste, en particulier, à la considérer plusieurs fois comme partie d'un tout ; le second, à la considérer comme un tout de plusieurs parties. Un simple coup d'œil jeté sur ces deux procédés prouve déjà que la première opération générale de l'intellect se réduit à mettre en opposition *tout* et *parties*. Tout ce qui peut alors venir varier cette opération, suivant qu'on applique un module plus grand ou plus petit (tel que 2, 3, 4,.... dans les produits 1.2, 1.3, 1.4,.... ou dans les rapports 1:2, 1:3, 1:4,...), est chose insignifiante et négligeable. L'important ou le principal est dans le rapport susdit entre le tout et les parties. Or, ce rapport prend un caractère tout particulier au moment où l'on suppose l'intellect radical faire pour la première fois acte d'application contingente ; car, dans ce moment surtout, il est en mesure et devoir de comparer ensemble l'acte et la puissance. Instinctivement, comme on sait, on juge d'après ses impressions : ainsi l'intellect s'inspire du sens ; mais dans ses premières démarches surtout, il doit suivre son éminent modèle. Il est donc inévitable qu'originairement il emploie le procidé dit *infinitésimal*, de préférence à tous les autres (en posant, par exemple, $1.\infty$, ou bien $1:\infty$), parce qu'alors il ne manque jamais (en bonne moralité du moins) de rapporter la puissance à l'acte, quand l'acte est donné comme un modèle parfait à imiter avec zèle et constance; ou l'acte à la puissance, quand la puissance est donnée, à son tour, comme un besoin ou une tendance naturels à satisfaire.

38. Nous savons par le paragraphe précédent que les positions ou les unités absolues sont intimement pénétrables, c'est-à-dire qu'elles sont naturellement indépendantes de toute position relative et n'ont en elles-mêmes pas plus de raison d'impliquer l'union que de l'exclure. Voulant en mettre maintenant tout à fait à jour la nature, nous ajouterons qu'elles sont en elles-mêmes dépourvues de toute activité propre et comme de vrais zéros en relation. Par là nous n'entendons point remettre en question leur émission avec activité, force et puissance ; nous voulons seulement démontrer que cela ne tire point encore à conséquence, qu'elles sont originairement dans une inaction complète permanente, et qu'ainsi, pleinement nulles ou vides de tout, elles sont vraiment autant de zéros dans leur état primordial.

Afin de mieux éclaircir le point qui nous occupe, nous exposerons ici la théorie remarquable de Herbart sur les *seuils de conscience*. Suivant ce philosophe éminent, les représentations sont toutes d'abord animées d'une certaine force qui, lorsqu'elles sont contraires, les constitue passagèrement dans un état de lutte, au bout duquel les plus fortes éclipsent les plus faibles ou les font disparaître du théâtre de l'âme. Les choses se passent ou se dénouent ordinairement de la sorte, quand le nombre des représentations coexistantes s'élève à trois ou quatre, et à plus forte raison lorsqu'elles sont plus nombreuses. Alors les plus fortes éclipsent les plus faibles, les abattent, pour parler le langage de Herbart, sur le *seuil* de la conscience, ou les font même descendre au-dessous, c'est-à-dire les réduisent à n'être plus rien, à ne plus figurer du tout dans la conscience, à n'exercer plus désormais aucune espèce d'influence sur ce qui peut se passer dans son enceinte. Tel est l'état, par exemple, des choses entièrement oubliées de nous ; car ces choses, quoique gravées dans la mémoire, sont absolument sans effet sur notre âme. Herbart n'ignorait point cependant qu'il y a quelquefois des choses oubliées qui tendent à reparaître dans la conscience, puisque, alors même qu'on ne se les rappelle point, on sait qu'elles ont été confiées à la mémoire et qu'on en peut réveiller le souvenir. Ce philosophe suppose alors que celles-ci sont sur ou sous le seuil, non plus à l'état *statique* (comme les précédentes), mais à l'état *dynamique*. D'état simplement *thétique*, il n'en est jamais question. Tous les modes d'existence des représentations se réduisent donc à deux : l'un dans lequel elles sont comme n'existant point, ou sans influence aucune, par faiblesse relative ; l'autre dans lequel elles retiennent, quoique voilées, le pouvoir de modifier plus ou moins l'état de l'âme. Nous avouerons volontiers que nous avons de la peine à bien différencier ces deux cas d'existence latente ; car il nous semble que toutes les représentations faibles dans la lutte devraient se trouver définitivement constituées à l'état appelé dynamique. Mais n'insistons pas sur ce point, et prenons les choses telles que Herbart les prend. Il est clair qu'à ses yeux, l'état d'empêchement ou l'état latent est, pour les représentations, un état exceptionnel et constitué seulement comme résultant de la lutte des représentations entre elles. Toutes sont d'abord réputées par elles-mêmes rayonnantes ; et, supposé que certaines deviennent ensuite obscures, elles le deviennent seulement par occultation ou compression totale. Imaginons, par exemple, qu'un son aille en s'affaiblissant de plus en plus : il arrivera finalement un moment où nous n'entendrons plus rien du tout ; toute perception du son se sera pour lors évanouie. Or, ce que l'affaiblissement progressif d'une cause d'excitation sonore produit alors par rapport à la perception du son (et ce qu'il produit est la disparition de la perception), une représentation relativement forte le peut faire. C'est ainsi qu'un fort sentiment de chaleur fait sans peine totalement oublier un autre sentiment, tel que la perception d'un son faible.

Cette théorie de Herbart, imaginée pour rendre compte des phénomènes variables et successifs de représentation sensible, peut nous aider à comprendre le rôle des idées ou des positions absolues ; il nous faut seulement avoir soin ici de la renverser, et de dire que l'état ordinaire ou primordial des unités ou des positions absolues, est l'état d'obscurcissement complet ou d'inaction totale, et que leur état exceptionnel est, au contraire, l'action. En effet, de quelle efficacité peuvent être dans la conscience radicale, des positions simples qu'elle est réduite à n'entrevoir en quelque sorte que de loin, et qui n'offrent même point, pour ainsi parler, de parallaxe sensible ; ou bien encore des êtres absolus qui n'apparaissent que comme imaginaires ou possibles, et manquent par conséquent de toute qualité relative propre à les faire valoir en compensant par quelque chose d'accidentel leur nullité radicale ?... Admettons qu'on les représente, ces êtres, et qu'on s'en occupe en général : cette occupation dont ils sont l'objet n'est point pour cela provoquée par eux ; on n'y pense que parce qu'on veut ; on ne les regarde avec complaisance — si complaisance y a — qu'à cause des belles couleurs dont on aime à les parer. Enfin, supposé qu'on se décide à les faire passer dans la sphère du réel, ce n'est point qu'ils aient rien fait pour s'attirer cette faveur. Tout leur mérite à cet égard est d'être ou d'avoir été réalisables ; ainsi, c'est par pure prévenance et avec pleine liberté qu'on les distingue et qu'on les met en relief ou rend sensibles, en les engendrant à la vie naturelle ; et leur propre rôle est bien un rôle d'emprunt ou d'occasion, rôle toujours d'autant mieux rempli qu'il laisse à l'activité radicale plus de liberté dans le développement et la disposition de ses tendances ou de ses actes.

CHAPITRE II.

Des Composés et des Nombres.

39. Ayant la notion du *multiple*, nous avons en même temps celle du *nombre* en général. Ces deux notions sont, en effet, synonymes et désignent, l'une et l'autre, comme quantité, le *non-un*. Et, puisqu'il est déjà démontré (§ 35) que le *simple* est identique à l'*un réel*, à l'*un ad intrà*, la notion de *composition* en général doit être clairement elle-même équivalente à la notion de *multiplicité*, de *nombre*. Mais sachant cela, nous ne savons encore rien de ce qui concerne la génération et l'existence des *nombres* ou des *composés* spéciaux ; et maintenant il nous reste, par conséquent, à rechercher comment nous arrivons à cette double manière corrélative de représentation ou de connaissance.

Arrêtons-nous d'abord en particulier sur la notion du *nombre*. Nous distinguons trois sortes de nombres, savoir : le nombre *infinitésimal*, le nombre *fini* et le nombre *empirique* ou *mixte*. Le nombre *infinitésimal* est celui dans lequel l'infini entre comme multiplicateur ou diviseur; telles sont les quantités $1.\infty$, $\frac{1}{\infty}$. Le nombre *fini* est celui dont les facteurs ou diviseurs ne se composent que d'unités simples; telles sont les quantités 1.2, $\frac{1}{2}$, 1.3, $\frac{1}{3}$. Le nombre *empirique* ou *mixte* est enfin celui qui se compose plus ou moins distinctement de quantités infinitésimales et finies, mêlées ensemble; telles sont la plupart des intégrales des mathématiciens, ainsi que toutes les compositions naturelles.

40. Le nombre infinitésimal est la première sorte de nombre à laquelle nous nous élevons, au moins rationnellement, par l'intellect.

Nous savons déjà (§ 37), que, comme le sens a radicalement pour effet de tout concentrer ou confondre, l'intellect a *radicalement* pour effet de tout départir ou désunir par multiplication ou division, en considérant l'unité radicale soit comme partie d'un tout, soit comme un tout de parties. En supposant maintenant que l'intellect ne sorte point encore de cette première manière propre à lui d'opérer, il est clair que, suivant une observation déjà faite antérieurement (§ 37), le *tout* représente pour lui la *puissance* infinie par rapport à l'*acte*, et que la *partie* représente l'*acte* infiniment petit par rapport à la *puissance*. L'intellect se trouve donc déterminé forcément, par son état naissant ou primitif, à faire exclusivement usage originairement du procédé dit infinitésimal, c'est-à-dire de ce procédé qui permet, une force étant connue, d'en imaginer l'effet infiniment petit par rapport à elle; ou, l'effet étant connu, de remonter incontinent et sans terme moyen à la cause. Il est essentiel, en philosophie, de ne jamais perdre ici de vue les deux idées de cause et d'effet; mais en mathématique, où le langage est moins rigoureux, parce qu'on n'y traite des choses que comme quantités, on substitue sans inconvénient le nom de *partie* à celui d'*effet*, et le nom de *tout* à celui de *puissance*, et l'on dit en conséquence que le calcul infinitésimal consiste à passer d'un tout connu qu'on appelle *intégrale*, à sa partie infiniment petite qu'on appelle *différentielle*; ou bien inversement, à remonter immédiatement de la différentielle à l'intégrale. Soit alors l'intégrale $= 1$; on aura $\frac{1}{\infty}$ pour différentielle. Soit, au contraire, la différentielle donnée $= \frac{1}{\infty}$, on aura 1 pour intégrale. Ces notions, assurément bien simples, renferment en substance toute la doctrine du calcul infinitésimal, à laquelle il est impossible aux plus grands génies de rien ajouter, si ce n'est pour l'élégance de la forme; car le passage du tout aux parties, ou des parties au tout, n'est point une chose susceptible d'analyse au moment où l'on ne veut voir que des unités partout, c'est-à-dire que de vrais éléments intégrants à la base, et une non moins positive concentration à la cime. Et pourquoi voudrait-on, d'ailleurs, que l'intellect s'arrêtât au début à mi-chemin, et ne représentât originairement, par exemple, que des éléments non vraiment élémentaires, ou des touts non vraiment uns ou touts ? Les idées ne sont point capables de s'arrêter ainsi d'elles-mêmes en route, elles signifient nécessairement ce qu'elles signifient. L'idée de division implique donc par elle-même division absolue, l'idée de concentration implique de même concentration entière ; et, par suite, au moment où l'intellect s'ouvre pour la première fois à ces idées, il les admet dans toute leur plénitude ou signification radicale. Le procédé dit infinitésimal constitue donc le procédé primitif de l'intellect.

41. Le nombre *infinitésimal* n'est point cependant le seul nombre possible ; et si nous avons réellement découvert l'origine rationnelle du nombre *infinitésimal*, nous pouvons bien espérer de découvrir également celle du nombre *fini* qui lui fait suite. Afin de découvrir cette nouvelle origine, nous aurons soin d'observer que lorsque l'intellect distingue, et par suite oppose l'un à l'autre la puissance et l'acte, ou l'infiniment grand et l'infiniment petit, il représente encore nécessairement, quoique d'une manière incidente, la distance infinie de l'un à l'autre avec tous les degrés intermédiaires imaginables de décroissement ou d'accroissement. Car, s'il les distingue et les oppose, il les aperçoit nécessairement avec toute leur différence essentielle, idéale. Or, cette différence est une échelle graduable et graduée, du moins en puissance. Donc, tan-

dis qu'il les représente, il en représente en même temps tous les degrés comme possibles. D'ailleurs, en représentant ces degrés comme possibles, il les représente aussi comme quantitatifs, et pour lors, employant à la fois les deux procédés d'opération mathématique que nous savons être à son usage, il dit, sans sortir encore de la méthode du calcul infinitésimal, mais à partir de la base : $\frac{1}{3}, \frac{2}{3}, \frac{3}{3}..., \frac{n}{3}$; ou bien il dit, en restant toujours dans la méthode du calcul infinitésimal, mais en partant de la cime : $\frac{n}{1}, \frac{n}{2}, \frac{n}{3},..., \frac{n}{n}$. Et ces deux séries se raccordent; ainsi l'on peut écrire : $\frac{1}{3}$; $\frac{2}{3}, \frac{3}{3}, ..., \frac{n}{n}, ..., \frac{n}{3}, \frac{n}{2}, \frac{n}{1}$. Arrivé là, l'intellect trouve devant lui deux cas. L'un de ces cas consiste à comparer ensemble les termes de la première série; l'autre consiste à comparer entre eux ceux de la seconde; mais ces deux cas le conduisent au même résultat. Compare-t-il d'abord entre eux des termes de la première série, il vient, par l'évanouissement des dénominateurs du premier rapport, $\frac{2}{3} : \frac{3}{3} :: 2 : 3$. Compare-t-il de même les termes correspondants de la seconde série, il vient semblablement, par l'enlèvement des numérateurs du premier rapport, $\frac{n}{2} : \frac{n}{3} :: \frac{1}{2} : \frac{1}{3}$. Or, 2 et 3, $\frac{1}{2}$ et $\frac{1}{3}$, sont des nombres *finis*, savoir : 2 et 3 comme nombres entiers, $\frac{1}{2}$ et $\frac{1}{3}$ comme nombres fractionnaires; car les uns et les autres sont exprimés par des unités simples. La génération du nombre *fini* est donc toute naturelle; l'intellect y parvient en suivant le cours régulier de ses opérations, une fois par multiplication, une autre fois par division. Le but de ces deux opérations est alors d'éliminer l'infini de ses différents termes; mais, l'infini une fois éliminé, le fini paraît ou se fait remarquer; et par la multitude presque sans fin des modes secondaires du calcul qu'il rend désormais possibles, il vient achever de révéler la nature éminemment mathématique de l'intellect.

Il peut bien se faire que le lecteur ne sente point ici la raison du détour que nous venons de suivre pour expliquer l'origine du nombre fini, et qu'il croie plus naturel de dire, par exemple, que le nombre fini résulte de la simple addition de 1 à 1, de 1 à 2, de 1 à 3..., d'où viendraient 2, 3, 4, etc. Nous conviendrons que cette dernière manière de procéder est très-plausible; mais elle est bien loin d'être naturelle à l'origine des choses. Toutes les premières notions sont, en effet, essentiellement infinies. Prenons pour exemples les idées de *bonheur*, de *plaisir*, d'*honneur*, d'*amour*,...; ou bien encore les idées de *temps*, d'*espace*.... Les idées de *bonheur*, d'*amour*, etc., que nous venons de nommer en premier lieu, ne nous dominent point certainement, dans la plupart des cas, au point de nous rendre incapables d'en représenter d'autres. Cependant, quelles sont les autres qui sont comparables à celles-là? n'y a-t-il point des moments où leur empire est réellement si grand, qu'elles semblent nous enivrer et nous ôter la liberté de nous occuper d'autre chose?..... Puisqu'elles ont incontestablement par moments cette puissance, et qu'on conçoit très-bien d'ailleurs qu'elle leur est légitimement due, pourquoi n'en serait-il pas ainsi toujours chez quelques êtres ? Et pourquoi ne formeraient-elles point, notamment chez les êtres parfaits, le seul objet dominant de leurs affections, la seule fin dernière de leurs actes et le seul mobile déterminant de leurs désirs ?... Or, en supposant qu'il en fût ainsi pour nous, ce serait bien dans l'infini que nous vivrions alors. Car, à côté de ces mobiles, de ces objets ou de ces fins, tout le reste serait évidemment vil, futile, négligeable, ou, pour dire le mot, infiniment petit; et ces mobiles, ces objets ou ces fins seraient au contraire l'infiniment grand en puissance et en acte. Nous serions donc alors forcément réduits à faire usage du nombre infinitésimal, et condamnés à n'arriver que par l'intermédiaire ou sous l'influence de l'infinitésimal au fini.

La considération des idées de l'*espace*, du *temps*, nous amènera à la même conclusion. Ces notions-ci, lorsqu'on s'applique par l'imagination à les approfondir, annulent littéralement celles (respectivement) infiniment restreintes de *mètre cube* ou *carré*, ainsi que d'*heures* ou de *jours*, et les aires planétaires ou les ères sociales ne conservent elles-mêmes qu'une infiniment petite valeur, comparées à l'espace ou au temps infinis. Il y a donc des notions générales qui sont vraiment en état d'absorber toutes les autres. Et, comme il faut bien le remarquer, ces notions générales ne sont pas telles qu'elles viennent seulement après coup s'ajouter aux notions particulières ; tout au plus on peut dire qu'elles entrent parfois pêle-mêle dans l'esprit, et qu'elles sont inégales en force. L'homme, par exemple, est dans ce cas : il ne voit point certainement d'abord de lieu qu'il n'en représente aussi l'entour; il ne conçoit point également de durée qu'il n'en aperçoive les limites ; mais de réfléchir sur ces idées d'entour ou de contenant, de limite ou de limitant, c'est ce qu'il n'est point capable de faire en son premier état. La raison, débile encore en lui, ne le seconde point; il voit déjà tout, mais confusément; et pour cela, rien ne le frappe, si ce n'est ce qui chez lui meut puissamment le sens. Mais, encore une fois, il n'en est pas nécessairement toujours ainsi ; l'on conçoit des êtres chez qui le sens n'a point d'empire, ou chez qui du moins il n'en a point assez pour affaiblir ou dénaturer la raison. Mais alors, au moins, toutes choses sont rangées à leur place, appréciées à leur valeur; alors, ou le fini n'est compté pour rien, ou il n'entre en ligne de compte qu'après l'infini. La reconnaissance du nombre *infinitésimal* est donc rationnellement le seul acheminement possible à la reconnaissance du *fini*.

42. Le nombre *empirique* ou *mixte* résulte des deux nombres *infinitésimal* et *fini* combinés; il en est le produit. En effet, nous avons déjà le nombre infinité-

simal $\int d.1 = \int d\frac{2}{2} = \int \frac{1}{2} = \frac{2}{2} = 1$. Nous avons également les nombres finis $2, 3, \frac{1}{2}, \frac{1}{3},\ldots$ que nous représenterons par m. De la combinaison des deux sortes de nombres infinitésimal et fini, il vient alors $\int m\frac{1}{\infty} = m.1$, quantité manifestement mixte.

Que signifie dans ce cas m? m est le multiplicateur de la différentielle de 1 ou de l'intégrale 1. Et si la différentiation peut l'atteindre, ce n'est point en cette qualité de coefficient numérique, mais seulement en tant qu'il n'a point de signification fixe et qu'il peut signifier indifféremment, $2, 3, \frac{1}{2}, \frac{1}{3}$, enfin tout nombre voulu. Ainsi nous découvrons, pour ainsi parler, deux sortes de différentiation, l'une concernant le rapport entre l'infiniment petit et l'infiniment grand respectifs, ou l'acte et la puissance ; l'autre indiquant dans quelles conditions infiniment variables on peut ou doit avoir égard à ce rapport. On a conçu les règles du calcul infinitésimal de manière à pouvoir faire marcher ces deux considérations à la fois; mais, en définitive, elles sont très-distinctes, et la preuve en est qu'on se jette, par ce mélange, dans une flagrante contradiction apparente qui d'abord n'existait pas. En effet, ce qu'on appelle communément intégrale, est une quantité *finie* quelconque, m; et pour la composer, on invoque une infinité de parties infiniment petites, ce qui suppose qu'une quantité *finie* peut contenir en elle-même un nombre infini de parties. Or, dans le premier cas que nous avons, nous, imaginé, cette contradiction n'existait pas, puisque alors les quantités infiniment petites étaient censées s'évanouir tout à fait en se confondant *absolument* dans l'unité suprême. La commune manière de voir est donc atteinte d'une contradiction qui n'existe point dans notre système, où la quantité finie n'est considérée que comme multiplicateur — variable pourtant — de la différentielle ou de l'intégrale absolue.

Il existe, en quelque manière, avons-nous dit, deux sortes de différentiation. Dans l'une, respectivement réelle, c'est le fond ou l'*unité* qui varie ; dans l'autre, respectivement formelle, c'est le multiplicateur ou le *nombre*. C'est ainsi qu'on peut faire varier indifféremment dans la nature la densité atomique des corps ou leur densité simplement formelle, en imaginant, ou que les atomes, demeurant en même nombre, ont chacun moins de matière, ou que, devenant plus rares dans le même espace, ils accusent également moins de poids. L'*unité* peut d'abord varier à l'infini, et de là viennent les divers ordres de différentielles et d'intégrales admises par les mathématiciens, telles que dx, d^2x, d^3x, ..., $\int dx$, $\int\int dx$, $\int\int\int dx$.... Mais la forme aussi peut varier à l'infini ; de là la multiplicité des différentielles ou des intégrales, telles que dx, x ; dy, y ; dz, z, etc. Si toutes ces différentes formules ont l'avantage de représenter mathématiquement l'expérience, elles en montrent de même le côté philosophique ou la nature mixte ; car les nombres complexes ou mixtes dont elles sont formées, sont de vrais composés où l'élément infinitésimal entre par la porte des genres faisant ad intra fonction de multiplicande, et que l'élément fini pénètre de son côté par la porte en quelque sorte extérieure des différences spécifiques ou du multiplicateur.

43. Éclaircissons maintenant la contradiction apparente signalée dans le paragraphe précédent. Nous disons cette contradiction apparente, et non réelle, parce que, aux yeux de l'intellect, le *nombre* est là considéré comme faisant fonction d'*unité*. S'il est, en effet, vrai de dire, comme nous l'avons admis, que l'unité peut faire fonction de nombre (infinitésimal), il peut et doit être aussi permis de dire inversement que le nombre, quel qu'il soit, peut faire fonction d'unité. Généralisant ainsi la question présente, voyons donc si réellement il est possible à l'intellect de prendre l'un pour multiple ou le multiple pour l'un.

Afin de nous mieux préparer à comprendre ici qu'il ne s'agit point du tout de prétendre contradictoirement que l'un est multiple et le multiple un, mais seulement d'admettre qu'on peut, sans exclure l'unité, prendre l'un plusieurs fois, et, sans exclure le nombre, le prendre comme unité, ce qui réduit la chose à une affaire de fonction, nous commencerons par nous rappeler que, dès le principe (§ 32), nous avons cru possible de regarder la notion de *quantité* comme non moins applicable à l'unité qu'au *nombre*. L'unité n'est point, avons-nous dit toutefois, une *quantité*, dans le même sens que le *nombre*. Le nombre est une quantité de fait; l'unité est quantité comme principe du nombre ou faisant nombre. Ceci revient à dire : l'unité est quantité comme principe de quantité. Mais un principe de quantité est une quantité en puissance. L'unité est donc quantité en puissance. Rien n'empêche, par conséquent, ou bien il ne répugne point, puisque la notion de puissance s'applique à l'unité, de regarder l'unité comme renfermant implicitement quantité de fait, ou nombre. Et si, pour lors, on suppose que déjà l'unité se présente ou figure d'elle-même comme fait, il faudra nécessairement admettre qu'il y a des faits de divers ordres, ou des faits qui contiennent sous eux d'autres faits respectivement comparables à des quantités infiniment petites, dont chacune, traitée de la même manière, contient, à son tour, un nouveau système d'infiniment petites unités subordonnées, etc. Pour nous convaincre maintenant de l'existence de telles unités et de tels nombres corrélatifs dans notre conscience, nous n'avons qu'à considérer ce qu'on appelle une armée, tout à la fois et comme fait et comme idée. Comme fait, une armée se compose d'existences distinctes et pleinement indépendantes en très-grand nombre; comme idée, au contraire, c'est une chose essentiellement une ou simple. Une armée est donc simultanément chose objectivement multiple et subjectivement une : cela nous fournit un premier cas de nombre et d'unité corrélatifs. Signalons-en un second. Chacune des existences multiples, mais présupposées chacune une, dont la réunion forme une armée, peut être, à son tour, regardée comme un tout ou un nombre; non point du côté qui la fait une ou de la personnalité physique, du sens, mais du côté de l'intellect ou de l'idée. Par exemple, chaque soldat est composé d'abord d'une portion immatérielle appelée âme, et d'une autre portion matérielle appelée corps; il se divise, de plus, du côté de l'âme, en être sensible, intelligent et moral, et, du côté du corps, en être physique, organique et vivant, etc. L'unité et le nombre se correspondent donc toujours; il faut seulement avoir soin alors de remarquer que si l'unité règne déjà, par exemple, dans l'intellect, le nombre réside nécessairement dans la région du sens; que si l'unité règne, au contraire, dans le sens, la multiplicité réside dans l'intellect, etc. D'ailleurs, en comparant entre eux le sens et l'intellect, il est à propos d'observer que ces deux puissances peuvent respectivement faire et font alternativement fonction d'acte et de puissance; que l'intellect comme acte a trait au sens comme puissance; que l'intellect comme puissance a trait au sens comme acte, etc. De sorte que l'activité ne se contredit jamais, mais roule plutôt avec une aisance infinie sur elle-même, ressemblant ainsi parfaitement aux organismes végétaux, chez lesquels la sève monte et descend perpétuellement;

malgré l'inégale constitution apparente de ses diverses parties, branches, tige et racines.

L'entière solution de la contradiction apparente signalée tout à l'heure dépend, comme on voit, de l'existence et de la reconnaissance d'une multiplicité de consciences dans l'être absolu radical. Cet être radical est un; mais il est aussi d'abord, comme absolu, présupposé sans conscience actuelle, et doit, par conséquent (intemporellement, toutefois), devenir conscient. Devenant conscient, il acquiert, par suite de l'irréductibilité des trois premiers états de relation interne, la triple personnalité de sens, d'intellect et d'esprit. Mais cela ne suffit point : ces trois actes de conscience relative, apparaissant dans l'*un absolu radical*, ne le détruisent point; ils en scellent plutôt la *simplicité* par leur union mutuelle, et, en tant qu'ils sont opposés ou s'excluent, ils contribuent activement à la mettre à jour, à la rendre évidente. Cependant cette unité, quoique déjà bien clairement aperçue, demeure imaginaire, tant qu'elle ne s'entoure point de fonctions relatives et contingentes; et si, par hasard, elle se révèle enfin sous cette forme, elle accuse par là même la présence d'autant d'actes absolus d'attention contingente éclos sous forme relative. Il y a donc alors dans l'être radical, non-seulement une triplicité de consciences relatives originaires, mais encore autant de consciences absolues qu'il y a d'actes émis d'attention contingente absolue. Cette *multiplicité de con-*

sciences absolues ne compromet aucunement l'unité de l'être radical, car elle a précisément besoin de cette unité perpétuelle pour être possible ou pour devenir actuelle; et l'on conçoit très bien que rien n'apparaîtrait dans cet être, si par hasard il n'avait point la propriété d'exercer son activité sous toutes sortes de formes, soit absolues, soit relatives, en tenant compte de l'absolu pour produire le relatif, ou du relatif pour produire l'absolu, et partant ainsi toujours de l'acquis pour passer d'un ordre d'application à l'autre et réaliser, dans l'espace ou le temps, tous les êtres ou tous les phénomènes compatibles entre eux, depuis les plus bas étages du sens jusqu'aux plus élevées régions de l'intellect et de l'esprit.

44. Nous n'avons pas prétendu seulement établir que les *nombres* impliquent simultanément *fusion* et *distinction*, savoir : fusion dans le sens ou l'intellect, distinction correspondante dans l'intellect et le sens ; nous avons voulu soutenir, en thèse générale, que les *nombres* sont une image, bien plus, une reproduction exacte ou parfaite de tous les *composés* naturels ; c'est pourquoi tout ce qui convient aux uns convient de même aux autres. Le premier point venant d'être prouvé, nous avons maintenant à démontrer le second.

Soient devant nous deux cercles, l'un jaune et l'autre rouge : nous les apercevrons évidemment distincts et séparés. En leur supposant à tous deux une seule et même couleur, mais un entourage distinct et différent, nous continuerons à les apercevoir distincts et séparés. Mais si, par hypothèse, leur entourage cesse encore d'être divers, tout étant alors identique en eux, soit au dehors, soit au dedans, rien n'interviendra pour modifier l'impression que nous en recevrons, et cette impression étant unique, la sensation intérieure étant encore subjectivement une, nous ne nous représenterons plus qu'un seul cercle. Deux cercles faisant plus d'impression qu'un seul, la sensation sera seulement alors plus intense.

Il y aurait également fusion entière si, au lieu de prendre pour exemple deux sensations homogènes tout à fait semblables, comme *blanc* et *blanc*, nous imaginions deux sensations hétérogènes simultanées, et si nous supposions, par exemple, que, en même temps que nous apercevons un cercle blanc, nous entendons résonner une cloche, alors notre sens, éprouvant deux émotions qui ne se font point mutuellement obstacle, les saisit simultanément toutes les deux; et si par hasard rien ne vient l'entretenir dans une croyance contraire, il admettra volontiers que le même corps est à la fois *substratum* et du son et de la couleur perçus.

Ces assertions sont incontestables et prouvent qu'en bien des cas de l'expérience sensible, la fusion est réelle et la distinction, au contraire (n'importe qu'elle soit quantitative ou qualitative), imaginaire, idéale. Il en est donc déjà de beaucoup de *composés* naturels, comme des *nombres* infinitésimal et fini: là, comme ici, l'on trouve et fusion absolue et distinction relative. Pour achever maintenant de rendre l'identité manifeste, imaginons qu'entre les sensations homogènes semblables (comme *blanc* et *blanc*) il s'établit, par disparité ou contrariété, des différences de plus en plus notables. Suivant la nature ou la grandeur de ces différences, la fusion devient alors moindre, et la distinction augmente de manière peut-être à balancer la fusion; mais, tant qu'elle ne la détruit point, elle n'atteint point jusqu'à la séparation, qui serait la distinction rendue sensible et perçue. Les *composés* naturels admettent donc, comme les nombres appelés empiriques ou mixtes, l'idée de fusion et de distinction imparfaites. Les composés, comme imparfaits en eux-mêmes, correspondent aux intégrales *finies*. Comme distincts les uns des autres, ils correspondent aux intégrales de *divers ordres* ou *multiples*.

Si, comme il vient d'être dit, les *composés* naturels sont des choses tout à fait analogues aux *nombres* par leur constitution propre, ils leur ressemblent encore parfaitement par la nature du rapport qu'ils ont entre eux. Il est bien inutile, sans doute, de nous arrêter à démontrer longuement la discontinuité de fait qui règne entre les différentielles et les intégrales du calcul infinitésimal, entre les divers nombres finis 2, 3, $\frac{1}{2}$, $\frac{1}{4}$..., ou bien encore entre les différents ordres ou les différentes espèces de nombres mixtes, tels que: $\int mx$, $\int ny$... De prime abord, on voit qu'on arrive, d'un saut, des différentielles aux intégrales, ou des intégrales aux différentielles. L'impossibilité de représenter autrement que sous forme symbolique toutes les positions possibles intermédiaires entre 2 et 3 ou $\frac{1}{2}$ et $\frac{1}{3}$ est encore une chose évidente. D'ailleurs, s'il n'y a point de transition insensible possible entre les différentielles et les intégrales d'une part, et entre les différents nombres finis, entiers ou fractionnaires de l'autre, comment n'en serait-il pas de même de leurs produits? La discontinuité règne donc également entre les diverses intégrales dites finies ou les nombres mixtes, et doit régner encore entre les espèces de composés qui leur sont corrélatifs; et, de fait, il en est ainsi. La transition est toujours brusque, par exemple, entre nos cinq sens ou les sensations qui se rapportent à chacun d'eux. Il en est, sous ce rapport, de toutes nos affections, comme de nos affections morales. Qui se flatterait de pouvoir mesurer, *avec le mètre*, la distance qui sépare intellectuellement l'un de l'autre deux hommes de moralité différente! Mais on ne saurait davantage estimer *linéairement* l'intervalle d'une douleur à une autre douleur, d'un plaisir à un autre plaisir, ni enfin la distance actuelle entre deux états quelconques de l'âme. Toutes ces affections ou autres choses semblables, qui ne tombent point respectivement sous les représentations sensibles du temps et de l'espace, sont donc comme infiniment distantes les unes des autres; et si, cependant, elles ne sont point incapables d'être embrassées par un seul acte d'intelligence, cela tient à la nature éminente ou transcendante de cet acte par rapport aux différents produits qui lui sont subordonnés, et avec lesquels il est radicalement dans le rapport de l'infini au fini. Un acte de cette nature ne serait point évidemment nécessaire pour relier entre eux les différents produits naturels, si ces derniers, semblables aux différentes planètes, n'étaient absolument ou sensiblement dépourvus entre eux de toute liaison respective. La meilleure preuve de leur isolement naturel est dans leur union surnaturelle.

Les composés naturels sont donc discontinus comme les nombres, et parce que, selon notre assertion, ils sont nombres. Voulons-nous, après cela, trouver la raison de la continuité, nous devons la chercher de nouveau dans les nombres eux-mêmes, ou du moins dans la manière de composer ou de systématiser les nombres, qu'on appelle numération.

CHAPITRE III.

De la Liberté et de la Numération.

—

45. La liberté renvoie à la contingence ; car on peut la définir : le moyen de disposer de la contingence, ou de la faire, de la réaliser. Parmi les opinions absurdes, nous n'en connaissons point de plus absurde que celle qui nie la création. Cette idée de création est nécessaire, au moment où l'on admet celles de liberté et de contingence. La liberté a le nécessaire pour *base* et le contingent pour *produit*.

La *base* est le sens, le donné. Le *moyen* est double ; l'un *éloigné*, c'est l'idée du possible à réaliser ; l'autre *prochain*, c'est la tendance à le faire. Céder à la provocation qu'on éprouve sous la double action déterminante du moyen éloigné et du moyen prochain, c'est se déterminer, c'est accorder le donné avec le possible, et, par là-même, réaliser le possible autant qu'il est possible.

Mais combien de possibles n'y a-t-il point ? Et encore, combien de manières de le réaliser ? Par exemple, il est possible de se mouvoir, de flairer, d'entendre, de parler, de voir ; et si l'on veut parler, on a le choix entre une infinité de sons ; si l'on veut voir, on peut vouloir soumettre à sa vue du rouge, du bleu, du jaune, etc. ; s'il s'agit d'opérations, on peut vouloir réaliser un minéral, un végétal, un animal, etc.

Cette immense variété d'objets connus ou seulement imaginables, comment se flatter maintenant de pouvoir la systématiser ou réduire en formules? Cependant, rien n'est plus simple. Il suffit, pour cela, de considérer attentivement la systématisation des nombres, appelée *numération*.

La numération, qui est l'art de composer ou de systématiser les nombres, est d'abord, elle aussi, possible d'une infinité de manières, car on peut prendre pour base, par exemple, le nombre 2, et l'on est alors dans le mode de numération binaire ; ou le nombre 3, et l'on est dans le mode ternaire ; ou le nombre 10, et l'on est dans le système décimal. Naturellement, on procède par le mode binaire, car la nature nous le présente en fonction dans une foule de cas, par exemple, dans les deux yeux, les deux bras, les deux mains, etc. Mais, naturellement aussi, l'on est induit à faire usage du système ternaire quand on vient à considérer la division ternaire des bras et des jambes ; du système décimal, quand on remarque dans les doigts des pieds ou des mains le nombre 10 ; ou bien encore des systèmes quinaire, octavaire, duo-décimal, quand on porte son attention sur les nombres si variés des feuilles des plantes, des pétales des fleurs, des divisions des doigts.... De là, que conclurons-nous ? Nous laisserons-nous aller par hasard à penser que tout est livré probablement à l'arbitraire, dans l'organisation, si belle et si remarquable d'ailleurs, des êtres naturels? Nullement. La nature, avons-nous dit, n'implique pas seulement en principe un moyen éloigné, elle implique encore un moyen prochain. Ce moyen prochain est ou peut être tantôt une convenance secrète entre les forces, tantôt une symétrie apparente, tantôt une harmonie actuelle de sentiments ou d'états internes; mais, dans tous les cas, c'est un rapport déterminé de nombres, ou un rapport numérique, ou bien un certain nombre fini de semblables rapports.

46. Le moyen numériquement fini, propre à servir d'intermédiaire entre l'unité de l'activité radicale et les innombrables infiniment petites unités contingentes imaginaires, qu'elle peut vouloir animer ou réaliser dans l'espace et le temps, est fourni par tout système de numération. Il n'y a point, en effet, de semblable système à l'aide duquel on n'arrive à réunir incessamment toutes les unités imaginables ou possibles en *nombres* déterminés. Mais ce qui peut de prime abord étonner beaucoup le lecteur, c'est que nous disions ce moyen *fini*. Ce moyen n'est pas seulement fini, parce qu'il a pour objet des nombres à

réaliser qui sont finis, sinon dans leur totalité, du moins en eux-mêmes; il l'est encore, parce que le fini, sinon comme réel, du moins comme idéal, réside déjà dans l'infini. C'est ainsi, par exemple, que l'unité, chose infinie en puissance (§ 40), est chose finie comme élément de nombres finis; c'est encore ainsi que la relation entre le sens et l'intellect, ou le réel et l'idéal, quoique composée de termes respectivement absolus et par suite infinis, est chose quantitativement finie comme n'embrassant que deux termes, et que le sens, l'intellect et l'esprit, ces trois puissances radicales, résumant en elles-mêmes toutes les déterminations respectivement absolues de l'activité, sont et demeurent les unités relatives, irréductibles d'un système ternaire et par conséquent fini.

Les trois systèmes de numération auxquels nous venons d'en appeler, et qui sont le système *unitaire*, le système *binaire* et le système *ternaire*, sont tellement essentiels et fondamentaux, qu'on les retrouve partout sans distinction de position ou d'unité radicale. Le premier, ou l'*unitaire*, est l'expression de la puissance générale ou absolue; le second, ou le *binaire*, est le représentant de la puissance spéciale ou relative; enfin le dernier, ou le *ternaire*, est le système de la puissance individuelle ou particulière. Étudions un moment en particulier chacun de ces systèmes primitifs.

47. Le système unitaire est celui par lequel on reconnaît que l'activité radicale, ou même toute activité secondaire, mais respectivement envisagée comme radicale, se traduit ou se divise en une infinité d'infiniment petites activités subordonnées et pareillement unes, ce qui donne une seule identité de la forme $1 = \infty \frac{1}{\infty}$. Le propre de ce système consiste, comme on voit, à mettre en présence des positions imaginaires inverses, ou telles que ce que l'une d'elles a de plus en puissance, elle l'a de moins en acte, ou inversement. C'est par l'intellect seul que cette opposition infinitésimale est d'abord constituée dans l'Être radical; aussi rien ne vient d'abord la traduire en acte ou la rendre sensible. On conçoit seulement alors un infiniment petit mouvement de la tendance radicale ou de l'esprit vers les actes absolus infiniment petits, représentés intérieurement par l'intellect; et, supposé que le sens, conscient de ce mouvement, s'en imprègne ou les fixe assez pour leur donner par ce moyen de la consistance, non sans doute en se les associant, mais en les dotant d'action ou de vitalité propre, comme la chose arrive ou paraît arriver dans le phénomène de la génération, il produit par là-même, au sein de l'activité radicale, quelque chose de tout à fait analogue à ce qu'on a coutume d'appeler *sensations subjectives*. Les sensations ainsi nommées, non parce qu'elles affectent un sujet (chose évidente et bien inutile à dire), mais parce qu'elles sont d'origine subjective et viennent, par

conséquent, d'un sujet imaginairement distinct de celui qu'elles affectent, ne sauraient aucunement être attribuées au sens radical comme passif, mais seulement comme cause. Ce sens qui les produit demeure invariable ; mais, tout en se conservant, il ne laisse point de produire un certain changement dans l'activité radicale ou de la déterminer ; il lui donne donc une activité nouvelle et même accidentelle, et cet acte d'activité nouvelle et contingente est bien un acte absolu d'attention produit en elle comme relative, c'est-à-dire comme se connaissant ou se percevant elle-même. Nous comparions tout à l'heure cet acte aux sensations dites subjectives, parce qu'elles sont d'origine subjective. Toutes les fois que le sens éprouve de telles affections, il en est lui-même la source. Alors, si, par exemple, il s'agit de visions, il ne regarde point quelque chose qu'il voie, mais il voit simplement quelque chose qu'il regarde d'abord sans voir. Mais si d'abord il regarde sans rien voir au dehors, il est indispensable qu'il voie du moins au dedans ; et au dedans il n'y a d'originairement possible que la représentation du possible ou de l'imaginaire. Le sens détermine donc en lui-même l'apparition du possible, en fait de sensations relatives quotidiennes. Donc il peut, par la même raison et de la même manière, déterminer en lui-même, ou mieux (puisqu'il est, lui, personnellement invariable) au sein de l'activité radicale, l'apparition d'actes dont elle est en quelque sorte éternellement grosse, par l'incessante opération de l'intellect. Et voilà bien, ce nous semble, le mystère de la création clairement résolu. Les êtres créés sont des êtres représentés d'abord comme possibles. Si, par hypothèse, en raison de l'application du sens, cette représentation prend de la consistance ou de la force, une certaine force actuelle quitte en même temps le sens et s'attache à l'intelligible. Quiconque donne, perd. Comment avons-nous admis déjà (§ 45) que le sens se détermine? Par cession. Or, céder, c'est s'en aller de quelque chose ou renoncer à quelque chose. Aucun acte de cette nature n'est sans doute régulièrement dénué de compensation; il est donc bien possible qu'en même temps qu'on perd, on gagne. Mais néanmoins il est indispensable qu'on perde. Chez nous, quand nous cédons, nous perdons, par exemple un peu de terrain, d'honneur, de satisfaction propre. Quand le sens personnel ou radical cède, il se retranche en exercice, pour faire place à d'autres; il se met, pour ainsi dire, à la retraite, comme le père qui se démet en tout ou en partie de son administration en faveur de ses fils. Être père, c'est instituer de fait des héritiers de sa puissance, et se donner des égaux.

48. Le nombre des êtres réalisables est infini, parce qu'on n'a pas de raison de le restreindre. Telle est, en effet, la nature du mouvement vers le possible, qu'il ne souffre point intelligiblement d'arrêt et va dès-lors de

lui-même à l'infini. La vingtième unité n'est pas moins possible en soi que la dixième ou la quatrième, etc. Le nombre infini des êtres réalisables est le nombre dit *infinitésimal*; et l'on n'a pas besoin de beaucoup de réflexion pour comprendre que le vrai *module* de ce nombre est l'*unité*. Nous entendons ici par *module* l'unité systématique.

Au contraire, le nombre des êtres actuels proprement dits est essentiellement fini, parce que le module, devant différer cette fois de l'unité réelle et ne pouvant être autre chose qu'une *somme déterminée* d'unités, implique par lui-même la condition de ne jamais dépasser dans les applications le nombre des unités données ou présentes. Par exemple, 1 est indéfiniment divisible par 1 ; mais 1 n'est point indéfiniment divisible par 2. 1 divisé par 2 donne $\frac{1}{2}$, ni plus ni moins, et diviser $\frac{1}{2}$ par 2 ne serait plus diviser 1 comme dans l'autre cas.

C'est trouver un module (autre que l'unité), que trouver un nombre fini quelconque. On n'arrive point à ce résultat, avons-nous dit antérieurement (§ 41), sans écartement et par la même présupposition de l'infini; mais, alors même qu'on a cessé de regarder l'unité comme infinie, pour la considérer simplement d'une manière abstraite ou logique, on n'aboutirait point au nombre par les simples procédés ordinaires de *multiplication* ou de *division* appliqués à l'unité; car $1 \times 1 = 1$; $1 : 1 = 1$. Il faut donc arriver à poser $1+1$ ou 2, $1+1+1$ ou 3, etc. Mais on ne peut, encore une fois, vouloir procéder de la sorte ou poser additivement $1+1$, etc., sans avoir déjà perdu tout à fait de vue l'infini. Comment arrive-t-on alors à perdre de vue l'infini ? Nous l'avons dit : l'infini s'annule de lui-même dans le cours de ses opérations infinies, lorsqu'elles sont contraires. Ainsi, l'on a $\frac{1 \cdot \infty}{\infty}=1$. Cet un est ici le facteur commun aux deux opérations présupposées infinies. Il est vrai que ce facteur commun est plus que *commun* ou *comme un*, il est *un* ; mais il suffit qu'il implique *deux* opérations relatives, pour qu'il donne naissance à la représentation actuelle de $1+1$ ou de 2. Le nombre ou module 2 n'est donc point, quoique fini, chose étrangère à l'activité radicale ; il lui est, au contraire, si proche et si naturel, qu'elle l'a, pour ainsi dire, sous la main et peut toujours s'en servir, sans même se demander ce qu'elle en doit ou peut faire. Car le résultat se trouve être le même, n'importe qu'elle multiplie ou divise. Dans le système binaire, par exemple, où l'unité systématique est $1+1$ ou 2, on s'élève à ce module en partant du précédent ou de l'unité, n'importe qu'on dise 1×2 ou $1:2$. On a semblablement dans les deux cas 1 changé en 2. Il en serait de même du nombre 3, bon pour signifier les trois genres. Ce dernier nombre est d'ailleurs aussi naturel que 2. 2 exprime naturellement les deux faces du simultané ; 3 les trois faces du successif.

49. Les modules *binaire* et *ternaire* combinés avec l'infinitésimal, ne sont pas moins applicables aux activités contingentes qu'à l'activité radicale ; mais, appliqués de cette sorte aux activités contingentes, ils en expriment non la constitution, mais la fonction. Ces activités, en effet, n'entrent jamais en exercice sans présupposer le concours des trois puissances radicales, et nommément, sans présupposer l'une d'elles cédant à l'action combinée des deux autres ; elles impliquent donc toujours, et quelles que soient les autres circonstances accidentelles, un genre et deux espèces, ou bien encore, un genre et une (double) action relative capable de le déterminer. C'est ainsi qu'en parcourant par la pensée les trois degrés de vie manifestés dans le triple règne minéral, végétal et animal, on y peut voir le sens fonctionner successivement comme *instinct*, *art* ou *amour*, en raison de la part plus ou moins développée prise par l'intellect et l'esprit à ses produits. Mais il est clair que si l'on voulait caractériser en particulier chacun des produits sensibles, la considération des modules précités serait absolument insuffisante : il faut, à ce dernier point de vue, compléter les indications précédentes par la désignation des caractères constitutifs propres aux êtres contingents.

Il est plaisant de voir la plupart des savants s'interroger sur l'origine possible des espèces ou des genres ; et chercher, par exemple, à s'expliquer l'existence des sexes. Jamais on ne voit la nature en pareil souci de se donner le triple mode de développement *unitaire*, *binaire* et *ternaire*; ces trois modes sont, à l'état latent ou patent, universels et perpétuels. Mais, au-delà de ces trois modes, on la voit réellement flotter en quelque sorte au hasard, puisqu'elle change souvent de module et qu'elle adopte pour modes actuels d'application contingente dans l'espace et le temps, tantôt le *quaternaire*, tantôt le *quinaire*, etc. Cela prouve que le passage du mode ternaire aux modes supérieurs, est celui de la nécessité à la contingence.

50. Personne n'attend sans doute ici de nous que nous montrions, dans la série des modules supérieurs aux primitifs, la même évidence ou nécessité d'enchaînement que nous venons de trouver dans la série des modules primitifs 1, 2, 3. Nous pouvons cependant, en nous référant aux trois modules précédents, concevoir l'existence de certaines règles dans l'institution des nombres fondamentaux secondaires. Nous tirons ces règles des types primitifs mêmes.

D'abord, le système *unitaire* primitif est une garantie, partout où l'unité radicale fait défaut, de tendance au moins externe à l'union. L'unité, si elle existait, régnerait *ad intrà*. Donc, si le sens est obligé de se rejeter *ad extrà* et, pour dire le mot, change de sens, il cherche au moins à produire en image ou à simuler au dehors l'union interne qu'il regrette. Il s'agite donc en *deux* sens opposés, suivant le système binaire, et il n'a que ces deux sens *absolus* d'application possible. Toute autre différence qu'on peut signaler en lui, n'est qu'une différence de degrés. Cette différence de degrés dépend des degrés de convenance ou d'opposition, imaginés ou reconnus exister dans les données apparentes externes ou internes. Les deux sens du Sens sont l'origine des deux forces apparentes appelées *attraction* et *répulsion*.

En second lieu, le système *binaire* est une garantie, malgré l'évidente possibilité radicale d'agir dans toutes les directions, d'un exercice simplement dirigé constamment dans deux directions plus ou moins opposées dites correspondantes ou symétriques. Il ne faut point oublier ici que les modules primitifs ne sont aucunement exclusifs des modules postérieurs et servent seulement à les régler; il n'est donc pas impossible, mais il est très-naturel, au contraire, de trouver des figures dépourvues de symétrie parfaite; toutefois, ces mêmes figures apparaissent toujours plus ou moins régulières et ne manquent jamais totalement de symétrie. La fleur appelée *pensée* n'est point, par exemple, régulièrement construite, mais elle reste évidemment symétrique; et elle l'est, sinon par la disposition bout à bout de ses pétales, du moins par leur disposition constante à se ranger autant que possible par parties convergentes ou divergentes, et par paires.

Enfin, le système *ternaire* est une garantie de retour

régulier ou de périodicité dans la suite des êtres ou des événements. Ce n'est pas encore le moment de démontrer que tout mouvement périodique et plus ou moins sensiblement circulaire, implique le concours de trois forces actuelles et constituées entre elles, comme l'attraction, la répulsion et l'impulsion, au moyen desquelles on se rend raison des révolutions planétaires. Mais si l'on veut bien nous permettre d'anticiper à cet égard sur l'avenir, nous partirons de là pour expliquer les innombrables faits de périodicité que la nature nous offre à chaque pas, et nous donnerons en conséquence pour base à tous ces faits, le système ternaire.

Au moment où les modules supérieurs aux premiers entrent en scène, l'action des premiers doit être évidemment restreinte et dépendre même régulièrement de conditions accidentelles ou libres en principe. Pour en bien apprécier l'influence, il ne faut donc pas seulement tenir compte de la puissance originairement infinie des agents primitifs, il faut encore tenir compte des différentes données finies qu'ils ont à manier. Or, ces données se prêtent, en général, d'autant plus ou d'autant moins à l'action des agents primitifs, que : 1° elles sont en plus ou moins grand nombre ; 2° elles se composent de nombres respectivement premiers ou non premiers ; 3° leurs nombres sont extensivement ou intensivement égaux ou inégaux. Nous ne pourrions ici nous étendre à ce sujet sans empiéter sur la matière de nos études subséquentes ; nous nous contenterons donc de l'avoir indiqué, pour avoir occasion d'y rattacher plus tard nos nouvelles explications et d'en tirer toutes les conséquences.

51. Si l'emploi des modules primitifs se mêle à celui de tous les autres possibles, il est par là-même bien clair que le nécessaire se mêle au contingent et le fatal au libre. Cela va-t-il à la négation absolue du libre arbitre et de la contingence ? Non certes ; il s'ensuit seulement que le domaine en est peut-être beaucoup plus restreint qu'on ne pense. Et, de fait, où est-ce que nous jouissons d'une absolue liberté ? Nous parlions tout à l'heure (§ 50) de l'active intervention du système *ternaire*, dans tous les cas de mouvement périodique ou de révolution plus ou moins sensiblement circulaire ; un de ces cas nous est offert, par exemple, dans le phénomène de notre existence terrestre, évidemment composée de trois moments successifs appelés *naissance*, *vie* et *mort*. Ces trois moments représentent un ordre de développement constant. Qui conçoit, alors, la possibilité de voir jamais arriver le renversement de cet ordre, et l'existence humaine commencer à la mort pour finir à la naissance ?... Ce que nous venons de dire prouve déjà que nous ne disposons point de la suite de nos actes, que nous n'en réglons pas la succession ; prouvons également que nous ne sommes aucunement chargés

d'en déterminer la nature ou l'espèce. Tout homme, en naissant, apporte nécessairement avec lui son sexe, son tempérament et son caractère; il naît aussi, quoi qu'il en pense plus tard, dans un certain état de fortune ou de misère qui le prédispose inévitablement à certaines tendances irréfléchies ou non moins instinctives de fait, que celles qui proviennent du caractère, du sexe ou du tempérament. Et l'effet de toutes ces tendances, en général, est de séparer l'humanité, pour ainsi dire, en deux camps; cet effet de symétrie, d'opposition dualiste, saute aux yeux de quiconque sait tant soit peu voir les choses en grand. Or, qu'on entreprenne de dire aux hommes, une fois ainsi parqués en plusieurs conditions ou manières d'être constamment opposées deux à deux, de passer spontanément de l'une en l'autre, ou de changer respectivement d'emplois, de tendances et de goûts! On n'oserait le faire; et quand même on l'oserait, on serait bien sûr d'avance d'échouer, parce qu'on sent intérieurement l'impossibilité d'échapper à la loi primitive de dualité qui gouverne les hommes. Le système *binaire* est donc, autant que le système *ternaire*, d'institution naturelle ou nécessaire. Mais encore, il faut dire la même chose du système *unitaire*. On peut bien vouloir échapper à ce système par le suicide, ou vouloir également, par le meurtre, y soustraire les autres. Mais, outre que rien ne garantit la perpétuité de cette destruction immédiatement contraire à la première loi de l'existence, il est évident qu'elle n'aboutit pas, du moins, à la suspension de cette loi dans le monde présent, et que là, plus tard comme auparavant, tout subsiste par individualités perpétuellement renouvelables depuis le plus petit être vivant jusqu'à l'homme. Si même un minéral se dissout, c'est pour faire place à un autre ; la molécule qui se décompose entre, par ses divers éléments, dans d'autres molécules, et prouve ainsi qu'aucune ne peut exister sans faire partie d'une relation vivante capable de l'exhaler ou de l'absorber tour à tour, et, par ce moyen, d'exercer ou de manifester sa vitalité particulière. Le système unitaire est donc, autant que le binaire ou le ternaire, absolument impérissable ou perpétuel ; et l'on ne peut jamais supposer que l'ensemble des êtres échappe à cette triple loi, parce que c'est cette triple loi même qui rend seule possibles tous les autres systèmes de composition ou d'union. Tous les différents systèmes se supportent les uns les autres depuis le premier jusqu'au dernier, de la même manière qu'on voit, dans les arbres, le tronc porter les grosses branches, les grosses branches porter les branches plus petites, les branches plus petites les rameaux, etc.

Les êtres contingents ne peuvent échapper à cette triple loi des systèmes *unitaire*, *binaire* et *ternaire*, parce que les trois puissances qui la leur imposent sont celles mêmes qui les font ce qu'ils sont. Quels sont les mobiles qui nous font agir comme êtres libres?

Ces mobiles sont, par exemple, le plaisir, l'intérêt, l'honneur, le devoir, l'amour, etc. Ramenons, pour être plus court, tous les mobiles à trois, que nous appellerons plaisir, honneur, devoir. L'homme alors cherchera le plaisir, l'honneur et le devoir dans tous ses actes; mais en même temps il ne sera pas libre de ne pas les chercher, car tous ces mobiles lui sont, par hypothèse, également imposés par sa nature. Bien vainement il se flatterait donc de pouvoir, dans ce cas, choisir d'autres mobiles, ou bien encore de pouvoir se dispenser d'agir d'après l'un d'eux : ils lui sont imposés tous, et chacun, et seuls. Dès qu'il s'agit de mobiles ou de motifs déterminants, l'homme est par conséquent saisi tout entier, et la liberté ne règne point dans cette sphère.

Donnons encore une autre raison. Il est certain que si l'homme n'était circonvenu que par l'une des trois puissances internes, par exemple le sens, il suivrait fatalement, comme les animaux, la loi du plaisir, et ne serait point libre. Ainsi, toute puissance qui le circonvient la première et seule, est sûre de se l'assujétir pleinement. Mais les trois puissances internes sont essentiellement distinctes, et chacune d'elles tend également à le faire passer sous le joug. Donc, aucune ne lui donne ou ne lui laisse en particulier la liberté.

Nous sommes cependant libres; comment et dans quel sens alors le sommes-nous? Aucune puissance, disions-nous à l'instant, ne nous donne la liberté, mais chacune aspire à nous dominer absolument. Cela nous porte déjà suffisamment à penser que chacune est, en même temps et pour ainsi parler, ennemie de la liberté des autres. Toutes les trois puissances tendent donc simultanément à s'empêcher; et parce qu'elles y tendent, elles s'empêchent effectivement, en se contenant l'une l'autre dans leur sphère. Il n'y a point dès ce moment de relation entre elles; toute application actuelle est rigoureusement interdite. Mais les trois puissances internes, une fois pleinement suspendues de leurs fonctions, sont vraiment comme n'existant point, et laissent parfaitement le champ libre à tout nouvel exercice possible de l'un absolu radical. Cet un absolu radical, s'il intervient alors et laisse percer sa puissance, agit comme il lui plaît. C'est donc à se poser comme absolu que consiste la liberté.

La liberté n'apparaît que par les entraves apportées à l'exercice même de la liberté. Si rien n'entravait le sens dans ses fonctions, qui se donnerait la peine de fonctionner par l'intellect ou de penser? Si rien n'entravait l'intellect, qui ferait cas du pur amour? Admettons-nous, au contraire, qu'un être actif rencontre çà et là, sur ses pas, des entraves : alors, ne pouvant sentir, il pensera; ne pouvant penser, il aimera; ne pouvant enfin ni sentir, ni penser, ni vouloir, que fera-t-il? Il fera comme le jeune oiseau qui, prêt à éclore, brise sa coque et s'envole : il se fera de vive force une issue à son activité ; il s'ouvrira de nouvelles voies ; il sera comme le créateur, comme le génie sublime, le seul auteur de ses nouveaux destins, c'est dire en d'autres termes : il sera libre. Voilà donc ce que c'est que être libre. C'est se donner des ailes, des pieds, des mains, un organisme entier, et s'en servir. Tout cet exercice et ces produits ne seraient point sans doute possibles, si l'être actif n'était en lui-même puissant. Mais il ne faut pas oublier que les puissances alors présupposées en lui sont nécessairement censées dépouillées de leurs actes, ou bien n'agir que pour obstruer devant lui toutes les issues connues, et le contraindre par là-même à s'en frayer de nouvelles. C'est pourquoi l'essence d'un acte libre est d'être un acte nouveau. Si le nouvel acte est absolu, la liberté qu'il implique et révèle est de même absolue ; si, par hypothèse, le nouvel acte est simplement relatif, il ne s'agit plus que de liberté relative. Mais, dans les deux cas, il est essentiel que le nouvel acte tranche ou brise avec tous les précédents ; et, pourvu que cette condition soit remplie, l'acte émis est, suivant son espèce ou qualité, pleinement libre.

On comprend aisément par là comment il peut être possible de se mouvoir dans les voies du plaisir, de l'honneur ou du devoir, en restant libre. Si l'on suit, par exemple, les attraits du plaisir, on peut retenir au moins cette liberté propre aux êtres sensibles, qui consiste à choisir entre plaisir et plaisir, ou même à sacrifier le plaisir à l'honneur, auquel cas on change de caractère et passe au rang des êtres intelligents. Un être intelligent libre est de même celui qui choisit ou peut choisir entre honneur et honneur, et préférer à tous les honneurs le mérite de remplir son devoir, etc. L'être absolument libre est celui qui, comme nous le disions naguère, se posant comme absolu en lui-même, ne retient du préalable exercice de ses trois puissances internes que ce qu'il faut pour procéder à un nouvel exercice, avec force, connaissance et vouloir.

52. Les éclaircissements que nous venons de donner sur la liberté nous permettent d'indiquer ici la solution d'une question laissée jusqu'à cette heure indécise. On peut se rappeler qu'au § 44, tout en cherchant à nous convaincre de la réelle discontinuité des composés naturels et des nombres, nous nous sommes permis d'admettre entre eux une certaine continuité formelle, au moyen de laquelle rien n'empêche de les regarder comme parties intégrantes d'un nouveau tout ou d'un nouveau composé d'ordre supérieur. L'assertion, émise là sans preuve, peut être maintenant justifiée sans peine. Ce qui rallie les uns aux autres les actes finis du libre arbitre, quelle que soit d'ailleurs la nature sensible, intellectuelle ou spirituelle de ces actes, c'est la puissance même au sein de laquelle ou par laquelle ils sont produits. Cette puissance est là, rangeant, ordonnant tous les actes qui lui sont subor-

donnés, comme un pasteur vigilant retient avec soin sous sa houlette toutes les brebis qui lui sont confiées. De même que ces brebis ne forment qu'un seul troupeau, en raison de l'unique direction qu'elles reçoivent, les actes les plus discontinus sont uns au moment où tous aboutissent à la même puissance. C'est encore ainsi que nos doigts ou nos membres ne forment qu'un tout par leur implantation simultanée dans la même main ou le même corps. Il n'y a pas d'autre raison à l'union de nos facultés ou de nos représentations dans l'âme.

Bien que les actes de liberté jouissent d'une certaine continuité dans la puissance qui les fonde, nous ne devons point cesser pour cela de les regarder comme réellement discontinus en eux-mêmes, ou les uns par rapport aux autres (§ 44); et, dès-lors, autant il y a d'actes vraiment libres émis, autant il y a de positions absolues ou respectivement absolues prises par leur auteur. Plaçons-nous, par exemple, dans le cas de l'acte créateur. Tant qu'un tel acte dure ou persévère, il demeure évidemment identique à lui-même et ne se répète point; mais s'il cesse pour reprendre ensuite, il se répète et devient multiple. Or, il suffit qu'un tel acte soit possible une fois, pour qu'il le soit également deux fois, trois fois,..... une infinité même de fois. Une création multiple est donc possible. De là résulte un grand enseignement ; car il s'ensuit que les actes absolus de l'activité radicale s'enchaînent dans le temps comme ils se coordonnent dans l'espace[1]. Une création (relative) fait place à l'autre, et les élus de la précédente sont les prédestinés de la suivante.

On pourrait vouloir attaquer notre dernière assertion, en se fondant sur ce que, s'il s'agissait de vraies créations successives, les êtres individuels de la suivante ne sembleraient point pouvoir être identiques à ceux de la précédente, mais devraient plutôt en différer comme nouveaux ; mais cette raison là n'est point valable. Le mot de *création* (relative) exprime ici simplement l'*emploi* des êtres, une fois passés de l'état imaginaire à l'état réel. On conçoit que des êtres, éternellement imaginaires, soient perpétuels de fait; alors le même intellect radical qui les voit une fois, les voit toujours. Les êtres nouveaux d'une création, qui présupposent nécessairement avant eux cette perpétuité d'existence, peuvent donc n'être nouveaux qu'autant qu'ils impliquent relation, et, moyennant relation, forme nouvelle. Ce qui constitue par conséquent la nouveauté des créations, c'est essentiellement le changement de forme; ce n'est point la mutation des êtres absolus ; et si par hasard il y a des êtres absolus qui priment par grâce ou faveur avant

[1] Cette assertion, en impliquant la perpétuité du temps en général, ne va point à nier que, par le laps même du temps, certains êtres n'échappent au temps *subjectif*, et ne soient, dès-lors, en état d'être témoins de tous les changements possibles sans en éprouver jamais aucun.

toute création par-dessus tous les autres, il est inévitable qu'ils priment par là-même dans toutes.

53. En disant qu'à chaque création tout est nouveau, nous n'avons pu vouloir dire évidemment que la liberté met au jour de nouvelles puissances, car les trois puissances radicales sont éternelles et nécessaires, mais seulement qu'elle en remanie l'exercice et qu'elle en renouvelle l'application dans le temps, tout à fait comme elle la multiplierait dans l'espace, si par hasard on faisait usage des modules complexes, tels que 2, 3, 4, etc. Le mot de création réveille par lui-même deux points de vue distincts, savoir : celui de *multiplication* et celui de simple *répétition* d'actes ou d'exercice : la multiplication a lieu dans l'espace, séjour du simultané, et la répétition a lieu dans le temps, séjour du successif. Celle-là suppose une pluralité de positions ; celle-ci comporte, au contraire, une simple distinction dans le nombre des positions réputées successives. La création considérée dans le temps est donc ou peut être une répétition ; mais, dans cette répétition encore, il peut y avoir des changements qui ne sont plus des répétitions ; car, par exemple, l'extension des actes peut changer ou bien être nouvelle, l'intensité peut changer de même, la variation peut s'introduire jusques au sein des tensions pures ou des vitesses absolues. N'importe, il y a toujours extension, intensité, tension pure ; ainsi,

toute nouvelle création admet un cadre tout fait d'opérations communes aux précédentes. Il ne faut point, seulement, oublier d'observer que ce cadre tout fait est simplement intelligible ou formel, et que les relations nouvelles chargées de le remplir sont alors les relations essentiellement actuelles, qu'on appelle sensibles. Ainsi, la douleur que je ressentis, par exemple, hier, mais qui disparut le même jour, peut reparaître aujourd'hui ; et si par hypothèse cette douleur reparaît aujourd'hui, ce sera bien un nouveau fait de douleur que je ressentirai. Cependant, malgré cette évidente réitération et duplication du fait, je serai parfaitement en droit de soutenir que c'est, en espèce ou qualité, la même douleur ; c'est pourquoi, dans le cas où j'aurais trouvé hier un moyen spécifique de la soulager ou faire disparaître, je pourrais encore aujourd'hui en faire usage.

Un nouvel acte de liberté n'est donc point, encore une fois, dans tous les cas un acte de création absolue, ou bien un nouvel acte à tous égards ; et pour lors, plus le champ de la liberté se restreint, plus il est facile de trouver des points de rapprochement ou de comparaison entre le nouvel acte et les actes anciens. Nous ferons observer, à ce propos, que jamais une activité ne s'exerce de fait sans précédents dans le triple ordre d'applications sensibles, intellectuelles ou morales. C'est évident, on ne veut ou l'on n'aime qu'après connaissance ; on ne connaît de même, à proprement parler, qu'après expérience ou sentiment. Il y a donc toujours des précédents assignables à tous les actes, même libres en principe, *intellectuels* et *moraux*, ou spirituels. Mais il y a de même des précédents à tous les actes *sensibles*. La chose est encore évidente, si l'on s'aide de la représentation ou de la mémoire pour arriver aux sentiments qu'on éprouve. Mais quand même il en serait en apparence autrement et qu'on n'invoquerait, par exemple, ni vues intéressées, ni formes commémoratives attrayantes pour ressentir l'excitation, il n'en serait pas moins vrai de dire qu'on en est redevable de loin, sinon de près, aux objets imaginaires que, spontanément, on représente ou l'on aime intérieurement. L'émotion actuelle d'alors n'a point, sans contredit, de précédents réels, mais elle en a toujours au moins d'imaginaires ; et, par conséquent, il est incontestable qu'il n'y a point d'acte, même sensible, sans précédents.

Dès-lors, maintenant, qu'un acte a des précédents et qu'il s'y rallie par une certaine face, s'il est en état, d'une part, par sa nouveauté, de surprendre un observateur, il n'a rien qui puisse étonner, de l'autre, quiconque est assez intelligent pour apercevoir le rapport constant des nouveaux actes aux précédents. Il faut donc, dans l'appréciation des actes contingents ou libres, être bien attentif à distinguer les différentes faces sous lesquelles on peut avoir à les considérer, et ne pas se hâter de conclure, par exemple, de ce qu'ils sont nouveaux, qu'ils ne peuvent être prévus ; ni de ce qu'ils sont prévus, qu'il ne sont pas nouveaux. Il y a des actes réellement *imprévus*, mais il y a de même des actes *prévus*; il y en a même de si certainement prévus, qu'on peut les regarder comme *infaillibles*. L'épithète d'*imprévu* convient particulièrement aux actes *sensibles*; les actes *intellectuels* composent la classe des actes *prévus*; les actes accomplis dans le ressort de l'*esprit* doivent être réputés *infaillibles*. Cela suppose que, par l'esprit, on découvre le nécessaire ; que, par l'intellect, on entrevoit le possible ; et que, par le sens, on perçoit l'actuel. Mais c'est bien ainsi que vont les choses.

54. Afin d'expliquer en quel sens on peut qualifier les actes sensibles d'*imprévus*, les intellectuels de *prévus* et les spirituels d'*infaillibles*, nous reviendrons ici sur la considération des *nombres*, que nous semblons avoir perdus de vue depuis longtemps.

Les nombres dont il peut être actuellement question, sont les nombres ou modules de numération. Ces nombres sont toujours censés déterminés, mais non prédéterminés, sauf (parfois) les trois premiers 1, 2, 3. Ainsi, l'on a pour modules de contingence des nombres tels que 4, 5, 6, etc. Et ces nombres-ci sont toujours censés déterminés ; parce qu'effectivement ils sont toujours ou 4, ou 5, ou 6, etc. Mais ils ne sont point déterminés parce qu'ils auraient par hasard le moindre rapport intime avec la *nature* des actes posés ou réalisés avec eux ; car ces actes ne sont liés à des notions de nombres que dans le cas des modules *primitifs* 1, 2, 3, et ce cas n'est point présentement le nôtre. Il est donc indifférent aux objets, *une fois posés accidentellement*, d'être pris 2 à 2, 3 à 3, 4 à 4, etc. Et, dans ce sens, les systèmes considérés de numération sont indéterminés.

Cela posé, considérons en eux-mêmes les nombres de contingence (2, 3), 4, 5, etc. Ces nombres sont présupposés, comme modules accidentels, librement ou spontanément adoptés par les êtres absolus, ne prenant en cela conseil que d'eux-mêmes. Rien donc n'en nécessite l'emploi. Mais cet emploi radicalement libre n'est, dans tous les cas, possible qu'à la condition d'avoir lieu dans telle ou telle relation, par exemple dans le ressort du sens, ou dans le ressort de l'intellect, ou dans celui de l'esprit; et déjà nous savons que, à cet égard, il y a cette différence entre les trois puissances : sens, intellect, esprit, que le sens n'implique aucun fait, à proprement parler, déterminant, et qu'il ouvre par conséquent la carrière; que l'exercice accidentel de l'intellect, au contraire, implique, comme condition actuelle, quelque fait sensible à représenter ; et, enfin, que l'esprit implique, avant toute application contingente de sa part, des faits et des idées (§ 53). Par conséquent, si le sens s'applique dans son ordre ou le premier librement, les actes ou les effets qu'il suscite et produit n'ont rien qui, *de près*, les annonce ou prépare ; il y a, pour lors, transition brusque d'un état à l'autre, et, par suite, on appelle imprévu le nouvel acte ou le nouvel état. Il l'est bien, en effet, dans les conditions que nous venons d'indiquer. Voulons-nous, maintenant, découvrir ce qui, dans les nombres ou modules de numération, peut être regardé comme l'analogue ou l'expression équivalente de ce fait naturel, nous n'avons qu'à porter notre attention sur les nombres *vraiment premiers entre eux*. Ces nombres-là sont des nombres respectivement irrationnels ou incommensurables, ou n'ayant point de rapport assignable. En supposant, cependant, qu'il soit urgent d'établir entre eux un rapport (et c'est le cas de l'expérience sensible), le sens impétueux l'institue de lui-même et pose, par exemple, dans le cas du rapport $\frac{7}{3}$, en terminant brusquement la série et négligeant la suite infinie des termes décimaux supérieurs au troisième, $\frac{7}{3} = 2,333$; ou bien, en forçant l'unité sur la seconde décimale $\frac{7}{3} = 2,32$. Des exemples plus pratiques de ce cas se présentent dans toutes les questions sociales, où l'on pose comme équivalents $\frac{1}{2}$ et $\frac{1}{1}$, $\frac{3}{2}$ et 2, etc. On adopte alors des solutions provisoires et suffisant pour le moment à satisfaire les parties contendantes ; mais plus tard il se révèle de part ou d'autre des avantages ou des inconvénients imprévus ; et comme la solution n'a pas été radicale, il arrive que la solution adoptée par les hommes d'un siècle ou d'une nation est repoussée par ceux d'un autre siècle ou d'une autre nation, et l'on est ainsi conduit à résilier et à renouveler les contrats. Il n'en serait point ainsi si l'on n'était point sorti des conditions primitives. Là, l'on a tout court $\frac{1}{2} \times 1 = \frac{1}{2}; \frac{1}{2}:1 = \frac{1}{2}; 3 \times 2 = 6, 3:2 = 1,5$, etc. Il est donc vrai que l'existence ou l'emploi des nombres vraiment premiers entre eux implique une cause de malentendu constant, et que des forces respectivement constituées comme ces nombres doivent éprouver des sensations physiques éminemment relatives *ad extrà* et variables comme les circonstances modifiables à l'infini dans lesquelles elles arrivent. Il est clair, d'ailleurs, que ces sensations sont essentiellement déterminées, dans chaque circonstance particulière, par la simple rencontre physique des êtres ou des actes à modules premiers entre eux, rencontre en elle-même (sinon dans ses conditions externes), tout à fait indépendante des considérations de lieux, de temps et de personnes. Il n'y a donc rien d'étonnant à ce que les effets sensibles soient, dans les conditions indiquées, inopinées pour le sens même qui les pose. Ce sens, voulant aboutir où la chose est rigoureusement impossible, est et doit être perpétuellement déçu dans son espoir. Toute solution nouvelle qu'il adopte est, pour lui, l'occasion de nouvelles épreuves et d'émotions inattendues.

L'acte sensible est imprévu, parce qu'en chaque

instant le sens rompt avec tous les antécédents et ne veut reconnaître que ses propres inspirations ou ses caprices. Il n'en est plus de même de l'acte intellectuel, parce que l'intellect est, lui, plus avisé que le sens, et ne donne jamais tête baissée dans les différentes relations qui se présentent. Au contraire, prémuni contre ce danger par les effets mêmes du sens qui lui servent en quelque manière, à cet égard, de tentacules, il considère d'abord avec maturité les raisons et les moyens d'agir, et ne se détermine qu'après préalable connaissance de cause. Toutes ses déterminations sont motivées. Bien ou mal motivées peut-être; mais nous n'avons point à nous occuper ici de cette distinction. L'essentiel est, pour nous, de pouvoir affirmer que l'intellect a ses raisons d'agir, et que ces raisons sont de nature à déterminer également tout autre être animé de mêmes croyances ou préventions, et nous avons fait assez comprendre, ce nous semble, que nous le pouvons. D'après cela, l'être intelligent, faisant acte de libre arbitre dans sa sphère, est tout à fait semblable à l'analyse qui décompose un nombre en ses divers facteurs. Si son intellect est fini comme objet et sujet, il s'offre alors à lui-même sous la forme de deux nombres premiers, ou non premiers et mixtes, à comparer. Désintéressé dans le cas des nombres vraiment premiers entre eux (le sens seul est pressé sur ce point), il porte spontanément son attention sur le cas où il voit plus ou moins clair et où les nombres à comparer sont mixtes ou composés de facteurs communs et de facteurs premiers. La reconnaissance de facteurs communs signale des ressemblances plus ou moins frappantes : l'un de ces nombres peut être, par exemple, diviseur ou multiple de l'autre, et alors la concorde est presque entière ; mais néanmoins les facteurs premiers, mêlés par hypothèse aux facteurs communs, restent, et, par suite, il est impossible d'aboutir à trouver une union parfaite. Il suffit, cependant, que le point de ressemblance aperçu reste, pour permettre d'entrevoir une réunion accidentelle possible, et c'est précisément à montrer, à signaler ce point que l'intellect s'applique : il brille par sa *prévoyance*. Mais cette prévoyance est, avons-nous dit, une simple perception de rapports accidentels, pour identité de certains facteurs, entre divers produits. Elle est donc toute fondée sur les propriétés mathématiques des nombres.

L'intellect peut prévoir, parce qu'il ne rompt point avec les faits, et que, en les élaborant, il entrevoit des correspondances possibles qui sont, pour lui, l'indication d'actes à faire ou la preuve de conséquences à tirer. L'esprit est infaillible, parce que, émettant ses avis en élaguant le sensible à l'aide de l'intellectuel et l'intellectuel à l'aide du sensible, il arrive à démêler les vrais principes primitifs de tous les événements, qui ne sont plus à ses yeux que comme des racines ou des puissances. Par exemple, qu'un homme soit rempli d'avarice et semble ainsi ne vivre que pour acquérir de l'argent, son jugement sera par là-même suspect en tout ce qui touchera de près ou de loin à la question financière ; mais il semblera pouvoir encore être sain et valable dans les autres questions telles que celles de l'honneur, de la gloire, etc. Néanmoins, l'esprit, qui sait que l'avarice est une affection secondaire et dépendante en principe de l'amour déréglé de soi-même, comprend très-bien aussi que, s'il s'agit par hasard d'opter entre l'honneur et le devoir, l'avare, obligé de sacrifier son or, préférera le faire servir à lui attirer de l'honneur, qu'à lui ménager sans honneur l'accomplissement d'un devoir. Et ce jugement est infaillible, si le cas est bien tel que nous l'avons supposé, parce que rien n'arrive sans cause, et que la cause est là toute favorable à l'honneur, non au devoir. Mais pourquoi l'esprit juge-t-il ainsi, si ce n'est parce qu'il néglige d'envisager la situation particulière d'un être quelconque saisi, par hypothèse, de relation entre une de ses passions spéciales et son objet, mais s'attache à considérer ce même être se demandant à lui-même ou à son caractère ce qui lui convient ou ne lui convient point absolument? Son procédé n'est point, par conséquent, autre que celui de l'élévation aux puissances ou de l'extraction des racines. Là, l'être est semblable à un nombre ou module, et la question est pour lui de savoir, d'une part, ce qu'il fera dans une situation données; d'autre part, ce qu'il peut faire en s'observant lui-même. Dans le premier cas, il fait usage du procédé de l'élévation aux puissances, puisqu'il s'y propose d'agir; dans le second, il fait usage du procédé de l'extraction des racines, puisqu'il y descend en lui-même, ou s'approfondit pour mieux arriver à se connaître. Mais, alors, ces deux procédés supposent bien évidemment qu'il y fait en même temps lui-même fonction et de racine et de puissance. L'acte par lequel un esprit juge ou se juge est donc, sans contestation possible, en lui-même un procédé mathématique ou calqué sur les nombres ou leurs propriétés.

55. Tous les actes du sens peuvent bien être regardés, suivant la doctrine du paragraphe précédent, comme *imprévus;* mais, s'ils le sont tous, ils ne le sont point au même degré, la plupart ne le sont même qu'en partie, c'est-à-dire, en tant qu'ils proviennent du sens; car, en eux-mêmes, la plupart sont mixtes, ou bien contiennent, outre la partie sensible, deux autres parties revenant de droit l'une à l'intellect, l'autre à l'esprit. Qui ne conçoit, par exemple, que les actes sensibles relatifs à la matière sont compliqués de données représentatives venant de l'intellect, et de données commémoratives dépendantes de l'esprit? Y a-t-il beaucoup d'actes sensibles dénués de figures extensives ayant longueur, largeur et profondeur, ou tout à fait dégagés des mouvements des passions ou des restes des sensations précédentes imparfaitement

évanouies ?... Il n'y a donc presque point d'actes sensibles purs, et, sous ce rapport, la plupart des actes ainsi nommés, bien qu'ils soient toujours imprévus du côté du sens, ne laissent point d'être ou de pouvoir être prévus, infailliblement même prévus, du côté de l'intellect ou de l'esprit. De tous les actes sensibles, nous n'en distinguons que deux qui, comme parfaitement purs, ne puissent être prévus d'aucune manière, ou bien soient littéralement imprévus quant au moment de leur avènement : ces deux actes sont ceux dans lesquels l'agent libre se détermine absolument par oui ou par non, et qui sont les actes de création ou d'annihilation proprement dites. Ces actes-là sont du ressort exclusif de l'être radical, auprès duquel toutes les formes variables de l'espace et du temps ne sont rien, et qui voit toutes choses en elles-mêmes, les présentes comme les futures, et celles qui sont proches comme celles qui sont loin. Lors donc qu'un tel être agit, il est impossible qu'au moment où il ne prend conseil que de lui-même en sa totalité, la réflexion influe sur ses produits ; il agit donc absolument sans précédents capables de déterminer efficacement l'inclination de l'intellect plutôt d'un côté que de l'autre, et sa liberté consiste précisément à faire que la balance de l'intellect, jusqu'alors immobile, commence à se mouvoir et penche effectivement ou d'un côté ou de l'autre.

56. Résumons maintenant, à la fin de cette première partie, ce que nous avons dit. Il s'agissait d'obtenir la connaissance des êtres à l'état latent. Afin d'obtenir cette connaissance, nous n'avons point cessé d'étudier les rapports intimes qui rallient la connaissance des êtres à celle des nombres, et nous avons distingué trois sortes de nombres : le *nombre infinitésimal*, unique en son espèce ; le *nombre fini*, multipliable sans fin ; et le *nombre mixte*, provenant de la fusion du nombre infinitésimal et des nombres finis. Le nombre infinitésimal nous donnant de primo abord une infinité d'unités, nous avons immédiatement conçu ces unités diversement groupées entre elles, et de là sont venus les nombres finis ; ces mêmes nombres finis, combinés avec le nombre infinitésimal, nous ont donné plus tard les nombres mixtes. Ce qui forme alors le nœud des deux nombres infinitésimal et mixte, ou bien ce qui ménage la transition de l'un de ces nombres à l'autre, c'est l'existence intermédiaire des nombres finis. Cette idée des nombres finis est donc celle d'où dépend ici la solution principale du problème. Les nombres finis sont eux-mêmes, à leur tour, des unités, mais des unités qui, considérées comme telles en l'intellect, sont divisibles pour le sens, ou, considérées comme telles dans le sens, sont divisibles en l'intellect. Ou, pour mieux dire encore, ces unités sont divisibles à la fois pour le sens et l'intellect, dont elles sont l'objet alterne ; elles ne sont donc que des unités

formelles ou sensibles improprement dites ; et, pour les concevoir, il faut les imaginer concentrées dans une unité supérieure, vraiment une radicalement, mais constituée de telle sorte qu'étant active, elle est capable de fulgurer en quelque manière toutes sortes d'actes ; d'où il résulte qu'agissant, elle émeut à la fois le sens et l'intellect, savoir : le sens, en l'entraînant à percevoir les relations données ; l'intellect, en l'obligeant à représenter ces mêmes relations. Ainsi, le variable et le multiple trouvent à la fois unités dans le sens et l'intellect ; et chaque monade ou chaque unité radicale peut être regardée comme un point, mais comme un point environné d'une atmosphère à rayon variable, très petite encore et n'ayant intensivement *au dedans* que l'exiguë dimension extensive propre en représentation, *au dehors* un petit nombre d'unités absolues groupées ensemble ; ce qui revient à dire qu'en elle l'état sensible correspond à l'idéal.

Maintenant, les groupes individuels ainsi formés sont ce qu'on appelle, en physique et chimie, *atomes*. Les atomes sont des nombres d'unités ou des monades. Comme nombres, ils sont susceptibles de poids spécifiques déterminés, et comme unités, ils sont naturellement indestructibles. Ne le seraient-ils point, la destruction de leur ensemble serait encore loin d'atteindre leurs éléments constituants, qui sont vraiment uns ou simples. Tels que nous les envisageons, les atomes peuvent admettre accidentellement tous les nombres possibles, *secondaires* et *primitifs*. Mais ces derniers nombres, tout en ayant la vertu, comme les précédents, de différencier accidentellement les êtres absolus, sont seuls aptes à désigner leurs *individualités*, leurs *espèces* ou leurs *genres*. Les êtres de même ou de différent genre forment des groupes homogènes ou hétérogènes ; mais, pris deux à deux et comparés, ils se divisent en deux espèces, et pris un à un, ils se résolvent encore en individualités absolues ou simples.

Rien de tout ce que nous venons de dire n'apparaît aux sens extérieurs. On ne peut voir, en effet, ni les genres, ni les espèces, ni les individualités en elles-mêmes ; on n'arrive pas même à la perception des modules primitifs ou des atomes. Cependant l'état réel, quoique secret, des êtres ne laisse point d'être parfaitement déterminé, comme impliquant, en principe, la reconnaissance : 1° d'unités absolues en nombre indéfini ; 2° des trois espèces de nombres infinitésimal, fini et mixte ; 3° des nombres finis fixes ou des modules, servant à constituer, par leurs ensembles multiples et variables, tous les êtres apparents dont se compose l'univers.

DES ÊTRES A L'ÉTAT D'ÉQUILIBRE

OU

DES QUANTITÉS DANS L'ESPÈCE

DEUXIÈME PARTIE

DE L'ÉTAT A L'ÉTAT D'ÉQUILIBRE

DES QUANTITÉS DANS L'ESPÈCE

DEUXIÈME PARTIE

DES ÊTRES A L'ÉTAT D'ÉQUILIBRE

ou

DES QUANTITÉS DANS L'ESPÈCE

---

57. Jusqu'à présent nous nous sommes occupé des quantités considérées *en général*, et laissées pour ainsi dire dans le vague. Devant les considérer maintenant *dans l'espèce*, nous devons, par là-même, concevoir qu'elles *se posent*, et qu'à l'instar, par exemple, des particules gazeuses qu'on se représente dispersées ou flottantes dans le vide jusqu'à ce qu'un notable abaissement de température les amène à se rapprocher et à se réunir d'une manière *fixe*, elles s'arrangent en nombres déterminés, et donnent ainsi naissance à toutes sortes de relations actuelles et constantes.

Nous avons admis précédemment (SS 47 et 54) deux sortes de groupements ou de modes quantitatifs, savoir : les uns *essentiels*, tels que 1, 2, 3; les autres *secondaires*, tels que (2, 3) 4, 5, 6, etc., à l'infini. Les groupements essentiels sont ceux dans lesquels une idée se joint toujours au fait, parce que le fait et l'idée s'y trouvent radicalement ou foncièrement identiques. Par exemple, dans la relation binaire de père à fils, il n'y a pas seulement un fait de relation ; il y a de plus quelque chose d'idéal qui vient y compliquer le fait et rendre cette relation essentiellement distincte de toute autre. Qu'on suppose, au contraire, deux êtres abstraitement réunis ! Le défaut d'idée préalable dans cette relation permettra de supposer, en outre, qu'ils sont réunis, ou pour la chasse, ou pour la pêche, ou pour la guerre, etc., et l'on se trouvera, par suite, dans un cas de groupement binaire secondaire. Nous avons déjà fait observer que tous les modes de groupement supérieurs au ternaire sont essentiellement secondaires ; et l'on a de même compris que les modes quantitatifs unitaire, binaire et ternaire sont accidentellement susceptibles d'emploi relatif et secondaire. Il est bien clair d'ailleurs que l'emploi des modes de groupement, tant essentiels que secondaires, peut être plus ou moins supposé *fixe*. Ce qu'il importe alors de remarquer pour bien différencier les deux cas, c'est que, dans les relations *essentielles*, les êtres ne sont pas seulement exclusivement pris par paire, mais encore qu'ils sont en tel rapport l'un avec l'autre, que ce qui caractérise un ensemble de deux convient, dans chaque espèce, à tous les autres ; et que, dans les relations *secondaires*, au contraire, la fixité des rapports n'existe indispensablement que d'un être à l'autre, et peut, dès-lors, être altérée pour chacun, à mesure qu'on le compare successivement à plusieurs autres.

Déjà, l'on peut comprendre, par ce peu de mots, en quoi cette seconde partie de notre Traité diffère essentiellement de la première. Dans la première partie, nous avons commencé par reconnaître l'existence de certaines *unités radicales*; et, de cette reconnaissance, nous sommes passé à la notion de *nombre*, pour arriver à poser enfin, mais encore d'une manière vague, un nombre indéfini d'individualités complexes ou de *systèmes de numération*, les uns primitifs et les autres secondaires. En cela, nous n'avons jamais cessé de faire de l'unité la base de toutes nos considérations; car l'*unité* reste intacte dans le *nombre*, ainsi que dans tous les *systèmes de numération* imaginables. De plus, nous nous sommes toujours tenu de fait hors du monde réel; car les unités dont nous nous sommes servi sont d'abord, par présupposition, tout à fait imaginaires ou abstraites, et par conséquent l'espèce de monde que nous avons construit avec ces seules données doit être lui-même imaginaire. Voulons-nous maintenant aller plus loin et tirer en même temps profit de ce qui précède : nous devons sortir des simples considérations fondamentales de l'*unitaire* et de l'*imaginaire*, et compléter l'une et l'autre de ces deux notions par celles qui les suivent immédiatement, et qui sont celles de *système binaire* et de *monde réel*. On sort du système unitaire en substituant l'idée de *dualité* à celle d'*unité* ; on passe du monde *imaginaire* au monde *réel*, en substituant à l'*absolu* le *relatif*. Toute relation impliquant d'ailleurs au moins deux termes, il est évident que, au moment où l'on conçoit une vraie relation, on se place par là-même sur le double terrain du *binaire* et du *réel*. C'est donc de l'idée de *relation* que nous devons partir dans cette seconde partie, pour donner suite aux considérations précédentes, et montrer de plus en plus à découvert le lien secret qui rattache les mathématiques à la philosophie.

STATIQUE.

58. Toute relation primitive est entre deux êtres et par là-même *simple* ; car deux êtres ne peuvent être joints que par un seul acte de l'esprit allant de l'un à l'autre. Il n'y a point deux droites possibles entre deux points donnés.

De plus, toute relation primitive est clairement d'ordre ou de nature *intelligible*. Car si, par hypothèse, deux points distincts sont donnés comme tombant immédiatement sous le sens ou positifs, la ligne qui les joint l'un à l'autre, et qui n'est point elle-même percevable, est alors forcément ajoutée au donné (par suite intellectuelle, idéale) pour compléter l'une et l'autre de...

Enfin, toute relation primitive idéale est en cette qualité, pure ou infinie, c'est-à-dire indépendante du trajet plus ou moins long qu'on peut avoir à faire pour passer de l'un des deux termes de relation à l'autre. Car, que ce trajet soit plus long ou plus court, cette différence de longueur ne fait absolument rien à la nature même de la relation intérieurement représentée par l'intellect. Ainsi, quelle que soit la longueur de la distance interposée par hypothèse entre un père et son fils, les deux termes de père et de fils, ou, pour mieux dire, de paternité et de filiation, n'en sont ni plus ni moins distants l'un de l'autre; et, d'une simple différence de fait, il ne rejaillit sur eux aucune atteinte.

Il résulte de là que les relations simples ou primitives sont absolument invariables, et que leurs termes sont de vrais termes ou de vraies terminaisons au-delà desquelles on n'a rien à représenter ni à percevoir, et par conséquent des *points fixes*. Ce n'est pas à dire pour cela que la variation ne puisse trouver place et entrée parmi les relations simples ; mais, supposé que cela soit, il ne faut point l'imputer à chaque relation simple prise à part; un tel effet ne provient que de l'entremêlement accidentel des différentes relations simples les unes avec les autres, ou bien de points de vue accessoires à ces relations elles-mêmes.

Remarquons maintenant que si les relations simples ou primitives se composent de deux termes tout à fait équivalents et comparables à des points fixes, ces termes sont, par là-même, respectivement immobiles ou bien en équilibre stable et permanent. Entre les deux notions de relation simple et primitive et d'équilibre stable ou permanent, il y a donc encore équivalence ou parité parfaite ; et, profitant de cette équivalence manifeste, nous pouvons très-bien diviser ici l'objet de nos recherches en trois chapitres, traitant : dans le premier, de la relation ou de l'équilibre en général ; dans le deuxième, de la relation ou de l'équilibre dans l'espèce ; dans le troisième, enfin, de la relation ou de l'équilibre en particulier. Ainsi, nous passerons aisément en revue tout ce qui concerne les différents cas de relation ou d'équilibre.

CHAPITRE PREMIER.

De la Relation ou de l'Équilibre en général.

—

59. Nous avons déjà dit la raison qui nous porte à regarder comme radicalement identiques ou synonymes les deux notions de relation et d'équilibre. Toute relation simple, prise en elle-même, implique deux termes qui se rapportent intellectuellement l'un à l'autre, et qui, tout en se correspondant, se balancent ou s'équivalent. Ces deux termes sont donc en équilibre. Car, supposé qu'ils ne fussent point réellement en équilibre, l'un d'eux ne suffirait point évidemment à terminer l'autre, et l'esprit devrait forcément continuer à se porter en avant, au-delà du terme atteint, jusqu'à ce qu'il eût réellement acquis ses dernières limites. Or, on admet au contraire ici que chacun des deux termes opposés, tels que ceux de paternité et de filiation, suffit à terminer ou limiter l'autre, ou le complète. Donc, l'esprit se pose ou *se repose* effectivement dans l'un et dans l'autre. Donc, au moment où il les représente simultanément, il se trouve manifestement en équilibre.

L'identité radicale des deux notions de relation et d'équilibre prouve qu'en passant aux applications, nous devons nous attendre à trouver la même correspondance entre les différents états de relation ou d'équilibre, et que, pour bien déterminer les différents états d'équilibre, il suffit alors de déterminer ceux des relations elles-mêmes. Nous allons donc immédiatement nous occuper de rechercher quels sont les divers états des relations, ainsi que les conditions qu'elles impliquent.

60. La relation simple et primitive, dont nous croyons découvrir le type le plus parfait dans l'opposition sexuelle, offre plusieurs qualités dont il importe d'indiquer au moins les principales. Cette indication nous paraît être, ici, le seul moyen d'en bien faire ressortir toutes les faces; et, pour ne rien omettre d'essentiel, nous partirons alors, au risque de nous répéter un peu, de ce que nous avons déjà dit.

La relation simple ou primitive est d'abord, prise en elle-même, binaire, c'est-à-dire composée de deux termes respectivement égaux et parallèles. Cette première qualité de la relation requiert la coexistence et présence de deux termes respectivement hétérogènes, ou, du moins, disparates et même contraires quoique radicalement identiques; auquel cas on passe du principe à ses déterminations spéciales tout à fait en dehors du temps réel et par un pur acte de raison, comme lorsqu'il s'agit par exemple de reconnaître que deux êtres de même nature sont de sexe différent, etc. Dans ce dernier cas, en effet, on ne se contente pas de percevoir un fait ou deux faits réels, on aperçoit encore la liaison de ces deux faits; et, parce que cette liaison n'est contenue dans aucun des deux faits donnés particuliers, mais consiste plutôt dans un acte rationnel allant de l'un à l'autre ou intermédiaire, il s'ensuit que le rapport susdit est bien perçu par la raison seule, et non autrement. C'est à cause de cette fonction médiatrice obligée de la raison, qu'on dit ou peut dire que, pour rallier les uns aux autres des actes respectivement indéterminés quelconques, il est indispensable d'avoir préalablement un module caractéristique des différentes relations à réaliser ou reconnaître. Nous savons déjà que trois de ces modules, les modules 1, 2, 3, sont seuls compatibles avec le nécessaire et l'infini; mais que cette compatibilité n'existe, à proprement parler, qu'une fois; et que, en dehors de l'origine des choses, tous les modules imaginables sont simplement un moyen d'application contingente. Le module binaire, qui fonctionne dans le rapport d'un sexe à l'autre, ainsi que dans les rapports de principe à terme, de principe à conséquence, etc., est donc à la fois susceptible d'application nécessaire ou contingente. Mais, d'abord, il est clair que, de cette double possibilité d'application, il ne résulte rien de défavorable pour lui, puisque c'est précisément le propre du nécessaire de préparer et de conditionner le contingent. Ensuite, on ne saurait nier que, si le mode binaire présuppose avant lui le mode unitaire, il ne soit lui-même indispensablement présupposé par tous les modes supérieurs, nécessaires ou contingents, tels que le ternaire, le quaternaire, etc.; car on ne peut aller de 1 à 3 qu'en passant par la relation de 1 à 1, ou par 2. Enfin, il est encore manifeste que le mode unitaire, à lui seul, ne suffit point à constituer relation, ou que l'idée de relation implique 2. La relation simple ou primitive est donc nécessairement binaire ou composée de deux termes.

La relation simple ou primitive est, de plus, fixe, c'est-à-dire composée de deux termes égaux et parallèlement opposés d'une manière invariable. Par ce caractère de constance ou de fixité, les relations intellectuelles se distinguent éminemment des relations purement sensibles. Celles-ci peuvent offrir des alternatives de plus ou de moins en distance, force, etc.; les relations intellectuelles, au contraire, sont toujours égales à elles-mêmes, ou immanentes à tous égards. Pour bien entendre cette proposition, il faut avoir soin de se rappeler ici que le *sens* admet bien (§ 50) deux sens d'application, savoir: l'interne et l'externe; mais que l'*intellect*, tout en représentant cette duplicité de sens, ne l'admet jamais pour lui-même. Ainsi, tandis que, pour le sens, les termes de relation interne sont toujours présents, et ceux de relation extermes indifféremment présents ou non présents, ou plus ou moins présents, l'intellect offre cela de particulier qu'il fait complètement abstraction des différents degrés imaginables entre deux termes, pour s'en tenir à l'immédiate représentation de ces termes. Soit donnée, par exemple, la représentation des deux termes de *principe* et de *fin*. On peut vouloir intercaler entre ces deux termes la détermination de *milieu*; mais en a-t-on le droit? Outre que la notion de *milieu* présuppose assez ostensiblement les idées de *principe* et de *fin*, sans lesquelles elle n'aurait point lieu d'intervenir, il est certain qu'on peut concevoir un *principe* et une *fin* tout à fait destitués d'un *milieu* actuel. Car, supposons qu'un royaume se transmette une seule fois de père à fils, et cesse, à la mort de ce dernier, d'exister : nous aurons pour lors deux rois consécutifs dont l'un sera premier, et l'autre dernier, sans intermédiaire. Une série de *deux* est donc possible, et cependant cette série n'a que les deux termes premier et dernier ; rien n'empêche donc de reconnaître l'existence de rapports comprenant deux simples termes, et rien de plus. Il ne nous suffit point toutefois, ici, d'établir cette conséquence ; nous devons admettre que toutes les relations intellectuelles sont de cette nature. Il en est ainsi, par exemple, des relations de cause à effet, de matière à forme, d'objet à image, de sujet à objet, etc. Toutes ces choses qu'on conçoit se rapporter l'une à l'autre, s'y rapportent indépendamment des innombrables circonstances accessoires qu'on peut supposer s'y rallier par accident. Ainsi, quelle que soit la grandeur d'un corps ou la petitesse d'un autre, on imagine toujours, ici et là, matière et forme. De même, n'importe qu'il s'agisse de la production d'une montagne ou de celle d'une souris, le rapport d'effet à cause est impliqué dans les deux cas, et vaut également pour signifier l'un et l'autre. A ce point de vue, les relations intellectuelles sont donc comme les bases de la représentation sensible ; elles sont, pour la représentation en général, ce que sont, pour les masses des sensations, les actes sensibles élémentaires ; c'est-à-dire, elles fournissent l'élément invariable ou fixe de toutes les choses qu'on peut avoir à représenter dans l'espace et le temps.

En troisième lieu, la relation simple ou primitive est active, c'est-à-dire composée de deux termes qui s'attaquent ou se combattent dans ce qu'ils ont d'opposé, de manière à n'admettre, désormais, l'un et l'autre, qu'un exercice singulier mais commun à tous deux. Toutes les relations ne sont point de cette espèce. Les relations purement imaginaires, par exemple, c'est-à-dire celles dans lesquelles un être se contente de percevoir ce qui est ou de représenter ce qu'il perçoit, ne sont point actives, au sens que nous avons présentement en vue ; car, quoiqu'il faille pour tout cela de l'activité, l'activité requise alors ne va point jusqu'à modifier l'objet de son application, ou l'être actif se contente, par suite, comme il convient, de percevoir ce qui est, ou de représenter ce qu'il perçoit. Cela nous prouve déjà, chose importante à remarquer, que les actes primitifs de perception et de représentation n'impliquent point de réaction. Au contraire, lorsque les deux termes de relation, présupposés respectivement absolus, sont conçus intellectuellement opposés l'un à l'autre, il est bien possible qu'on veuille et puisse même imaginairement se borner à les représenter en état de relation non actuelle; mais il est clair aussi qu'on ne saurait s'arrêter longtemps dans cette fiction, et qu'il faut en définitive admettre l'acte. Car, tant qu'on n'a que deux termes à réunir ou faire agir, il n'y a point encore de délibération ni de choix possible. Alors chacun d'eux, tendant vers l'autre sans intermédiaire, ne saurait être arrêté par rien; il arrive donc exactement où il tend, ou bien il s'applique à son objet fatalement et de toute sa force. Les deux termes, se comportant de la même manière, aboutissent donc simultanément tous les deux; et, par suite, leur effet respectif est, pour chacun d'eux, d'amener l'autre à fonctionner comme soi-même, en acte ou de fait, sinon en principe ou nature. Deux forces qui se combinent immédiatement dans un être quelconque, ont nécessairement une résultante; et, pour peu que cette résultante ne doive rien retenir de ce que les deux forces concourantes ont individuellement de contraire, elle offre cela de particulier ou de caractéristique, qu'elle est d'abord normale à leur distinction commune, puis tout à fait indifférente à leur sens.

Enfin, la relation simple ou primitive est *statique*, c'est-à-dire consistant tout entière en tendances ou mouvements immanents dans les deux termes qu'elle implique. Concevons une suprême position absolue, telle que l'unité radicale infinie, et, dans cette suprême position absolue, deux positions relatives en elles-mêmes, mais absolues l'une pour l'autre. Alors, nous représentons-nous d'abord ces deux dernières positions comme étant encore simplement imaginaires : nous nous bornons par là-même à les distinguer intellectuellement l'une de l'autre, et nous ne les opposons point réellement; nous ne les concevons donc point actives, et, supposé que nous continuions à les représenter respectivement immobiles, elles seront pour nous, non en repos relatif, mais en repos absolu, car elles seront en repos à tous égards. Au contraire, nous permettons-nous de supposer que les deux positions susdites sont activement tendues l'une contre l'autre, sans qu'il soit possible à aucune d'elles de triompher ou de succomber dans la lutte : elles ne sont plus, l'une pour l'autre, en repos absolu, mais bien en repos relatif; car, au moment où, par hypothèse, elles ne changent point d'état, elles ne laissent point de tendre violemment à en changer; le repos s'allie donc alors avec un plein exercice, il n'est par conséquent que relatif, et c'est cet état de repos *relatif* qu'on appelle *équilibre*. D'après cela, l'idée de repos relatif ou d'équilibre implique deux choses, savoir : l'impossibilité de s'exercer ou de continuer à s'exercer dans une direction donnée, par suite de quelque obstacle qu'on rencontre sur sa route, et la persistance, malgré l'obstacle présent, à tendre incessamment en avant dans la direction donnée, comme si l'obstacle n'existait pas ou devait disparaître. Dans ce cas, l'activité ne s'exerce point, à proprement parler, en avant, puisque c'est là qu'elle rencontre l'obstacle ; mais elle s'exerce, comme par réflexion, en revenant sur elle-même, et comme alors il n'y a point naturellement de fin à ce manège, elle se roule, pour ainsi parler, perpétuellement sur elle-même entre ses deux termes ; elle ne subit donc point de changement, et cependant elle se meut, elle se meut sans changement ; ou bien encore elle agit, mais son agir est immanent, exécuté sans déplacement ou sur place. La relation simple ou primitive dans laquelle cet agir par simple tendance existe, n'exclut point ainsi tout à fait l'idée de changement ; mais le changement qu'elle comporte est simplement virtuel, et, parce qu'elle se maintient toujours en repos relatif ou de fait, elle mérite particulièrement d'être nommée statique.

61. Dans ce que nous venons de dire en dernier

lien, nous sommes passé définitivement de la thétique à la statique, par cela seul que nous avons cessé de considérer les unités correspondantes comme inertes, pour les envisager comme actives. Nous ne devons point oublier cependant que cette première activité dont nous supposons les unités douées en relation, est une simple activité, pour ainsi dire, concentrée; car, bien qu'elle soit externe, à certains égards, par sa direction primitive, elle ne laisse point d'être interne, par suite de l'achoppement qu'elle rencontre au dehors et qui l'oblige alors à se replier sur elle-même, pour ne s'écouler ainsi que dans son propre sein. Cette activité, tant externe qu'interne, mais immanente et par là-même susceptible d'un flux perpétuel, est appelée *tendance ou tension pure*.

Connaissant les qualités de la relation simple ou primitive au sein de laquelle la tendance ou l'activité statique apparaît, nous avons maintenant à nous occuper, en outre, d'indiquer sous quels aspects il est ordinaire à cette même activité d'apparaître, non-seulement dans le temps et l'espace sensibles, mais encore tout à fait indépendamment de cet espace ou de ce temps, au simple regard de l'intellect ou de l'esprit. Pour cela, nous reviendrons sur ce que nous avons déjà dit au § 31. Là, nous avons distingué l'une de l'autre les trois forces mathématiques appelées *sens, direction et vitesse*; et, les identifiant aux trois forces philosophiques correspondantes appelées *sens, intel-*

lect, esprit, nous les avons par là même bien et dûment supposées non moins positivement distinctes de fait qu'identiques en principe ou nature. C'était poser équivalemment la distinction égale à l'identité, comme l'identité égale à la distinction ; mais tout cela se rapporte évidemment au seul monde imaginaire, où l'on peut ainsi passer, sans le moindre inconvénient ni la moindre difficulté, de l'acte à la puissance et de la puissance à l'acte, ou bien regarder tour à tour, quoique intemporellement, la triplicité de fonctions comme régnante et l'unité d'être ou d'activité comme absolue. Le cas change et doit changer considérablement au moment où l'on commence à insister plus ou moins sur l'une ou l'autre des deux manières de voir alternatives dont nous venons de parler tout à l'heure ; et dès qu'il est question de s'appesantir, par exemple, sur la triplicité de fonctions existante au sein de l'activité radicale, on ne peut plus invoquer tout à fait le bénéfice de leur identité radicale ; on peut seulement la supposer et faire servir cette supposition à rendre compte de la triplicité des points de vue sous lesquels on est libre d'envisager les opérations des actes relatifs personnels, appelés à s'exercer désormais distinctement dans l'espace ou le temps. Au moment, en effet, où l'on insiste sur leur distinction, la considération de leur identité radicale s'évanouit, et leur personnalité seule ressort ; et chacune d'elles forme une nouvelle unité dans laquelle les deux autres ne figurent plus que comme moments ou positions imaginaires ; et si l'on tient même compte de ce que chacune est imaginairement, on a trois semblables moments, au lieu de deux. Enfin, tandis qu'il y a pour lors en dehors trois unités réputées absolues, il n'y a plus intérieurement que trois unités simplement relatives ou formelles. On donne à ces trois espèces d'unités intérieures formelles le nom de facultés ou de puissances. Notons bien toutefois qu'il ne faut jamais sacrifier tout à fait l'un des deux points de vue que nous venons de signaler à l'autre, car ils sont tous les deux vrais. Il est vrai, par exemple, qu'il y a trois puissances réelles au dehors ; il est également vrai qu'il y a trois puissances formelles au dedans. Les divers modes, externe, interne, de l'activité ne se faisant point obstacle, s'appliquent à la fois ; et de là il résulte encore qu'ils sont parfaitement indépendants l'un de l'autre, ou respectivement libres.

62. Cela compris, reprenons la considération des trois forces mathématiques appelées *sens*, *direction* et *vitesse*. Le *sens*, avons-nous dit (§ 31), consiste à se verser, soit au dedans, soit au dehors ; la *direction* est la ligne ou *extrà* suivant laquelle les activités se meuvent ; la *vitesse* est l'ardeur avec laquelle elles s'adonnent au mouvement. En supposant, comme l'exige le système binaire, deux seules activités en relation, ces deux activités pourront se rencontrer, alors même

qu'elles suivront des directions différentes, qu'elles auront des vitesses inégales et qu'elles s'appliqueront, soit au dedans, soit au dehors. Mais d'abord, tant qu'elles suivront des directions différentes, il est impossible qu'elles se mettent jamais respectivement en équilibre; car, pour nous placer ici dans le cas le plus général ou le plus simple, admettons que les directions différentes accusées par les deux activités égales en tout le reste sont perpendiculaires entre elles ou bien convergentes à angle droit. Alors, au moment où, par hypothèse, les deux activités se rencontrent, leur direction devient instantanément, si l'on veut, uniforme; mais cette uniformité ne dure essentiellement qu'un instant; car, comme elle devient, elle s'évanouit. Toutes les forces angulairement appliquées sont, *en raison de la permanence de l'angle*, ainsi faites, qu'elles se comportent toujours inversement, après leur application comme avant. Ainsi, de ce que la distance qui sépare les deux activités va d'abord en diminuant, depuis le point de départ jusqu'au point de rencontre, elle doit aller ensuite indéfiniment en augmentant. Les mêmes phases précèdent et suivent donc le moment de rencontre, et jamais l'équilibre définitif n'est possible. De là résulte cette loi bien connue que, abstraction faite de toute cause particulière de perturbation, *l'angle de réflexion est généralement égal à l'angle d'incidence*. Les auteurs embrouillent ordinairement cette question de la perpétuité des directions, en y mêlant des considérations tout à fait étrangères au sujet et concernant, soit les modifications intérieures de chaque être, soit leurs degrés différents de vitesse. La seule chose à dire dans ce cas c'est, comme nous l'avons fait, que toute force angulairement appliquée se comporte inversement, après son application comme avant. Si les deux activités en relation étaient de prime abord unies et sans mouvement, elles devraient évidemment rester unies et sans mouvement. Mais, par hypothèse, elles se meuvent et, de plus, elles se rapprochent angulairement. Donc, d'abord, elles doivent se mouvoir après comme avant; ensuite, elles doivent se mouvoir après comme avant angulairement, ou de manière à repasser par les mêmes situations respectives. Tout cela nous semble infiniment naturel et très logique. Nous ne craignons donc point d'affirmer que l'équilibre est impossible en direction, tant que les directions sont présupposées différentes.

De plus, l'équilibre est impossible du côté de la vitesse, tant que les vitesses sont inégales entre elles. Il serait presque entièrement superflu de s'arrêter à démontrer ici cette proposition, s'il n'importait de prévenir une confusion d'idées capable d'en obscurcir pour plusieurs l'intelligence. On sait, en effet, que toute vitesse comprend ordinairement deux facteurs: l'extension et l'intensité. Une vitesse extensive est une vitesse expansive; une vitesse intensive est, au contraire, une vitesse concentrée; celle-là projette, celle-ci ramasse. Quelquefois ces deux vitesses vivent aux dépens l'une de l'autre : ainsi, quand un fleuve augmente de largeur, sa rapidité diminue ; quand, au contraire, il se resserre, son mouvement augmente. On exprime, ou veut exprimer une semblable loi, quand on établit l'axiome : ce qu'on gagne en force, on le perd en vitesse, et vice versâ ; mais on ne saurait imaginer de formule ou d'expression plus mal conçue que celle-là ; nous n'en retiendrons que le sens, et nous ajouterons qu'actuellement il ne s'agit aucunement d'opposer l'une à l'autre deux vitesses comprenant ainsi chacune deux facteurs, comme composées d'extension et d'intensité, mais seulement d'opposer entre elles deux vitesses simples, ou toutes les deux exclusivement extensives ou intensives, et ne différant ainsi que par leurs degrés respectifs de tension pure ou de vitesse. Cela posé, nous disons que si les deux activités en relation n'ont point même degré de vitesse, la plus forte doit l'emporter sur la plus faible, et que, par conséquent, l'équilibre devient impossible entre elles. En effet, puisqu'il ne s'agit ici que de comparer des vitesses, nous pouvons complètement faire abstraction des représentations du temps et de l'espace, et, pour mieux simplifier encore la question, imaginer que l'activité plus forte est, par exemple, double de la plus faible. Alors, au moment où les deux activités inégales se trouvent immédiatement en présence, une moitié de la force majeure reste, d'après les principes établis (§ 60), disponible ou ne passe point à l'état de tendance, et l'autre moitié y passe en raison de l'obstacle égal à elle, qu'elle trouve en son chemin. Or, il ne suffit point évidemment que la moitié d'une activité se trouve à l'état de tendance ou d'équilibre, pour que toute l'activité y soit. Donc, dans le cas que nous venons d'imaginer, où la moitié de la force fait réellement défaut à l'état statique, il n'y a point d'équilibre possible.

Nous avons déjà résolu les deux questions de la *direction* et de la *vitesse*, et nous en avons trouvé la solution toute simple. La question du sens, qui nous reste à traiter, est au contraire, à cause des deux points de vue de l'interne et de l'externe qu'elle embrasse, double, et demande par conséquent deux solutions. Il est, cependant, facile de renfermer les deux solutions en une seule, que nous exprimerons ainsi : L'équilibre est, du côté du sens, impossible entre deux activités s'exerçant *ad intrà* ou *ad extrà*, suivant qu'elles *sont* ou *ne sont point* respectivement de même sens. Par exemple, que deux activités relatives, intrinsèquement considérées, soient toutes les deux *intensives*, ou toutes les deux *extensives* : elles seront, dans le premier cas, toutes les deux comme trop pleines, et nulle d'elles ne sera par là-même apte à recevoir l'excès de l'autre; dans le second cas, elles seront, au contraire, toutes les deux comme trop vides, et nulle ne viendra pour combler le déficit de l'autre. Dans l'un et l'autre cas, elles ne se provoqueront ou ne s'égaleront point l'une l'autre, ou bien elles resteront complètement indifférentes. Il n'y aura donc point, entre elles, d'équilibre possible, et cela, parce que intrinsèquement considérées, elles sont de même sens. Au contraire, que deux activités *extrinsèquement* considérées, soient censées l'une *intensive* et l'autre *extensive* : l'intensive peut alors se déverser librement dans l'extensive, et de même l'extensive peut recevoir librement l'intensive; aucune d'elles ne fait donc obstacle à l'autre, et, par suite, il ne dépend jamais d'elles que leur propre activité s'arrête ou se suspende de fait, pour devenir, d'actuelle, *tensive* ou *statique*. Il n'y a donc point, non plus, en ce dernier cas, d'équilibre possible. Donc, comme nous l'avons avancé tout d'abord, l'équilibre est impossible de fait, du côté du sens, entre deux activités appliquées *ad intrà* ou *ad extrà*, suivant qu'on les suppose *étant* ou *n'étant point respectivement* de même sens.

63. Réunissant ensemble les trois propositions que nous venons de démontrer séparément, nous dirons, maintenant, en passant du négatif au positif : L'équilibre exige : 1° identité de direction; 2° identité de vitesses; 3° identité de sens opposition interne externe. Ces trois conditions sont, du reste, toutes les conditions de l'équi-

libre, et bientôt nous serons pleinement persuadé qu'elles suffisent.

D'abord, l'équilibre existe pleinement du côté de la direction, quand la direction est identique. En effet, quand deux activités s'exercent dans une même direction, ou, ce qui revient au même, se meuvent sur une même ligne, il importe infiniment peu que, par suite de certaines différences de vitesse ou de sens, elles soient portées soit à s'avancer soit à reculer sur cette ligne. Car, dans tous les cas, il est manifeste que jamais elles n'en dévieront. Donc elles devront rester perpétuellement dans le même lieu géométrique ; donc, à cet égard au moins, elles sont en parfait équilibre.

Ajoutons, maintenant, à l'identité de direction l'identité de vitesse, ou bien supposons que les deux activités en présence sont d'égale tension. Étant d'égale tension et réellement présentes l'une à l'autre, ces deux activités se borneront ou se contiendront parfaitement l'une l'autre ; et, par suite de cet empêchement égal des deux parts, elles rendront toute leur action transitive immanente ou statique. On a coutume d'exprimer cet effet, en disant qu'elles se saturent ou se neutralisent entre elles. Mais, se réduire réciproquement en cet état, c'est justement se constituer en état respectif d'équilibre. Donc, en ce qui touche aux degrés, l'égalité de force ou de vitesse suffit encore à constituer l'équilibre.

Enfin, prenons deux activités de différent sens, et

considérons-les intrinsèquement, c'est-à-dire, envisageons-les comme se connaissant et se comprenant l'une l'autre. Dans ce cas, elles sont au moins moralement et intellectuellement présentes ; et, si nous admettons encore qu'elles le sont physiquement, rien ne nous empêche plus de reconnaître qu'elles se complètent autant qu'il est possible à des activités relatives. Donc elles se trouvent respectivement en état véritable d'équilibre. Prenons, au contraire, deux activités de même sens, mais considérons-les, cette fois, extrinsèquement ou comme étrangères l'une à l'autre. Alors, si par hasard elles se trouvent toutes les deux intensives, elles sont au moins susceptibles d'équilibre apparent, autant qu'elles ne s'excluent point dans leur état respectif d'inaction externe. Si, au contraire, elles sont toutes les deux extensives, elles sont par là-même capables d'entrer en lutte à la manière de deux ressorts opposés l'un à l'autre ; mais, en cet état, moyennant identité de direction et de vitesse, il est encore manifeste qu'elles sont aptes à se maintenir continuellement en équilibre. Donc, l'opposition de sens interne ou l'identité de sens externe sont tout ce qu'il faut, du côté du sens, pour constituer l'équilibre. Donc, en dernière analyse, les trois conditions nécessaires et suffisantes de l'équilibre sont l'identité de direction, l'identité de vitesse et l'opposition interne ou identité de sens externe.

64. Nous avons exposé tout ce qu'il y a de fondamental au sujet de la relation ou de l'équilibre en général, et ce que nous pouvons ajouter ne peut ou doit servir qu'à compléter les explications précédentes, ou qu'à préparer à celles du chapitre suivant. Néanmoins, ce que nous ajouterons a bien encore, comme on le sentira bientôt, son importance.

En envisageant dans le § 62 l'équilibre au point de vue de la *direction*, nous avons supposé les deux mobiles en concours se mouvant à angle droit, ou dans des directions perpendiculaires l'une à l'autre ; et nous avons admis, en outre, que, au moment de leur rencontre, ils devaient se réfléchir. En cela, nous n'avons pas fait seulement la supposition de leur impénétrabilité respective, nous avons encore supposé l'égale mobilité des deux objets en relation. Or, cela peut sembler encore assez problématique. Nous espérons éclaircir suffisamment le premier point, en faisant observer que nous n'entendons ici nullement renoncer à la doctrine du § 37, où nous avons professé la pénétrabilité des êtres simples ; nous entendons seulement la restreindre aux cas de rencontre interne ; et nous sommes, par conséquent, d'avis que, si par hasard il s'agit, comme dans le cas actuel, de rencontre externe entre les êtres simples, ces êtres doivent se comporter comme respectivement impénétrables. La différence entre les deux cas de rencontre interne et de rencontre externe entre les êtres, consiste en ce qu'ils sont supposés, là rallier l'un à l'autre par le dedans, à la façon, par exemple, de deux êtres qui, se connaissant et s'entendant parfaitement, sont par là même comme compris dans un seul et même acte de conscience. C'est ainsi que les nombres 2, 3, 4,... sont tous compris dans la même idée de nombre ; que deux enfants sont compris dans le même acte d'affection paternelle ou maternelle ; que deux époux sont compris dans le même acte d'affection conjugale, etc. Dans tous ces cas, évidemment, il y a fusion de sens dans la région de l'intellect ou de l'esprit ; il y a donc pénétration. Au contraire, supposons deux êtres, intellectuellement ou spirituellement, tout à fait inconnus ou fermés l'un à l'autre : ces deux êtres n'arriveront à se connaître que par la voie de la perception externe ; et comme celle-ci ne leur montre que le dehors, ils resteront définitivement clos l'un pour l'autre, ou bien ils seront respectivement impénétrables.

Notre doctrine du § 62 ne contredit donc aucunement celle du § 37. Ensuite, en supposant que les deux êtres simples se meuvent à la fois l'un contre l'autre, nous ne disons rien qui ne soit applicable au cas où l'un des deux êtres serait réputé complètement immobile, comme par exemple lorsqu'on imagine qu'un rayon lumineux tombant sur une plaque métallique se réfléchit à sa surface, car l'acte de rencontre entre le rayon lumineux et le point choqué par lui est tout à fait indépendant de l'hypothèse d'un mouvement ou d'un repos préalables de ce point. Tant que ce point n'est pas encore rencontré par le rayon, ou quand il l'a déjà été, son mouvement ou son repos ne concerne manifestement que lui-même, et n'influe point sur le rayon. Quand la rencontre s'opère, elle dure au moins un infiniment petit instant, et dans cet infiniment petit instant, au moins, le mouvement est suspendu des deux parts, par hypothèse. Il est donc, alors, pleinement indifférent au point choqué d'avoir été préalablement en mouvement ou en repos. Ainsi, ce que nous avons dit en supposant la commune mobilité des deux êtres en relation, s'applique, sans aucune exception, au cas où l'on voudrait supposer l'un d'eux complètement immobile.

65. Au § 64, nous avons distingué deux mondes, le monde *interne* et le monde *externe*, et nous avons prétendu que, si l'on suppose l'interne réel, l'externe est imaginaire; et qu'inversement, si l'on suppose l'externe réel, l'interne est imaginaire. En disant cela, nous n'avons voulu nullement faire entendre que le procédé d'exclusion est seul applicable en ce cas, comme si par hasard il était impossible de regarder le monde interne et le monde externe à la fois comme réels; nous avons voulu seulement indiquer comment on arrive à la reconnaissance de l'un et de l'autre. Car, en allant au fond des choses, il est clair, pour quiconque a tant soit peu d'intelligence, que si l'on

admet l'alternative de la réalité pour l'un ou l'autre de ces mondes, on admet par là-même la possibilité de leur coexistence ou de leur réalité simultanée. Deux choses contradictoires ne peuvent jamais, sans doute, être vraies toutes les deux à la fois ; mais il n'y a point contradiction à se représenter, par exemple, une montagne d'or, une fois comme réelle, une autre fois comme imaginaire. Ces deux points de vue, quoiqu'ils s'excluent imaginairement, en tant qu'on les distingue, ne s'excluent point cependant de fait, en tant qu'il s'agit simplement d'en faire usage. Et de même, alors, qu'on conçoit un homme comme possible et comme actuel sans choquer le moins du monde la raison, on peut admettre impunément ou très-légitimement la coexistence ou la réalité simultanée des deux mondes interne et externe, qui sont précisément entre eux dans le rapport de l'actuel au possible ou du réel à l'imaginaire. Nous n'avons, en effet, jamais pensé que l'imaginaire et le réel soient de même nature ou, pour mieux dire, de même qualité, de même espèce. L'imaginaire et le réel sont des formes irréductibles de l'activité, analogues, l'une à ce qu'on appelle l'intelligible, et l'autre à ce qu'on appelle le sensible. L'imaginaire est donc au réel, comme l'intelligible au sensible ; et si l'on donne à l'intelligible l'épithète de réel, il est bien évident qu'on devra, par là-même, donner au sensible l'épithète d'imaginaire.

Le monde interne et le monde externe peuvent donc,

tous les deux, être réels ; jusque-là, point de différence entre eux. La différence commence entre eux, au moment où l'on se demande comment ils peuvent, l'un ou l'autre, être réels. L'interne est éternellement et nécessairement réel, au moins une fois, chez l'Être radical ou l'unité suprême ; au contraire, l'externe n'est réel que dans la contingence, et sa nature ou sa qualité spéciale est alors d'être produit. Comment est-il ou peut-il être produit ?

Nous ne pouvons vouloir traiter ici cette question qu'au point de vue de l'équilibre ; c'est aussi seulement à ce point de vue que nous la traiterons. S'il ne s'agissait que de rendre raison du devenir réel ou apparent dont nous sommes journellement les témoins, nous dirions, en partant de la coexistence déjà reconnue rationnelle de l'interne et de l'externe : l'interne et l'externe sont tous les deux réels ; et si l'externe règle *de fait* l'interne, l'interne règle *en principe* l'externe *par l'art* ; et l'art consiste à les faire concorder l'un avec l'autre, en se servant pour cela du *préjugé*, de la *reconnaissance* ou de la *mémoire*, etc. Mais il s'agit de rendre raison de la contingence en général. Généralisant alors, à cause de la généralité de la question, notre réponse, nous dirons : l'art consiste, relativement à la contingence, ou à la conditionner de loin, ou à la préparer de près, ou à la réaliser. L'art de la conditionner de loin est le commencement ou la base de l'art ; c'est l'art à son origine ; c'est l'art instinctif et la loi de toutes choses ; en d'autres termes, c'est le monde éternel, *infini*, immuable, ou le monde des principes absolus, tels que la *nécessité*, la *perfection*, l'*évidence*. L'art de préparer de près le contingent, est la mise en pratique des principes précédents, en les faisant servir à ébaucher des plans ou à construire des figures sans contours bien arrêtés, et dès-lors, s'éteignant en quelque sorte dans la vague, *indéfinies*. C'est ainsi que l'on se fait ou peut se faire l'idée d'une vie mortelle, sans désignation précise du moment de sa fin ou de la mort ; qu'on peut se représenter en possession d'un empire dont l'étendue reste encore indécise et doit être réglée par des contracts. Dans tous les cas de cette sorte, on prépare l'avenir ou l'on formule le présent, mais c'est toujours d'une manière vague ; les limites, quoique déjà réelles en partie, restent flottantes pour l'esprit. On se trouve alors, pour ainsi dire, dans le fini et l'infini tout à la fois : on se trouve dans le fini, parce qu'on suppose des bornes ; on se trouve dans l'infini, parce qu'on ne les aperçoit pas. Et, parce qu'il en est ainsi, l'être en travail de l'avenir est justement semblable au ver à soie qui tire de lui-même, comme s'il le déroulait d'autour d'un tambour, un fil indéfiniment développable. L'*esprit infini* est ce tambour autour duquel est mystérieusement ou secrètement enroulé par l'*intellect* ce fil que le même intellect déroule ensuite, mais sans détermination de limites. L'intellect propose de commencer et de finir ; mais le *sens* seul pose commencement et fin dans la sphère du monde physique ou réel externe. A ce point de vue, il n'y a pas seulement deux mondes distincts (car l'interne en comprend deux, l'intellectuel et le moral), il y en a trois. L'esprit, qui pour la pensée rétrospective préside à tout le développement, trace en quelque sorte des *orbes éternels, infinis ;* l'intellect, qui vient ensuite, sans émotion ni mouvement, mais d'une manière tout à fait impassible, trace en pleine liberté des *orbes indéfinis*, à peu près comme on trace par points sur le papier des figures idéales ; le sens, intervenant à son tour, met en branle tous les matériaux en réserve, mais aussi, par sa nature même, il ne se repose jamais, ou bien il n'entre jamais qu'instantanément en équilibre. Donc, en définitive, l'esprit est *perpétuellement* en équilibre ; l'intellect y est *temporellement* ; et le sens n'y est jamais, si ce n'est *dans un infiniment petit instant*.

On pourrait, sans rien changer d'essentiel à ce que nous venons de dire, attribuer l'immobilité absolue au *sens*, l'immobilité relative à l'*intellect*, et l'extrême mobilité à l'*esprit*. Car, prendre ainsi les choses, ce serait tout simplement regarder comme imaginaire ce que nous regardions tout à l'heure comme réel, et regarder comme réel ce que nous regardions tout à l'heure comme imaginaire ; et nous savons déjà que ce renversement de procédé n'a rien d'arbitraire ni de contraire à la raison.

CHAPITRE II.

De la Relation ou de l'Équilibre dans l'espèce.

66. Un état *général* d'équilibre est cet état dans lequel on se représente une activité relative, mais purement principale encore, comme exempte des points de vue spéciaux sous lesquels on peut l'envisager plus tard, et n'admettant *ad infrà* que les trois genres déjà connus sous les noms de *direction*, de *vitesse* et de *sens* (§ 62).

Un état *spécial* d'équilibre est, au contraire, cet état dans lequel on se représente une activité relative générale appliquée, soit d'une façon, soit d'une autre, mais de telle sorte que chacun de ses modes d'application est incompatible avec l'autre, comme le positif est incompatible avec le négatif, ou le négatif avec le positif.

Envisageant la relation statique ou l'équilibre dans cette seconde manière de voir, nous en distinguons deux classes, dont l'une comprend trois espèces et dont l'autre en comprend deux.

La première classe de relations statiques spéciales comprend l'équilibre *réel*, l'équilibre *apparent* et l'équilibre *mixte*.

La seconde classe de relations statiques spéciales comprend l'équilibre *immédiat* et l'équilibre *médiat*.

Nous étudierons d'abord les trois espèces d'équilibre de la première classe.

67. Dans la première classe, la première espèce d'équilibre est l'équilibre *réel*. Cet équilibre est celui qui résulte d'une parfaite égalité de besoin et de jouissance, ou de puissance et d'application, sous le triple rapport de la direction, de la vitesse et du sens.

Pour bien exposer le sens de cette définition, un peu vague en elle-même, nous reprendrons ici l'idée de relation, qui est fondamentale dans tous les cas d'équilibre, car l'équilibre n'est qu'une relation immanente ; et nous dirons que l'équilibre réel est un cas de relation réelle *interne*. Cette relation réelle interne est de deux sortes : d'une part, elle est *radicale*; d'autre part, *actuelle*. Comme *radicale*, elle est une relation d'identité entre *sujet* et *objet*. Là, les mots *sujet* et *objet* sont corrélatifs et, pour mieux dire encore, de même niveau ; ces deux mots désignent la même chose que ce qu'on entend exprimer en psychologie, quand on oppose le Moi au Moi. Comme *actuelle*, la même relation est triple, car elle comprend les trois relations de *principe* à *terme*, de *principe* à *moyen*, et de *terme* à *moyen*. Toute conscience absolue renferme, en effet, ces trois points de vue distincts. Et, comme il serait possible qu'on trouvât cette explication sur la conscience actuelle un peu trop vague, nous proposerons l'exemple suivant : Appelons le principe *père*, le terme *fils*, et le moyen *mère* : il y aura pour lors, évidemment, les relations de père à fils, de père à mère, et de fils à mère. Il y aura donc vraiment trois relations actuelles.

Personne ne peut nous contester raisonnablement, ici, la réalité, pour la conscience, des deux sortes de relations que nous venons de nommer, l'une radicale, l'autre actuelle. D'abord, la relation évidemment interne et psychologique d'un être à lui-même, est évidemment réelle. Puis, la relation en apparence externe, mais néanmoins vraiment interne, dans laquelle un être s'oppose, en tant que principe, un terme, ou bien en tant que terme un moyen, etc., est encore très-certainement réelle; car, pour prouver qu'elle est réelle, il suffit de prouver qu'elle est de nature actuelle interne et d'origine nécessaire. Or, il en est ainsi. Qui ne comprend d'abord, par exemple, que les trois moments dans lesquels la conscience se pose immédiatement et distinctement comme sensible, intellectuelle et spirituelle, ou bien comme sens, intellect, esprit, sont trois actes internes essentiellement successifs — au moins imaginairement, — et que, à ce point de vue, le premier d'entre eux est principe, le second terme, et le troisième moyen ? Déjà nous avons dit comment l'acte moyen apparaît nécessairement le troisième (§ 60), nous n'ajouterons donc rien à cet égard ; nous nous appliquerons seulement à faire maintenant bien comprendre cette vérité, que les trois formes de conscience distincte bien certainement existantes en nous et nommées tout à l'heure sens, intellect, esprit, ne doivent pas seulement être en nous des formes vides, mais qu'elles doivent encore avoir autant de réalité hors de nous qu'en nous-mêmes. Car telle est la nature absolue de l'être en général, que, comme il est, pris absolument, susceptible d'application interne et externe, il est, pris relativement, susceptible des mêmes points de vue, quel que soit le genre de ses premières opérations essentielles et nécessaires. Cette nécessité, qu'un être s'applique relativement tel qu'il est absolument, si l'on a soin de se renfermer dans l'ordre des opérations fondamentales, est évident ; et déjà, d'ailleurs, nous l'avons équivalemment admise aux §§ 61 et 65. Nous pouvons donc établir ici, comme incontestable, que les deux sortes de relations appelées par nous l'une radicale et l'autre actuelle sont, toutes les deux, vraiment internes et réelles.

68. Mais ce n'est pas tout ; pour en bien démontrer la réalité spécifique, nous devons encore en démontrer la plénitude. Les relations immédiates et primitives dont nous venons de parler, se distinguent essentielle-

ment des relations imparfaites et finies dont nous avons coutume de nous occuper dans nos rapports journaliers, par exemple, en raison de notre profession, de nos emplois, de nos dignités, de nos plaisirs, etc. Ces dernières sortes de relations n'ont lieu que d'un individu à l'autre, ou bien varient d'individu à individu; elles concernent quelque besoin qui provient, ou de notre âge, ou de notre caractère, ou de notre tempérament....; il n'y en a point qui s'adresse à l'homme en tant qu'homme, encore moins qui s'adresse à l'âme seule, c'est-à-dire, à ce que nous portons en nous-mêmes d'immuable et d'immortel. Les relations nécessaires et primitives dont il s'agit en ce moment sont, au contraire, absolues dans toute la force du terme ; et, par suite, après abstraction convenable de toutes les choses et de tous les intérêts de ce monde, elles nous représentent ou nous montrent seulement ce qu'il y a, dans tous les êtres en général et en particulier, de fondamental et d'immuable. Elles le montrent, d'ailleurs, tout à fait en dehors du monde apparent externe, et des agents naturels et de leurs actes, quoiqu'il en soit ou paraisse actuellement inséparable : c'est une fusion sans confusion, hormis pour ceux qui se laissent fasciner par le temps. Qu'y a-t-il, en effet, qui ne nous apparaisse dans le temps, ou comme principe, ou comme terme, ou comme moyen ? Le gland qui tombe du chêne pour le perpétuer, en est le terme ; mais il est aussi principe du chêne, qu'il produit ou peut produire ; et, si l'on veut aller plus loin, il peut valoir encore comme moyen, n'importe à quelle destination d'agrément ou d'utilité l'on veuille le faire servir tant qu'il existe. Toutes choses tombent, ainsi, sous certains points de vue communs qui leur sont propres, mais par emprunt seulement ; et ce qui possède est alors bien inférieur à la chose possédée, dont le prix est incomparable. Les relations nécessaires et primitives sont ce qui fait, suivant le degré de participation, la valeur ou le mérite de toutes les autres positions. Quel intérêt si saisissant aurions-nous à savoir, par exemple, quel *substratum* repose sous l'être bienveillant qui nous sourit, ou bien encore quel individu réel est notre père, notre fils, etc.?... Évidemment, nous avons aussi peu d'intérêt à savoir toutes ces choses, qu'à savoir si le papier dont on se sert pour écrire est fait avec du chanvre, du lin ou du *phormium tenax*. Ce qui nous importe est donc la simple relation absolue représentée par l'objet accidentel de notre complaisance. Ni le cadre ni la matière même d'un miroir, n'en font le prix ; ce prix en est dans le luisant ou le poli et, pour mieux dire, dans sa fonction. De même, les différents êtres réels ne valent que par leur fonction, et ce qu'il y a de plus réel en eux, c'est leur fonction absolue respective ; ils ne sont, eux, que le cadre de cette même fonction. Mais, alors, on peut supposer que cette fonction qu'ils acquièrent et perdent tour à tour, subsiste en elle-même ; car, d'où la tireraient-ils autrement? Puisqu'elle leur advient, elle subsiste indépendamment d'eux, et même indépendamment de tout. Elle est donc générale, universelle, infinie. Les relations absolues primitives sont donc infinies et perpétuelles, aussi bien que réelles; ou bien leur réalité est infinie.

69. L'universalité, l'infinité des relations primitives est la raison pour laquelle il n'y a point de péril à se passionner pour elles. Car, tant qu'elles se conservent pures ou dégagées des circonstances accessoires fournies par les êtres contingents, quel danger pourraient-elles offrir? N'étant pas moins présentes ici que là, et là qu'ici, elles agissent ou bien influent toujours et partout également, absorbant en soi espace et temps. L'esprit qu'elles inspirent est aussi nécessairement libre. Ou il s'appuie, pour lors, partout également; ou il ne s'appuie nulle part et ne porte que sur lui-même: il est absolu. Toutefois, il peut encore s'attacher exclusivement à réaliser l'une ou l'autre d'entre elles; mais il tend par là-même à concentrer toute sa force en une seule, et cette sorte d'appropriation-là n'est pas un mal, c'est plutôt la condition de l'harmonie universelle. Il suffit, pour sa perfection, qu'il s'abstienne de toute adhésion sensible externe de sa relation personnelle avec une position accidentelle et finie quelconque. La présence d'une relation infinie pure, même exclusive, est par elle-même, pour tout

être contingent, une sorte de consécration divine. Au lieu de s'y énerver ou consumer, il y trouve un principe incessant de conservation et d'excitation; car aucune relation primitive n'a de la peine à s'harmoniser instantanément et parfaitement avec les autres relations, et par suite l'être qui la représente est lui-même harmonique à tout; d'où il résulte que, reportant activement en dehors la même somme de jouissances ineffables qu'il ressent passivement au dedans, il est à la fois et pleinement heureux et pleinement digne de l'être.

70. L'équilibre *apparent* est celui dans lequel les êtres sont et demeurent ensemble sans action respective. L'idée de cet équilibre implique, par conséquent, ensemble sans relation. A ce point de vue, l'on commence à distinguer les deux parties constitutives de la relation, qui sont le formel et le réel, et l'on nie le réel pour ne retenir que le formel. L'union formelle est celle dans laquelle les êtres, quoique réunis, n'agissent point. Tels sont les êtres *homogènes semblables*, qui ne se provoquent en aucune manière, et qui cohabitent ainsi sans s'intéresser ni se nuire. Il y a, pour lors, deux cas essentiels à distinguer : ce sont ceux d'addition *par fusion* et d'addition *par juxtaposition*. Nous connaissons depuis longtemps (§ 21) cette distinction, et nous savons aussi (voy. §§ 62 et 63) que la fusion arrive par union interne ou pénétration,

tandis que la juxtaposition dépend d'une impénétrabilité respective. Croyant avoir, par là, suffisamment expliqué cette distinction, nous l'emploierons maintenant à nous orienter dans tous les cas possibles de relation nulle, ou d'équilibre non réel, mais simplement apparent.

71. La première chose qu'il nous importe de faire à cet égard, est de montrer l'emploi des deux sortes d'union statique dans la mécanique et dans la physique. Dans la mécanique, on fait usage de l'addition *par fusion*, toutes les fois qu'il s'agit d'apprécier l'influence d'agents qui n'agissent pas avec plus d'énergie, tous ensemble, qu'un seul. Par exemple, concevons une force appliquée à mouvoir un être simple avec un simple degré de vitesse dans l'unité de temps : cette force lui fera parcourir un espace comme un ; et si nous supposons, en outre, que deux, trois, quatre.... forces égales et de même nature, s'ajoutent intemporellement à la première, le mobile n'en ira pas plus vite, et de cette accumulation de forces il ne résultera même aucun effet, tant qu'on n'essaiera point d'y faire obstacle. On exprime mathématiquement la même idée, quand on dit que deux ou plusieurs forces égales et parallèles, agissant sur un même point matériel, dirigées sur une même droite et s'exerçant dans le même sens, augmentent l'intensité du mouvement, non la vitesse. On se trouve donc, alors, dans le cas d'addition *par fusion*.

Au contraire, concevons une série de forces appliquées, soit successivement, soit collectivement, à produire un certain effet distinct sur un même mobile : elles ajouteront alors, toutes, leur effet et produiront, par cette accumulation d'effets, une action d'autant plus énergique qu'elles seront, individuellement ou collectivement, plus intenses ou plus nombreuses. C'est ainsi que l'effet de la pesanteur, envisagée comme une force constante, est d'animer tout mobile d'un mouvement uniformément varié rectiligne. C'est encore ainsi que vingt livres constituent une charge plus forte que deux livres ou qu'une livre. Dans tous les cas de cette nature, on suppose donc l'emploi de l'addition *par juxtaposition* ou *distinction actuelle, effective*.

En physique, on emploie le mode d'addition *par fusion*, quand on suppose les êtres passés — sous certains rapports au moins — à l'état latent, ou bien réduits à l'état abstrait de ligne, de surface ou de solide (ce dernier mot étant pris dans le sens géométrique). Tels sont les prétendus agents *calorifiques*, *lumineux* ou *électriques*, dont le premier agit toujours sous forme de rayons, le second sous forme de petites surfaces, et le troisième sous forme peut-être mixte. Les êtres, ainsi considérés, sont fondus ensemble quand ils sont linéaires, en ce qu'ils n'ont point de largeur, et, quand ils sont superficiels, en ce qu'ils n'ont point d'épaisseur ou de solidité. Au contraire, on fait usage du mode d'addition *par juxtaposition*, quand on considère les êtres comme ayant plus de masse ou d'étendue l'un que l'autre ; car alors, étant présupposés homogènes mais cependant différents, ils sont bien susceptibles d'addition, mais d'addition simplement latérale ou contingente. La force par laquelle deux ou plusieurs êtres sont tenus à l'état de juxtaposition ou d'union latérale, n'est proportionnelle ni au nombre, ni à la qualité particulière des êtres agrégés, et dépend ainsi, comme nous le reconnaîtrons bientôt, d'une cause supérieure et capable de substituer à son gré la fusion à la juxtaposition, ou la juxtaposition à la fusion.

172. Une autre observation non moins importante à consigner ici, consiste à remarquer comment il se fait que, en raison et au principe des choses, on est toujours obligé de présupposer la force ou la puissance à l'acte, ou bien d'imaginer, avant tout acte, une activité quelconque capable de cet acte et le déterminant à devenir. Concevons, par exemple, deux êtres actifs et capables de s'exciter l'un l'autre. Si nous les mettons en présence et contact, ils s'exciteront l'un l'autre ; et, supposé qu'ils n'arrivent point à se confondre tout à fait, ils s'opposeront et s'arrangeront en ligne droite ; mais cette petite ligne droite, qu'ils formeront alors, ne sera point un effet de leur concours, elle en sera plutôt la condition ; et, pour le prouver, nous nous fonderons sur cette proposition :

qu'aucun être contingent n'est susceptible de s'organiser d'une manière quelconque, si déjà l'organisation à laquelle il est réservé, n'existe en un être supérieur qui le précède et lui fraye les voies ; auquel cas on dit l'être nouvellement organisé *fruit* ou *produit* du précédent. Cette proposition est incontestable. Comme elle semble toutefois faire une nécessité du recours à l'infini dans le cas où l'on se borne à considérer la succession des organismes dans le temps, nous nous hâterons d'ajouter, pour échapper à cette difficulté, qu'il y aurait erreur à vouloir exclusivement envisager les choses de la sorte. Car il n'y a pas seulement une dépendance de succession ou de fait, il y en a une autre tout spécialement rationnelle ou permanente ; et sans prétendre nier la relation transitive d'un organisme actuel à un organisme préexistant, nous maintiendrons alors qu'il existe concurremment, et même préalablement, une relation éminente des deux organismes successifs avec une sorte d'organisme supérieur qui ne passe point avec l'un ni avec l'autre, mais se mêle ou se prête successivement à tous les deux, pour leur rendre transitoirement le même service et les faire correspondre, chacun à son tour, avec l'intelligible ou l'idéal. Cet organisme supérieur, alors contemporain de tous les autres, malgré que tous les autres ne le soient point entre eux, ne peut guère être autre chose que leur type même intelligible ou idéal ; mais il est clair aussi que ce type, susceptible de se répéter indéfiniment, sans perte de son unité propre, dans le temps ou l'espace, doit être essentiellement doué de force ou d'énergie, non moins que de tenue ou de constance ; et par conséquent, puisque les êtres contingents n'ont point de force d'organisation propre, c'est de ce type qu'ils tirent toute celle qu'ils manifestent dans l'espace et le temps, plutôt comme *produits* que comme causes.

La théorie que nous rejetons ici comme incomplète, mérite surtout d'être étudiée dans Herbart. Cet auteur explique d'abord fort bien la constitution *métaphysique* des lignes ou de leurs composés, lorsqu'il nous les représente comme des séries de points juxtaposés et raides ; mais, au moment où plus tard il cherche à se rendre compte *psychologiquement* de l'existence ou de la formation de ces séries, il en oublie tout à fait le côté métaphysique et ne veut voir partout que des produits de l'équilibre du sens ; admettant pour cela, par exemple, que, en système d'union *immédiate*, deux êtres se disposent en ligne droite, trois en triangle, quatre en carré, parallélogramme ou trapèze ; que, en système d'union *médiate*, on peut imaginer l'être A médiatement uni par B à C, B médiatement uni par C à D, etc. Si l'on suppose, dans ce dernier cas, les êtres A, B, C, D, etc., parfaitement égaux entre eux, leur ensemble médiat et successif forme clairement une ligne droite ; mais il est manifeste que le même être A peut entrer dans diverses séries ; que, de même, B peut être immédiatement conjoint à d'autres êtres que A et C, etc.; et pour lors, on ne saurait nier qu'en raison de ces relations particulières disposées à droite ou à gauche de la ligne A B C D....., cette ligne ne puisse être plus ou moins déformée, brisée, courbée; sa rectitude ne peut être censée persévérer qu'à la condition d'une parfaite égalité des mouvements virtuels capables d'incliner les points successifs A, B, C, D...., soit d'un côté, soit de l'autre. En conséquence, les lignes droites ou courbes ont, suivant Herbart, leur raison d'être *exclusive* dans la rencontre et l'activité particulière des divers êtres en relation sensible, et c'est cette exclusion que nous n'admettons pas. Herbart dit bien, mais il ne dit pas assez; et pour nous faire comprendre, nous prendrons immédiatement un exemple qui pourra tenir en même temps lieu de preuve : nous supposerons une armée rangée en lignes. Chaque ligne de cette armée est composée de soldats ; et ces soldats, comme êtres sensibles et sociaux, sont naturellement susceptibles d'éprouver entre eux toutes sortes d'affections ou de passions propres à modifier plus ou moins profondément leur disposition en série : cependant, leur alignement subsiste et se maintient par la force de la discipline, et la raison en est qu'il ne dérive point des affections relatives d'un soldat à l'autre, mais de plus haut, et doit à la volonté des chefs son origine. Cette volonté des chefs est alors quelque chose qui subsiste indépendamment de toute application et se trouve, originairement, tout à fait étranger aux individus alignés, c'est quelque chose d'actif; et les individus alignés en reçoivent l'action, ils se laissent faire. On en a la preuve en ce que, si les chefs voulaient, les mêmes individus qui s'alignent, se disposeraient en rond, en triangle, en carré, etc., et cela, malgré leurs sympathies, leurs goûts et même parfois leur propre jugement. Il en est de même, maintenant, de tous les êtres sensibles en général et des êtres physiques en particulier. Ces êtres sont, comme les soldats, susceptibles d'être *ordonnés* ou contraints; et la force qui les aligne alors, conformément ou contrairement à leurs goûts, est par là-même évidemment distincte d'eux et subsistant à part. Tandis qu'ils concourent volontiers avec elle, on serait tenté de dire qu'elle aussi ne fait que concourir avec eux; mais, pour peu qu'ils résistent, on sent bien qu'ils ne sont qu'agents secondaires en ce concours, et que le principal rôle appartient à la force majeure dont ils sont involontairement animés et qui les forme ou les ordonne.

Cette force de nature intellectuelle, qui dispose souverainement des ensembles des êtres et que nous avons prétendue leur être étrangère, ne leur est point cependant étrangère au point de ne jamais leur appartenir en propre; car ils la peuvent contenir ou porter avec eux-mêmes à peu près de la même manière qu'on conçoit un homme faisant par habitude et sans sentiment ce que d'abord il a fait par sentiment et avec réflexion;

c'est pourquoi, quand nous la leur dénions, nous voulons dire seulement qu'elle ne leur appartient point en principe, ou bien qu'ils l'ont acquise et reçue par l'éducation ou autrement. Il l'ont ainsi, d'abord, simplement en acte, dans le ressort du sens ; et c'est quand ensuite cet acte s'est transformé, par la disparition du sensible, en tendance, qu'ils sont censés personnellement en état de rendre à des êtres postérieurs le même service qu'ils ont reçu d'êtres temporellement ou imaginairement préexistants, suivant qu'ils émanent médiatement ou immédiatement, eux-mêmes, de l'être radical, principe absolu de tous ses mouvements ou de ses actes.

73. Il résulte de ce qui précède, qu'il y a des états généraux ou spéciaux dans lesquels les êtres sont sans action respective, et, cependant, ils ne laissent point de se rapporter équivalemment ou par distinction les uns aux autres. Tels sont, par exemple, les enfants d'une même famille, qui, sans songer à s'aimer ni à s'unir, s'aiment et s'unissent ou ne font entre eux qu'un seul et même tout ; c'est encore ainsi, pour revenir un moment sur l'exemple cité tout à l'heure, que des soldats s'alignent sans consulter leurs goûts particuliers et en ne s'inspirant que de la volonté du général. Ce mot de *général*, pris dans toute son extension, est ici le mot propre : quand le *général* inspire un être quelconque, cet être cesse d'être individuel

ou de fonctionner par lui-même; il subit une impulsion d'en haut; et, parce que le mouvement d'alors ne lui est point imputable, on ne peut dire que les êtres ainsi régis soient en équilibre *réel*; on peut seulement dire qu'ils sont, comparés les uns aux autres, en équilibre *apparent*.

A quoi bon, nous dira-t-on ici peut-être, cette distinction; et de quelle utilité peut être la reconnaissance d'un équilibre simplement apparent, exclusivement réduit à signifier par lui-même des positions externes pures et des ensembles imaginaires, factices? Pour comprendre l'extrême importance de la considération des équilibres *apparents*, il suffit de remarquer que, dans une foule de cas, les êtres saisis d'équilibre simplement apparent interviennent très-efficacement, sinon comme *auteurs*, du moins comme *facteurs* du résultat. Comme exemple, nous proposerons ici la machine à levier, dite *balance*.

On a coutume, comme on sait, en mathématiques, de faire abstraction de toutes les conditions physiques des machines, afin d'arriver, par ce moyen, à mieux en déterminer l'effet absolu, théorique; nous nous conformerons présentement à cet usage. Définissant à ce point de vue le *levier*, que nous venons de dire entrer dans la balance, nous dirons avec les auteurs, qu'il est une ligne droite, inflexible, sans poids, soutenue par un point d'appui ordinairement placé à son milieu, et supportant à ses deux bouts l'action de deux forces dont l'une est appelée *puissance* et l'autre *résistance*. Ces deux forces peuvent, pourtant, être deux poids ; et quand il en est ainsi, les deux poids ayant coutume d'être soutenus par un fil, on est libre d'imaginer que ce fil, double alors, est encore inextensible et sans poids ; d'où il résulte qu'en définitive la machine entière est immatérielle et se compose de quatre choses : du *point d'appui*, du *levier*, de la *puissance* et de la *résistance*. Cela posé, mettons de côté les deux forces appelées *puissance* et *résistance*, et bornons-nous à considérer le levier muni des deux fils de suspension propres à soutenir les poids. Le levier est, avons-nous dit, généralement droit, inflexible et sans poids ; les fils sont pareillement droits et non pesants, et l'on ajoute à cela qu'ils sont inextensibles. Mais la longueur des fils, disent les physiciens, n'influe point sur le résultat ; et l'on peut par conséquent, sans le moindre inconvénient, les supprimer, pour imaginer les poids immédiatement appliqués aux deux bouts du levier. Cette assertion est d'autant plus remarquable que, au sujet du levier, on dit précisément tout autre chose. Bien que, en effet, on répute le levier immatériel aussi bien que les fils, on admet que sa longueur influe singulièrement sur le résultat et que, si l'on a, par exemple, deux poids constitués comme *1* et *2*, il faut, pour l'équilibre, que les deux bras du levier respectifs soient entre eux comme *2* et *1*. Car on a, seulement alors, l'égalité des produits,

1.2 = 2.1. D'où provient cette différence entre les fils et les bras de levier ?

La raison de cette différence, que nous n'avons vue remarquée nulle part, est la suivante : Les lignes dont se composent, soit les fils immatériels, soit le levier théorique, sont bien des lignes semblables en elles-mêmes, mais non dans le sens de la force présupposée pour lors active. La pesanteur tire vers le centre de la terre, et rien n'empêche, à cause de la grande distance de ce centre, de regarder les actes d'attraction comme parallèles. Or, un seul acte d'attraction passe par chacun des fils employés à soutenir les poids ; et cet acte a beau traverser alors une suite de points verticalement juxtaposés, la longueur de ce trajet ne peut ni multiplier ni diviser l'attraction. Car, au point de vue de l'attraction telle que nous la supposons appliquée, les points pesants juxtaposés, composant la ligne des fils, équivalent à un seul point ; ils sont comme fondus ensemble ; et l'union de juxtaposition revient, pour le moment, à l'union de fusion. Dans le levier horizontal, au contraire, autant il y a de points en chacune des lignes constituant ses deux bras, autant il y a d'actes possibles et distincts d'attraction ; et, de plus, le poids soutenu par chaque bout de levier fait alors fonction de multiplicande, tandis que chaque partie de ligne ou de levier, respective, fait fonction de multiplicateur. Les poids, d'abord, font fonction de multiplicande ; car ils sont la force une et déterminée qui agit sur les bras du levier. Puis, les bras font fonction de multiplicateur ; car ils sont une force indéterminée, vague, diversement applicable, une simple suite de points ; et ces points, dans le cas présent, ne peuvent évidemment avoir d'autre emploi que de marquer combien de fois il faut prendre ou répéter la puissance. C'est pour cela qu'on fait le produit des poids par la longueur respective des deux bras du levier. Les choses étant ainsi, l'on ne peut plus sans doute déclarer l'addition de juxtaposition équivalente à l'addition de fusion, et l'on doit maintenir l'idée de ligne ou de série comme actuelle ; ou, ce qui revient au même, on ne doit jamais en perdre de vue la grandeur ou le nombre. Ce nombre est une somme ou suite de points ; mais cette somme ou suite de points, quelle qu'en soit l'importance pour la détermination des effets de la pesanteur, n'a aucune relation intrinsèque avec les différents poids avec lesquels on l'associe ou compare ; c'est bien fortuitement, intellectuellement, imaginairement, qu'on multiplie un poids par un bras de levier, et l'autre poids par l'autre bras. De tels facteurs ne font point eux-mêmes le produit qu'ils servent à composer ; ils supposent, pour cela, l'intervention d'une troisième force intelligente, auteur de la machine, et c'est pour cela que, ne contribuant point par eux-mêmes à l'équilibre, ils sont dits en équilibre, non essentiel, mais contingent et médiat.

Si quelqu'un nous demandait ici, par hasard, avec quoi la troisième force, source de l'équilibre *apparent*, est en équilibre *réel*, nous répondrions, en nous fondant sur ce que nous avons déjà dit au § 67, qu'elle est en équilibre *réel* avec elle-même, comme sujet et objet. La troisième force dont il est ici question est présupposée absolue, elle est donc susceptible des deux points de vue relatif, subjectif et objectif ; et, par suite, elle est ou peut être intrinsèquement en état d'équilibre réel.

Est-il besoin d'ajouter que l'équilibre réel et l'équilibre apparent suivent, en apparence du moins, les mêmes lois ? Cette identité de lois pour l'un et pour l'autre est évidente ; car les lois propres à chacun d'eux ne peuvent être que les lois générales de l'équilibre (§ 63).

74. L'équilibre *mixte* est un mélange des deux précédents, c'est-à-dire, un équilibre tant réel qu'apparent, mais imparfait sous l'un et l'autre rapport. Tout être, en faisant partie, est alors susceptible d'être envisagé sous deux faces, savoir : comme *agent* véritable et comme simple *facteur* ; mais il n'est absolument ni l'un ni l'autre, ou bien il ne l'est que relativement, partiellement ou par degré ; et ces degrés sont d'ailleurs infiniment variables comme compris entre les deux limites infiniment distantes de l'*apparent* et du *réel*.

Revenons un moment ici sur la nature des deux espèces d'équilibre *réel* et *apparent*. L'équilibre *réel* implique, dans sa plénitude ou vérité radicale (§ 68), une fusion absolue, complète de deux positions respectivement absolues, mais pourtant relatives et mutuellement pénétrables. L'équilibre *apparent*, ici considéré, suppose les deux positions corrélatives, non-seulement distinctes, mais encore respectivement impénétrables et séparées; elles peuvent seulement être contiguës ou bien aussi rapprochées qu'il est possible de l'être, sans passer de la juxtaposition à la fusion. Mais quand est-ce qu'on se trouve dans un cas d'équilibre, soit *réel*, soit *apparent*, ainsi compris? On peut remarquer que, voulant en actualiser la connaissance, nous avons pris constamment nos exemples: ou dans l'ordre moral, employant pour cela les notions de père, de fils, de mère, etc.; ou dans l'ordre intellectuel, mettant, dans la même fin, à profit le levier théorique des physiciens et géomètres. Or, ces différents exemples, s'ils ne sont absolument chimériques, sont cependant tellement relevés que, quoiqu'il soit possible aux hommes d'en approcher toujours, ils ne peuvent jamais en atteindre ni représenter l'absolue perfection. On ne connaît point, en effet, par expérience, de levier conforme au levier théorique; et de trouver un être qui soit exclusivement père, fils, etc., c'est ce qui ne nous arrivera jamais sans doute ici-bas, tant que nous consulterons l'expérience. Ainsi, les deux états d'équilibre parfait, soit apparent, soit réel, sont des cas extrêmement rares, uniques peut-être dans le monde, et de plus des cas infiniment dissemblables ou distincts, entre lesquels il est, dès-lors, possible d'imaginer une infinité de degrés intermédiaires, et par lesquels il arrive ou peut arriver que tantôt on approche plus du type de l'équilibre réel que de celui de l'équilibre apparent, et tantôt *vice versâ*. Il suffit, pour se fixer à cet égard, de réfléchir sur la nature et les divers objets de notre expérience sensible. Nous avons déjà dit équivalemment (§ 68) que l'expérience sensible n'offre que des exemples ou des applications momentanées des idées types ou radicales; et, parce qu'il en est ainsi, nul ne peut espérer d'en retrouver actualisée, dans aucun cas, la sublimité, l'excellence intrinsèque; on peut, toutefois, en approcher plus ou moins : alors, la fusion est simplement initiale, ou bien elle est plus ou moins avancée; de même la séparation est plus ou moins près de son origine ou de son terme. Si l'on nous demande à quoi ressemblent deux êtres imparfaitement *fondus* ou *séparés*, nous répondrons, en conséquence, qu'ils ressemblent à des molécules plus ou moins cohérentes entre elles. Si les deux êtres étaient entièrement fondus, ils seraient pleinement livrés à la force connue sous le nom de force d'*affinité*, dont le propre est, comme on sait, de ne faire qu'un de deux êtres. S'ils étaient, au contraire, séparés, ils pourraient tout au plus *adhérer* ou sembler *adhérer* extérieurement l'un à l'autre. Mais, dès le moment qu'ils sont censés imparfaitement et fondus et séparés, il y a simultanéité de fusion et de séparation, et les deux êtres réunis ressemblent parfaitement à deux corps respectivement constitués comme contenant et contenu, mais dont l'un n'est propre qu'à contenir ou à pénétrer incomplètement l'autre. L'union et la séparation étant dans ce cas essentiellement contingentes, l'union peut être dissoute ou cesser tout à fait; la séparation peut également disparaître dans cette sorte d'ensemble imparfait qu'on appelle *mélange*. Admet-on que la séparation réussit ou prévaut sur la fusion, il y a nécessairement rupture violente des deux êtres unis, et, par là-même, effet brusque physique ou *bruit*. Admet-on, au contraire, que la séparation cède de plus en plus à la fusion, il y a nécessairement, cette fois, développement de relation, d'activité, de puissance, ou bien sentiment de *chaleur*, perception de *lumière*, etc. Il paraît, cependant, que la prépondérance de la séparation implique de préférence développement de lumière, et la prépondérance de la fusion développement de chaleur, et cela nous porte à penser que les deux limites extrêmes de la fusion et de la séparation doivent être principalement caractérisées par l'actuelle perception respective de la chaleur et de la lumière. Il est déjà certain, *à priori*, qu'il n'y aurait point de chaleur sans un commencement de désorganisation, de combustion, et que, pour voir distinctement un objet, il faut le considérer seul ou isolé des autres. La corrélation que nous venons d'établir entre la chaleur et la fusion, ou la lumière et la séparation, n'est donc point absolument arbitraire.

La variabilité des ensembles imparfaits ou mixtes permet l'emploi de différents *réactifs* pour détruire les unions commencées ou pour condenser les imparfaites; l'usage et l'effet de ces réactifs démontrent le sens *réel* des unions. D'un autre côté, les unions physiques sont, en tant qu'imparfaites, pleines de vides, et ne sont point, par suite, impropres à s'accomplir dans certains *milieux*, généralement liquides, qui leur servent de contenant, et qui servent en même temps d'auxiliaire à l'action mutuelle des êtres agrégés. Mais ces milieux, qui favorisent parfois leurs mouvements, les contrarient aussi parfois d'une manière très-sensible et donnent ainsi naissance à des composés très-grossièrement imparfaits et même différents ou monstrueux. Ces milieux représentent la force intellectuelle ou coactive. En somme, nous avons donc, dans les réactifs, une image de la force unitive, et dans les milieux, une image de la force séparative. Et ces deux forces ne sont point, comme nous l'avons déjà dit, tout à fait chimériques; elles sont, au contraire, très-réelles: il est seulement impossible de les bien discerner ou caractériser autrement qu'en en appelant, pour la première, aux divers phénomènes primitifs de l'ordre moral, et, pour la seconde, aux plus abstraites conceptions de la raison.

75. Les deux espèces d'équilibre de la seconde classe sont, comme nous avons dit (§ 66), l'équilibre *immédiat* et l'équilibre *médial*. Ces deux nouvelles espèces d'équilibre sont aisées à définir : l'équilibre *immédiat* est celui qui ne suppose que deux forces en présence ; l'équilibre *médial* est celui qui en implique trois.

Prenons, de nouveau, pour exemple la balance : on y peut, suivant la manière de l'envisager, distinguer tantôt deux forces seulement, et tantôt trois. Commençons par le cas de deux forces. Il est manifeste que rien n'empêche de prendre en bloc et le levier de la balance et les deux poids qui y sont attachés ; les deux bras du levier et leurs poids respectifs ne forment alors qu'un seul et même tout, et, tandis que ce tout presse contre le point d'appui du levier, il fonctionne comme une force qui lui est opposée. Le point d'appui, résistant au levier ainsi qu'à ses dépendances, nous fournit l'*autre* force. Il y a donc, dans cette manière de voir, deux simples forces en présence, qui sont la puissance et la résistance, et si ces deux forces sont égales il y a équilibre, mais équilibre *immédiat*. Au contraire, considérons-nous les deux poids avec leurs bras de levier respectifs comme *deux* forces distinctes et séparées, et le point d'appui du levier comme une *troisième* force, il est clair que les deux poids ne seront en équilibre qu'autant que chacun d'eux sera de nature à résister à l'effort combiné de l'autre poids et du point d'appui. Chacun d'eux résiste alors à l'autre avec le concours du point d'appui; le point d'appui, de son côté, ne résiste à chacun d'eux qu'avec le concours de l'autre. L'équilibre des trois forces est donc un équilibre *médiat*.

Tout ce que nous avons dit précédemment au sujet de l'équilibre réel, apparent ou mixte, se rapporte à l'équilibre *immédiat*, qui est plus spécialement philosophique. L'équilibre *médiat*, chez lequel les forces en présence sont au nombre de trois ou peuvent se réduire à ce nombre, est plus spécialement mathématique, et la considération en est surtout importante en mécanique, dans tous les cas où, connaissant la résultante de deux forces et l'une d'elles, on veut obtenir l'autre; ou que, connaissant les deux forces composantes, on veut apprécier la résultante.

76. Au § 72, nous avons parlé d'une autre forme d'équilibre *médiat*, sur laquelle nous reviendrons ici, pour en tirer une conséquence qui nous paraît assez remarquable. Là, nous avons supposé A médiatement uni par B à C, B médiatement uni par C à D, C médiatement uni par D à E, etc. Il y a, pour lors, équilibre *réel* entre A et B, B et C, C et D..., et équilibre *apparent* entre A et C, B et D, C et E... Et, si

l'on supprime fictivement certains termes intermédiaires, tels que B, D, .. il ne reste plus que la ligne intellectuellement construite, symbole d'équilibre apparent A + C + E + ... De là, nous déduirons l'explication du phénomène assez étrange par lequel l'équilibre *apparent* nous présente des termes fermement unis entre eux sans traces de médiation apparente, et, comme nous l'avons déjà dit, par simple application ou force intellectuelle, comme lorsqu'il s'agit de l'union innée des enfants d'une même famille, des citoyens d'un même État, etc. L'explication de ce mystère consiste à dire que chacun des termes de ces sortes de séries intellectuelles est uni réellement avec un terme imaginaire et qui, par suite, n'apparaît point sensiblement, bien qu'il intervienne efficacement dans la construction et l'union des séries. Ce terme dit imaginaire est, par hypothèse, un terme identique réellement conjoint à chacun des autres termes visibles, et, comme un, il ne se répète point alors réellement, mais seulement en apparence, en qualité de constante ou de facteur commun. Ainsi, le premier fils d'une famille plus ou moins nombreuse est un avec ses père et mère, le second fils est également un avec eux, le troisième fils est un encore. C'est donc comme si l'on avait alors, d'une part, la série complète A + B + C + D + E...; et, d'autre part, à cause de l'identité présupposée de certains termes médiateurs, tels que B = D = ..., la série intellectuelle, simplement complète en apparence, A + C + E + ...

CHAPITRE III.

De la Relation ou de l'Équilibre en particulier.

---

77. L'équilibre *en particulier* est celui dans lequel il n'y a plus de traces d'équilibre réel ni même d'équilibre apparent précédents, et qui se construit alors, pour ainsi parler, de toutes pièces.

Reprenons ici ce que nous disions tout à l'heure de l'équilibre simplement *apparent* médiat. Cet équilibre n'est point tout à fait faux ou nul, car il présuppose le réel. Il est vrai qu'il implique aussi l'actuelle suppression apparente d'une certaine somme de termes visibles, et que, par suite de cette suppression, il rend comme mystérieuse l'union des autres termes constamment percevables au sens; mais, quoiqu'on cesse d'apercevoir alors les termes auteurs de l'union, cette union n'a pas besoin d'être faite, elle existe en principe. Essayons, au contraire, de supposer que l'union n'existe pas du tout : alors la relation imaginaire ou intellectuelle cessant, l'équilibre n'existe plus lui-même du tout; et, pour en avoir un quelconque, il faut le produire absolument ou d'une manière sensible.

L'équilibre en particulier est donc celui dans lequel les êtres se trouvent indépendamment de toute relation antécédente et de simple fait. Cette union de simple fait est l'œuvre du sens. Cessons, par exemple, de considérer en un homme sa relation avec ses père et mère, ainsi que sa qualité de père, pour ne le considérer que comme homme : cet homme, entrant de fait en relation avec un de ses fils, ne pourra plus avoir avec lui que des rapports d'homme à homme, c'est-à-dire d'être sociable, mais non encore associé ; et l'effet de leur rencontre dépendra de leurs seuls besoins actuels respectifs.

Tous les hommes, considérés en général, en sont là : leur unité d'origine est oubliée ; toutes leurs autres relations possibles antécédentes se sont de même évanouies, et, par suite, ils sont devenus comme étrangers les uns aux autres. Mais nous pouvons étendre cette considération beaucoup plus loin ; nous pouvons examiner, par exemple, comment le voile de l'oubli venant à déguiser pour nous la présence des animaux, des végétaux, de tous les êtres, enfin, de la nature, nous arrivons à les considérer tous comme de simples êtres absolus. Dès le moment, en effet, que l'on perd de vue le lien intellectuel qui les rallie d'avance les uns aux autres en masses plus ou moins bien organisées, il n'y a plus que des points isolés, de simples positions absolues dispersées dans le vide de l'imagination, et de là résulte même la notion de l'espace sensible ou réel, qui signifie séparation, disjonction de deux êtres ou de plusieurs. Il n'y aurait point manifestement d'espace réel ou réellement apparent, mais seulement un espace intellectuel, imaginaire, s'il y avait relation ou continuité radicale d'un être à l'autre; car alors tous les êtres seraient en un ou seraient un.

78. Nous nous sommes déjà placé à ce dernier point de vue lorsque, aux §§ 57, 68 et 74, nous avons parlé de l'entière nullité radicale des êtres absolus les uns par rapport aux autres. Tout être ainsi considéré subsiste imaginairement, en principe, hors de toute relation actuelle; et, s'envisageant absolument, s'il vient à réfléchir sur ses divers états relatifs actuels, il se pose à l'égard de lui-même des questions analogues à celle-ci : Comment un homme se tient-il debout en équilibre?... L'esprit de toutes les questions de cette nature est de ne plus envisager les êtres comme forces, mais simplement comme un objet ou une matière de forces. Au lieu de voir alors en un être une force, on ne voit en lui qu'un effet. Le problème que nous avons traité jusqu'à cette heure est donc ici simplement renversé. Pour en donner ici la solution, il suffit donc de renverser aussi la réponse donnée précédemment (§ 63), et de dire qu'un être

est en équilibre lorsqu'il se trouve sur la commune direction de deux forces, que les deux forces sont égales, et que d'ailleurs elles sont de même ou de différent sens, suivant la nature des cas.

79. Aux §§ 64 et 65, nous avons exposé la double manière de voir d'après laquelle on peut et doit alternativement supposer réels, tantôt le monde interne, tantôt le monde externe. Au moment où nous supposons ici les trois forces mathématiques *imaginaires*, nous devons par là-même nous attendre à retrouver au dehors les mêmes forces à l'état *réel*, c'est-à-dire à l'état de sens, d'intellect et d'esprit. Ces trois états réels sont maintenant, en tant que réels et par rapport à l'absolu radical servant de genre, individuels ou particuliers, et ils doivent, par suite, à ce titre, être indiqués ici. Du reste, la chose est très-facile à comprendre.

Commençons par nous représenter deux orateurs de même talent occupés à disputer, à la tribune publique, une cause d'un grand intérêt moral. Ces deux orateurs à talent égal, si leur probité paraît d'ailleurs égale, tiendront pendant plus ou moins longtemps tous les esprits en suspens, et ainsi, pendant tout ce temps, l'âme des auditeurs se trouvera passivement à l'état d'équilibre, mais d'équilibre moral.

S'il s'agissait d'une discussion d'ordre social, il y aurait lieu de reconnaître, en pareille conjoncture, dans les âmes des auditeurs, un semblable état d'équilibre, mais d'équilibre intellectuel. Un esprit est flottant entre deux raisons; pour peu qu'elles lui présentent le même degré de probabilité, de vraisemblance extrinsèque ou intrinsèque; et l'on se trouve fort souvent dans ce cas quand il s'agit de ce qu'on appelle *opinions*.

Enfin, supposons un être attiré d'un côté par un objet séduisant, mais en même temps détourné d'un autre côté de sa recherche par la douleur qu'elle occasionne. Si cet être n'obéit qu'à l'impulsion sensible appliquée cette fois en sens contraire, il devra naturellement ne se porter ni d'un côté ni de l'autre, et pour lors il sera comme indifférent, c'est-à-dire en état d'équilibre sensible.

80. Il est donc incontestable que l'homme renferme en soi trois espèces d'individualités très distinctes, et qui sont : l'individualité sensible, l'intellectuelle et la morale. Mais ce n'est pas tout; il nous faut voir encore que, dans chacune de ces espèces, les individualités proprement dites sont variables à l'infini. Pour expliquer ceci, reprenons l'exemple de la balance du § 73. En théorie, comme nous l'avons dit, les bras du levier horizontal sont réputés inflexibles et sans pesanteur; les fils destinés à soutenir verticalement les poids sont aussi réputés inextensibles et non pesants; la machine entière est regardée comme

tout à fait immatérielle. En est-il maintenant souvent de la sorte ? Au contraire, jamais. Toujours les bras du levier et les fils sont pesants. Et si, par hasard, un fil est plus long que l'autre, l'excès de sa longueur ajoute au poids. De même, les bras ne sont point inflexibles ; une température plus haute d'un côté que de l'autre peut les étendre irrégulièrement ; et si, par hasard, un bras fléchit et perd de sa longueur, plus il perd, plus il diminue l'effet du poids qu'il supporte. Admettons cependant que, malgré toutes ces causes de variation, l'opération qu'on a voulu réaliser par l'emploi de la balance reste exacte : c'est une preuve que, cette fois par exemple, l'excès de la longueur d'un bras compense l'excès de pesanteur revenant à l'autre bras par la plus grande longueur du fil. Mais ce cas d'équilibre que nous venons de décrire est évidemment un cas tout particulier. Un cas *particulier* d'équilibre est donc, en général, celui dans lequel les forces opposées doivent à l'ensemble de toutes les circonstances leur égalité respective, ou bien celui dont un être mobile est redevable à l'ensemble de toutes les circonstances d'un événement.

DES ÊTRES A L'ÉTAT DE MOUVEMENT

ou

DES QUANTITÉS EN PARTICULIER

TROISIÈME PARTIE

DES ÊTRES A L'ÉTAT DE MOUVEMENT

ou

DES QUANTITÉS EN PARTICULIER

---

84. Il est acquis maintenant, par ce qui précède, qu'il existe ou du moins que l'on conçoit deux sortes de mondes primitifs, l'un réel, interne, qui est le monde de l'esprit ; l'autre apparent, externe, qui est celui de l'intellect. Et ces deux mondes sont sans contredit, pour tout exercice ultérieur de l'activité, deux limites extrêmes ou deux idéaux inaccessibles aux plus sublimes efforts de l'imitation, de l'art ; néanmoins, ils existent réellement, soit comme limites, soit comme idéaux, pour l'esprit ou l'intellect, et c'est d'eux qu'il faut nécessairement partir pour s'expliquer l'existence d'un nouveau monde, ou d'un nouvel exercice essentiel ou contingent, de l'activité radicale.

Les deux mondes primitifs revenant l'un à l'esprit,

l'autre à l'intellect, sont entre eux comme l'infiniment petit et l'infiniment grand, ou comme deux modes de quantités inverses, aboutissant l'un au *summum* de l'intensité, l'autre au plus haut degré de l'extension. D'abord, chaque acte primitif de l'esprit est, par son infinie concentration, toujours réduit en un point, et partant subsistant en un instant ; il exclut par conséquent tout à fait de lui-même espace et temps, mais il n'en est que plus apte à correspondre à tous les points et à tous les instants de l'espace ou du temps, car il est évident que, en raison de son infinie concentration permanente, il sert ou peut servir éternellement de ressort naturel à l'activité radicale pour se multiplier ou se répéter indéfiniment, c'est-à-dire pour émettre autant d'actes simultanés ou successifs qu'elle le juge expédient ou agréable. Le monde interne se compose donc d'actes infiniment petits, éternels, intensifs, qui, tout en excluant absolument d'eux-mêmes espace, temps et mouvement, n'excluent aucunement au dehors la réalisation de tous ces phénomènes. Au contraire, le monde externe, que nous savons essentiellement constitué par la reconnaissance d'activités absolues ou respectivement absolues, complètement isolées et même infiniment éloignées l'une de l'autre, est radicalement ou par lui-même l'image la plus parfaite du vide ou de l'extension purement idéale, imaginaire. Cette infinité d'extension, toute potentielle en principe, ne compète point, sans doute, à l'acte réel *subjectif* par lequel on la pose ; elle convient seulement à l'objet de cet acte, au possible représenté par lui. Le second monde n'est donc qu'*objectivement*, infiniment extensif et vide. Il suffit toutefois qu'il le soit sous ce dernier rapport réel en soi comme représenté, pour qu'il fasse le pendant du monde interne précédent, et qu'il lui fournisse ainsi toutes les occasions possibles de se multiplier ou de se répéter selon son bon plaisir dans l'espace et le temps.

Tant que les deux mondes interne et externe sont supposés seuls en présence, et qu'ils sont envisagés d'ailleurs comme réels ou simples, ils doivent clairement se mettre et rester perpétuellement en équilibre; il en est encore de même si l'on se borne à les confronter en comparant l'extension infinie de l'un à l'intensité pareillement infinie de l'autre. Mais, outre ces deux cas extrêmes d'équilibre *réel* et d'équilibre *apparent*, nous avons admis un autre cas d'équilibre que nous avons déduit de la combinaison des deux précédents, et qui nous a fourni la notion d'équilibre imparfait ou *mixte*. Le monde interne impliquant fusion absolue, et l'externe impliquant séparation absolue, le troisième ou nouveau monde implique alors, au contraire, une fusion et une séparation simplement commencées ou imparfaites. Et si, par hasard, on imagine un point où l'on ait justement une demi-fusion et une demi-séparation, on se retrouvera de fait dans un nouveau cas d'équilibre extrême ou de juste-milieu, non moins parfait dans son genre que les deux cas d'équilibre énumérés tout à l'heure et concernant l'extrême dilatation ou l'extrême fusion. Mais rien n'oblige l'intellect ni l'activité radicale à se contenter de représenter ou de réaliser ce dernier cas d'équilibre moyen à tous égards, et l'on conçoit une infinité d'autres cas de relation imparfaite ou mixte, où la fusion et la séparation sont tour à tour plus grandes ou plus petites l'une que l'autre. Il est seulement bien évident que les choses étant constituées de cette dernière sorte, il n'y a point d'équilibre possible, et que, autant de temps les choses resteront dans cet état, autant de temps le défaut d'équilibre ou le mouvement régnera. Par là, nous sommes déjà mis en état de comprendre qu'il n'y point d'autre raison de la perpétuité du mouvement, que la continuité d'un état actuel de non-équilibre ou d'inégalité, non entre les deux forces radicales opposées et nécessairement permanentes, mais entre leurs différents degrés d'application contingente; d'où il résulte que tantôt la fusion l'emporte sur la séparation, et tantôt la séparation sur la fusion. Rien ne nous dit encore, cependant, ce qui leur sert de guide ou de règle dans cette inégalité d'application, car évidemment la décision ne peut leur venir d'elles-mêmes, et le seul fait de leur fluctuation annonce l'intervention d'une troisième force essentiellement médiatrice, chargée de présider au mouvement des deux forces fondamentales et d'en régulariser les changements ou les effets externes.

82. Nous voyons maintenant d'une manière bien claire, qu'au moment où nous passons de la notion d'équilibre à celle de mouvement, nous passons également du module *binaire* au *ternaire*; ou bien que, comme deux seules forces suffisent à rendre raison de l'équilibre, il en faut trois pour rendre raison du mouvement. Mais ce n'est pas tout; nous devons savoir, en outre, la nature de la troisième force capable de déterminer ou de régulariser de fait les mouvements. Pour nous éclairer convenablement sur ce point, nous reviendrons ici sur la distinction des trois forces individuelles (§. 79) appelées *esprit*, *intellect* et *sens*.

Nous ne saurions procéder à l'étude de cette question avec trop d'attention et de réserve; nous y sommes surtout obligé par la nécessité de condenser en quelques mots tout ce qui précède. Remarquons donc avec soin, en ce moment, ce qui différencie sous le rapport de la fusion et de la séparation, les trois ressorts de l'esprit, de l'intellect et du sens.

Dans le ressort de l'esprit, le monde interne et le monde externe sont *un*; ou bien il y a fusion des deux états de fusion et de séparation, qui s'appellent alors simplement identité et distinction.

Dans le ressort de l'intellect, le monde interne et le monde externe sont *deux*; ou bien il y a, pour lors, distinction des deux états d'identité et de distinction, qui s'appellent fusion et séparation.

Dans le ressort du sens, le monde interne et le

monde externe sont à la fois *un* et *deux*. Mais c'est contradictoire! Aussi nous nous hâterons ici de distinguer : le monde interne et le monde externe, considérés dans le ressort du sens, ne sont point *un* et *deux* sous le même rapport. Ils sont *un* par voie de contradiction ou de négation, ou dans un sens négatif, et de la manière suivant laquelle nous avons pu dire ailleurs, par exemple, que l'idée de quantité résumait en elle seule les deux idées d'unité et de nombre (§ 32) ; ils n'y sont point deux, originairement, dans le sens positif, et sous ce rapport ils n'y figurent que comme zéro l'un et l'autre. Mais ce même sens, que nous avouons être radicalement pleinement indéterminé sous le rapport positif, peut très-bien contenir contradictoirement en lui-même, même dans le sens positif, le monde interne et l'externe, pourvu qu'on soit attentif à prendre ces deux états dans un sens relatif et de devenir. L'existence actuelle des deux mondes interne et externe est activement possible de deux manières. Si l'on prépose la séparation à la fusion, on va de l'imaginaire au réel; si l'on prépose la fusion à la distinction, on va du réel à l'imaginaire. De là, deux courants simultanés en sens inverse, tels qu'on les retrouve plus tard, par exemple, dans la théorie de l'électricité. Mais il est essentiel d'observer que, dans le sens radical, ces deux courants sont déjà concevables sous forme de tendance pure; toutefois, ils n'acquièrent de l'importance ou ne deviennent sensiblement percevables que lorsqu'on part de données non infiniment petites, ou finies. Ils sont, d'ailleurs, simultanément possibles comme finis, parce qu'ainsi faits, ils n'épuisent ni l'un ni l'autre l'infinie fécondité de l'activité radicale, et que, ce qu'elle n'emploie point alors de vertu dans un sens, elle est parfaitement libre de l'employer, sans délai, dans un autre.

83. En résumé, le module actuellement en usage est le module *ternaire*, que nous avons dû réserver jusqu'à cette heure, et qui est le fondement radical de tout le devenir.

Point de devenir, sans trois forces individuelles dissemblables; point de triplicité de forces individuelles dissemblables, sans devenir. Et d'abord, point de devenir sans trois forces respectivement individuelles et dissemblables. Car le système binaire, comme nous l'avons reconnu précédemment (§ 59), a pour résultat la stabilité, l'équilibre. Ensuite, point de triplicité de forces respectivement individuelles et dissemblables, sans devenir ou changement. Car, tout en admettant que trois forces ainsi constituées s'accordent parfaitement entre elles en procédant par accouplement d'une à une ou par paire, on peut voir que, en raison de leur dissemblance, l'aspect sous lequel un couple se forme, n'est point celui sous lequel se forme un autre couple; ainsi, l'harmonisation des individus une fois faite, il reste encore à harmoniser couple à couple. Or, cette accommodement multiple et divers n'est point possible sans un certain déploiement d'activité, soit simultanée, soit successive, et, n'importe qu'on imagine à ce déploiement toutes les formes possibles depuis l'infiniment petit jusqu'à l'infiniment grand, il implique variation ou mouvement par cela seul qu'il existe. Donc, la triplicité des forces individuelles dissemblables implique devenir.

On peut arbitrairement, dans nos principes (§ 65), établir le siége du changement ou du devenir dans le ressort de chacune des trois forces individuelles radicales ; mais, comme cela n'est pas toujours possible dans le même sens, nous préférons ici fixer tout d'un coup les idées, en déclarant que nous regardons le sens comme la force respectivement absolue par laquelle et chez laquelle le devenir arrive ou s'accomplit. Il n'y a point d'inconvénient à prédéterminer ainsi les choses, puisque le rôle extérieur des forces est tout à fait arbitraire, et qu'alors il importe bien moins de considérer les forces elles-mêmes que leurs rôles. D'ailleurs, le rôle que nous leur attribuons ici par hypothèse, est bien le premier qui se présente à la pensée, jalouse de suivre pas à pas le développement de l'être. Nous admettons donc, encore une fois, que le Sens est la force par laquelle et dans laquelle le devenir arrive, et voilà le réel : ce réel est le Sens envisagé comme sujet-objet. En face de ce réel est le formel ou l'imaginaire, qui se compose de l'Intellect et de l'Esprit; l'Intellect et l'Esprit, ainsi considérés, sont les deux forces agissant imaginairement sur le Sens pour le déterminer, mais ayant cependant besoin pour cela de son concours. La troisième force n'est plus maintenant une force fictive ni un être fictif; elle est force aussi bien que les deux autres forces; elle en diffère seulement, en ce qu'elle est en même temps théâtre du devenir, non les autres. Chez les autres, le devenir peut être apparent; chez elle, il est réel.

DYNAMIQUE.

84. Nous avons admis en statique (§ 62) que, si l'on a deux forces contraires A et B, telles que, par exemple, $A = 3$, et $B = 5$ ou $\overline{3+2}$, le 3 de A annule en relation le 3 de B, et réciproquement le 3 de B annule le 3 de A; d'où il résulte que, en définitive, il ne reste que le 2 de B. Herbart a tout à fait méconnu cette vérité, et il a raisonné de cette sorte: 3 doit être annulé dans la rencontre des deux forces contraires A et B. Or, il n'y a pas de raison de dire que la force plus faible, ou A, doive seule supporter cette perte. Donc, cette perte doit atteindre simultanément A et B, ou bien ces deux forces doivent la ressentir en commun, en raison directe de leur opposition et inverse de leur intensité respective.

Dans ces deux manières de voir diamétralement opposées, la nôtre prend les choses telles qu'on les voit communément, et qu'on doit même les voir en relation binaire. Car alors les forces sont immédiatement opposées. Donc, elles doivent se détruire, comme on voit les vitesses se détruire entre deux corps non élastiques qui se choquent, ou bien encore comme il arrive que deux sons contraires produisent du silence, deux lumières contraires de l'obscurité, etc. Toutes ces choses sont, comme faits, parfaitement admises aujourd'hui en physique. Herbart, établissant un principe de psychologie mathématique tout à fait différent de celui de la statique vulgaire, se pose, sans en douter, dans un cas de dynamique. Car son raisonnement revient à dire : au lieu de *deux* forces, j'en prends *trois*, savoir : les deux forces respectivement absolues A et B, et une autre force commune aux précédentes, — que nous appellerons C. Et pour lors l'effet de la lutte entre A et B est de se soustraire mutuellement, autant que possible, cette troisième force C, qui leur échappe à la fois, en raison composée directe de leur opposition et inverse de leur intensité. Or, en cela, Herbart s'est mis tout à fait, dès le premier pas, hors du ressort de la statique et s'est posé dans celui de la dynamique pure, puisqu'il y suppose clairement trois forces au lieu de deux, et qu'il cherche en outre à déterminer le rapport ultérieur des deux à la troisième. Si donc nous voulons maintenant commencer nous-même à nous occuper convenablement de dynamique, nous ne saurions mieux faire que de partir de l'hypothèse statique de Herbart, en ayant soin seulement de faire remarquer que son point de départ n'est point pour nous une hypothèse, mais plutôt une donnée parfaitement déduite de tous nos dires antérieurs.

Admettons donc que, à côté de deux forces individuelles A et B, existe une troisième force individuelle C; et, pour achever de rectifier ce qu'il y a de défectueux dans la théorie de Herbart, ajoutons que chacune des trois forces est intermédiaire entre les deux autres, et que, en supposant l'une d'elles B, souffrant de A, cette souffrance n'est opérée par A sur B qu'à l'occasion ou au moyen de C; c'est pourquoi B seul est sensiblement passif, et ni A ni C ne souffrent immédiatement d'aucune sorte. Alors l'action mutuelle de A sur C et de C sur A reste purement imaginaire, ces deux forces se conservent parfaitement intactes, et B seul souffre de leur coalition. Mais comment en souffre-t-il? B est, par hypothèse, une force individuelle aussi bien que les deux autres A et C, et par suite il est encore, autant qu'elles, indestructible. Si, par conséquent, il en souffre, sa souffrance provient exclusivement de ce que, sous l'influence de A, il s'éloigne de C, et, sous l'influence de C, il s'éloigne de A. La question est donc, pour B, simplement une question d'éloignement, de privation, une sorte d'exil, ou bien encore une question de refroidissement, d'obscurcissement, etc.; c'est aussi, toujours et principalement, une question de mouvement. Or, les questions de mouvement sont précisément celles dont on s'occupe en dynamique.

Voyons maintenant sous quels principaux points de vue l'on peut envisager toutes les questions de mouvement en dynamique. Les deux forces A et B luttent, avons-nous dit, à l'occasion ou au moyen de C; et l'objet de leur lutte est, pour A, de soustraire C à B, et pour B, de soustraire C à A. Il ne faut point cependant oublier que, en cas de lutte entière, A et B sont censés infiniment répugnants entre eux, ou, ce qui revient au même, infiniment éloignés l'un de l'autre; mais qu'alors C survient pour occuper la place justement intermédiaire entre les deux (§ 81), et que cette place, au lieu d'être l'unique possible entre les deux termes extrêmes, est simplement l'une et la première des autres innombrables places imaginables entre A et B. Ces autres places infiniment nombreuses ne doivent point être censées justement intermédiaires entre A et B; car elles sont toutes, ou plus rapprochées de A, ou plus voisines de B. C peut occuper accidentellement l'une d'elles; et si, par hasard, il l'occupe, c'est une preuve qu'il a trouvé plus d'attrait en l'une des deux autres forces qu'en l'autre. C s'approchant de A, s'éloigne de B; s'approchant de B, il s'éloigne de A : ces successifs changements de place sont ce qui signale la rupture de l'équilibre et constitue le mouvement. Tout mouvement est maintenant susceptible d'être envisagé sous trois principaux aspects, qui sont ceux de direction, de vitesse et de sens (§ 62); et ces trois aspects sont, en mathématiques, trois forces parfaitement analogues aux trois forces individuelles appelées Intellect, Esprit et Sens. Deux d'entre elles doivent donc être considérées comme particulièrement actives, et l'autre comme passive; et comme rien n'empêche d'imaginer qu'elles échangent de rôle, on arrive aisément à découvrir, par cette voie, toutes les espèces de mouvement actuelles ou possibles. Connaissant toutes les espèces de mouvement, on en pénètre incontinent la nature.

Il ne suffit point cependant, au philosophe, de connaître la nature du mouvement; il est bon et nécessaire même, à certains égards, qu'il en connaisse l'origine; il est également très-utile et très-agréable pour lui de pouvoir se rendre compte de la manière dont le mouvement, une fois produit, se communique d'un être à l'autre ou passe d'un corps à un autre corps. Ne voulant laisser ici sans réponse aucune de ces questions, nous les traiterons successivement dans trois chapitres, dont le premier sera consacré à l'étude de la nature du mouvement, le deuxième à la recherche de son origine, et le troisième à l'exposition de la manière dont il se communique ou se transmet d'un être à l'autre.

CHAPITRE PREMIER.

De la Nature du Mouvement.

—

85. Tout ce qui perd un état pour en prendre un autre, change ou varie ; tout ce qui quitte une place pour en prendre une autre, se meut. D'après cela, le changement est un fait du monde interne ou réel, et le mouvement est un fait du monde externe ou apparent. Cependant, de ce que le mouvement est encore un fait, il est, en quelque manière, une chose réelle interne ; cette chose réelle interne est seulement de l'ordre intelligible ou du ressort de l'intellect. On peut donc définir le mouvement, en le classant parmi les choses de changement, et le définissant un *changement de lieu*, *de position*.

La définition que nous venons de donner du mouvement, en est une simple définition générale ou logique, et, par suite, elle n'en révèle point la nature entière ou complète, comme ne disant encore rien de ses espèces ni de ses variétés plus particulières ou individuelles. Nous avons donc besoin de nous emparer de nouveau de la notion du mouvement, pour l'envisager, non plus d'une manière synthétique, mais d'une manière analytique. Pour cela, nous nous rappellerons que tout changement d'équilibre implique trois facteurs, qui sont : la direction, la vitesse et le sens. L'un de ces facteurs est déjà mouvement en principe ou puissance, c'est-à-dire, mouvement absolu, simple, idéal, infini ; c'est la vitesse prise en elle-même ou considérée comme type de la variation. Il y a donc un mouvement primitif ou radical, et ce mouvement est le mouvement à variation simple. D'un autre côté, nous avons reconnu (§ 84) que, dans tout cas de mouvement, deux forces sont spécialement actives, et la troisième passive ; et si l'on veut sortir du système de mouvement à variation simple, il faut au moins imaginer qu'à la variation de la force passive se joint la variation de l'une des deux autres forces présupposées actives. Après la première espèce de mouvement à variation simple ou générale, il y a donc une autre espèce de mouvement à variation double ou spéciale. Enfin, comme les modes d'exercice extérieur des trois forces requises par le mouvement sont essentiellement contingents, on peut admettre que la variation n'en atteint pas seulement une ou deux, mais qu'elle les atteint toutes les trois ensemble ; et pour lors on se trouve dans le cas du mouvement à variation triple ou particulier. Il y a donc, en définitive, trois espèces bien caractérisées de mouvements, savoir : les mouvements à variation simple, double et triple.

DU MOUVEMENT A VARIATION SIMPLE, OU GÉNÉRAL.

86. Le mouvement à variation simple, ou général, est un mouvement en quelque sorte purement imaginaire, ou bien un mouvement sans mouvement, un mouvement continu ou constant à tous égards. On se rend compte aisément de l'existence de cette première sorte de mouvement, en supposant les deux forces actives toutes les deux invariables. Alors, en effet, ces deux forces ne variant point, la troisième force ou la force passive ne variera pas davantage en sa variation, et l'on aura, par conséquent, toujours même vitesse, même direction et même sens, ou bien pérennité de direction, de sens et de vitesse.

Ce que nous venons de dire est censé se passer dans la région des faits et, par là-même, du Sens. Si nous prenons maintenant en considération l'Intellect, il est aisé de voir que l'Intellect aura conscience, à sa manière, de cet état permanent du Sens, et qu'il le représentera. Comme la permanence a le sens de durée, sa représentation aura d'abord évidemment la forme temporelle, et elle se construira par moments successifs, sous forme d'addition par juxtaposition ou de ligne. Mais alors, cette ligne de points successifs est à peine formée, qu'il la représente de nouveau comme ligne, c'est-à-dire, comme forme simultanée linéaire ; et dès ce moment il l'a tout entière présente à ses yeux, il représente l'étendue formelle. L'intellect arrive donc temporellement, ou par le temps, à la notion d'étendue sensible ou d'espace.

Le mouvement sans variation de vitesse, de direction et de sens, est cependant un mouvement encore simplement imaginaire, intelligible, idéal ; car, s'il est réel d'une certaine manière, il ne l'est que comme fonctionnement de l'intellect ou marche de l'idée. C'est de lui qu'on veut parler, quand on parle d'un mouvement rectiligne, uniforme et constant, et qu'on dit, par exemple, qu'un point matériel, une fois lancé dans une certaine direction, doit continuer, en vertu de la vitesse acquise, à se mouvoir constamment dans la même direction et avec la même vitesse, tant qu'il n'éprouvera point de résistance. Il y a dans cette dernière manière de s'exprimer, une absurdité manifeste dont il n'est pas à notre connaissance qu'aucun mathématicien ait su se préserver jusqu'à ce jour. Qu'y suppose-t-on, en effet ? On y suppose, par exemple, que le mouvement est radicalement d'origine étrangère aux êtres; que l'effet vient après la cause et se maintient sans elle; ou que le mobile, une fois animé de la vitesse acquise, se donne et se conserve à lui-même le mouvement; qu'il ne se perd point de mouvement sans résistance externe, etc. Nous ne pouvons entrer présentement là-dessus dans toutes les explications nécessaires ; nous nous contenterons de faire remarquer ici combien l'opinion vulgaire est contraire à ce principe fondamental de la vraie mécanique rationnelle, que, pour tout mouvement, il faut trois forces (§ 84). S'il faut trois forces pour le mouvement, il ne les faut pas seulement pour le rendre possible, il les faut encore pour le rendre actuel, pour le conserver actuel, pour le perpétuer. On ne peut jamais se passer de ce qu'il faut; et si ce qu'il faut vient à manquer, on manque par là-même de tout ce qui s'y rattache; il n'est pas nécessaire d'invoquer à cet égard l'intervention d'une cause soustractive étrangère.

DU MOUVEMENT A VARIATION DOUBLE, OU SPÉCIAL.

87. Tout en présupposant l'invariabilité des trois forces individuelles radicales dans leur état absolu, le mouvement *général* implique la variation de l'une d'elles dans son état relatif, et cette force, qui supporte alors le changement continu de son état relatif, est la force passive; les forces considérées comme actives restent perpétuellement invariables. Le mouvement *spécial*, qu'il s'agit actuellement d'étudier, diffère du précédent en ce que la variation n'y règne plus exclusivement dans la force passive, et gagne déjà l'une des deux forces actives qui conditionnent, par un premier concours, le phénomène général. Le mouvement spécial est, par cette raison, un mouvement à variation double, ou à deux variables.

Quand le mouvement *spécial* intervient, il implique,

au moins imaginairement, la préexistence des trois
forces mathématiques nécessaires à la conception du
mouvement général et qui, par hypothèse, y fonctionnent toutes les trois respectivement comme constantes :
deux dans leur invariabilité, la troisième dans la variation. Il nous est alors parfaitement loisible de choisir entre ces trois constantes, les deux qu'il nous
plaira de réputer variables. Nous pouvons donc faire
varier arbitrairement la vitesse et le sens, ou le sens
et la direction, ou la direction et la vitesse; et pour
lors les constantes sont, respectivement, la direction,
la vitesse et le sens. D'ailleurs, comme il est clair
que trois forces prises deux à deux ne donnent que
trois combinaisons, en formant les trois groupes précédents de forces deux à deux, nous avons, par là-
même, formé toutes les principales classes de mouvements primitifs spéciaux, ou à deux variables. Il n'y
a donc que trois principales classes de mouvements
spéciaux primitifs.

Mais, de même que nous avons pu combiner deux
à deux les trois forces individuelles radicales, nous
pouvons encore combiner deux à deux les trois principaux mouvements spéciaux primitifs, et déduire de
là, par un nouveau procédé de superposition ou de
mélange, la reconnaissance de trois nouvelles classes
secondaires de mouvements spéciaux dérivés. Nous
pouvons donc diviser, en général, tous les mouvements spéciaux en *primitifs* et *dérivés*. Le nombre des

mouvements spéciaux vraiment primitifs est nécessairement fini ; mais le nombre des mouvements spéciaux dérivés est, au contraire, indéfini, puisque, évidemment, rien n'empêche d'étendre la dérivation aussi loin qu'on voudra.

Occupons-nous maintenant d'indiquer et de définir les trois mouvements spéciaux *primitifs* et les principaux mouvements spéciaux *dérivés*.

88. Les trois mouvements spéciaux *primitifs* sont : le mouvement *oscillatoire*, le mouvement *circulaire* et le mouvement *hyperbolique*.

Le mouvement *oscillatoire* est celui dans lequel les deux forces actives sont la direction et la vitesse, et les deux forces passives la vitesse et le sens. Là, la direction est tout active, le sens est tout passif[1], et la vitesse est mi-active et mi-passive. La direction y est, d'abord, tout active et nullement passive, parce qu'elle n'y souffre aucune sorte de variation interne. Le mouvement oscillatoire dont nous voulons ici parler n'est point, en effet, le mouvement oscillatoire très-déterminé, par exemple, d'un pendule, dont le point de suspension, la longueur de la tige, la latitude du

---

[1] Dans cette exposition et les deux suivantes, il ne faut jamais oublier que la force dite toute passive est prise en deux sens absolus, savoir : ceux de *puissance* (réelle) et d'*acte* ; et que, lorsque nous la disons toute passive, nous entendons la faire envisager particulièrement comme *acte*. En tant que *puissance*, elle équivaut alors à l'être individuel tout entier, à la personne.

lieu,..., sont autant de conditions actuelles ; c'est au contraire un mouvement infiniment dégagé de conditions externes et tel qu'on peut se figurer, par exemple, le battement spontané du cœur, le va et vient perpétuel des molécules lumineuses agitées normalement à la direction longitudinale du rayon lumineux, etc. Ce mouvement oscillatoire n'a d'abord lieu, comme absolu, qu'en l'Intellect ; et la direction imaginée par l'intellect est même censée, de fait, invariable, puisque le point mobile allant sans fin, en deçà ou au-delà du point primitif d'équilibre, suit perpétuellement la même ligne. Néanmoins, le sens y varie, puisqu'il y a tantôt écartement, tantôt rapprochement du centre. De même la vitesse y varie, puisqu'elle s'y montre uniformément retardée pendant la période d'écart, et uniformément accélérée dans la période inverse. Mais le sens ne joue là qu'un rôle tout passif, et la vitesse n'y souffre qu'à demi. Car le seul côté par lequel la passion de la vitesse se trahit est la variation par laquelle elle accuse incessamment une inégale application au mouvement. Or, cette variation-là même est uniforme ; donc elle n'est point absolue, complète ou sans règle ni frein. Au contraire, le sens s'y comporte d'une manière absolument passive en acte. Car, s'il oscille à droite, c'est, par exemple, en vertu d'une impulsion initiale ; s'il oscille à gauche, c'est en vertu de la vitesse acquise. Le sens ne concourt donc jamais à l'opération de cet effet inverse ; il est donc tout passif.

Le mouvement *circulaire* est celui dans lequel les deux forces actives sont la vitesse et le sens, et les deux forces passives le sens et la direction. La vitesse est, ici, la force tout active ; la direction est la force toute passive, et le sens est la force mi-active et mi-passive. La vitesse y est la force tout active ; car, à moins d'influences étrangères, la vitesse est maintenant souveraine et tout à fait libre de changement. On trouverait un exemple de cette parfaite régularité de mouvement dans le phénomène de translation des planètes autour du soleil, si leurs influences réciproques n'étaient propres à le troubler ; on en trouve peut-être un d'incontestable dans leur mouvement perpétuel de rotation sur elles-mêmes. Au contraire, le sens varie maintenant réellement, du moins en principe, en ce qu'il est réduit à tendre distinctement, en chaque instant, à réaliser un acte de concentration qui jamais n'aboutit à sa fin, ce qui témoigne un état particulier de contraction continuelle. Puis, la direction y varie certainement et d'une manière plus complète encore ; car en chaque instant elle y change de route, se montrant incessamment attentive à suivre la résultante du mouvement (ou de la vitesse) et de la tendance au centre (ou du sens). Le sens et la direction jouent donc, ici, le rôle de forces plus ou moins passives, tandis que la vitesse y joue le rôle de force tout active, et le mouvement circulaire est bien le produit de la prépondérance de la vitesse et du sens sur la direction.

Le mouvement *hyperbolique* est, enfin, celui dans lequel les deux forces actives sont le sens et la direction, et les deux forces passives la direction et la vitesse. La force tout active est, cette fois, le sens, car il n'y varie point évidemment. La force mi-active ou mi-passive et la force toute passive y sont, au contraire, la direction et la vitesse. Et, d'abord, la direction y fait fonction de force mi-passive ou mi-active ; car, tout en y restant en apparence identique, elle y concourt de moins en moins, en chaque instant, avec la vitesse, ce qui dénote un état restreint ou gêné d'expansion habituelle externe [1]. Puis, la vitesse y fonctionne, de son côté, comme force toute passive ; car elle y varie très-irrégulièrement, en y présentant autant de degrés divers qu'il y a d'instants successifs dans la durée du mouvement. Le mouvement hyperbolique se distingue donc essentiellement des deux précédents, par l'interversion de rôle des forces individuelles, en même temps qu'il leur ressemble éminemment par leur nature et leur nombre.

89. Les trois mouvements *primitifs* peuvent exister éternellement, ou du moins immédiatement au sein de l'activité radicale, car ils n'en supposent que les

---

[1] Nous supposons que le lecteur comprend de lui-même que la direction n'est point une simple ligne abstraite, mais bien une véritable force imaginant cette ligne et l'effectuant autant qu'elle peut.

trois puissances essentielles ; mais il n'en est pas de même des mouvements spéciaux *dérivés*, qui résultent de ceux-là par complication d'actes ou de volontés libres. Tous les principes de cette nature étant finis et contingents, les mouvements qui en dérivent sont essentiellement accidentels et médiats.

De plus, tout ce que nous avons dit au sujet des mouvements spéciaux *primitifs* est mathématiquement démontrable par l'analyse de leurs lois ou de leurs faits constitutifs ; nous ne saurions en dire autant des mouvements spéciaux *dérivés* qui viennent à leur suite; car l'étude de ces derniers mouvements est très-complexe et demande des recherches que nous n'avons pas encore terminées, relativement à l'emploi contingent et très-varié des mouvements primitifs qui leur servent de base. Néanmoins, ne serait-ce qu'à titre d'essai, nous croyons pouvoir indiquer comme possibles ou concevables *à priori*, à la suite des mouvements spéciaux précédents, les mouvements spéciaux secondaires dits *elliptique, spiral, sinueux* et *hélicoïdal*.

Le mouvement *elliptique* provient des deux mouvements oscillatoire et circulaire réunis ; et, dans son évolution, il les représente visiblement, l'un et l'autre : il retrace le mouvement circulaire par sa courbe fermée, et le mouvement oscillatoire par les inégalités de sa courbe. Il faut avoir soin d'observer ici que les deux mouvements composants doivent toujours être regardés, non comme se modifiant intrinsèquement ou se dénaturant l'un l'autre, mais simplement comme simultanés. On peut très-bien en concevoir la coexistence en partant du principe de la superposition des vitesses. Alors, en même temps que le point présupposé mobile s'avance dans le plan de son orbite en vertu du mouvement circulaire, il s'éloigne ou se rapproche aussi, alternativement, du centre en vertu du mouvement oscillatoire ; et par cela même qu'il obéit simultanément aux deux forces, il décrit une diagonale dont l'effet est, par exemple, de l'éloigner du centre, si le mouvement oscillatoire est à l'éloignement. Mais alors, la vitesse centrifuge de ce mouvement expirant nécessairement quelque part, le point mobile se rapproche aussitôt, avec un mouvement accéléré, du centre, et dans ces périodes alternatives de rapprochement ou d'écart, il accomplit également sa révolution circulaire.

Le mouvement *spiral*, que nous supposons accompli dans un même plan et défaillant, provient des mouvements hyperbolique et circulaire associés. Il tient, d'abord, du mouvement circulaire, en ce qu'il implique autour du centre de révolution une série continue de tours complets. Il tient, ensuite, du mouvement hyperbolique, en ce que, comme ce dernier, il requiert (*v. g.* dans les *ressorts*) un temps infini pour franchir la distance finie qui sépare son point de départ de sa limite.

Le mouvement sinueux défaillant provient des mouvements oscillatoire et hyperbolique réunis. Imaginons qu'un point mobile, tout en oscillant continuellement, se meut hyperboliquement suivant une direction normale à la ligne d'oscillation. Alors, les oscillations étant supposées constamment parallèles, le mobile ne décrira pas seulement une hyperbole, mais il retracera sensiblement la marche ondulatoire plane des serpents ou des vers qui rampent sur la terre.

Supposons, maintenant, les trois mouvements elliptique, spiral et sinueux réunis : nous aurons un dernier mouvement résultant, qui sera le mouvement *hélipoïdal* ou *de pas de vis*, dans lequel on voit le mobile osciller, circuler et s'avancer, tout à la fois, vers une certaine limite qui lui sert d'asymptote. Cette dernière sorte de mouvement paraît être la plus parfaite image de la vie animale ou végétative. En effet, tous les êtres vivants n'offrent pas seulement en eux-mêmes des traces des mouvements oscillatoire et circulaire ; ils débutent encore avec une abondance de forces qui décroissent bientôt rapidement et deviennent même, après quelque temps, tout à fait insensibles. On pourrait bien, alors, donner au mouvement hélicoïdal le nom de mouvement *vital*.

Nous avons insisté, dans ce qui précède, sur la nécessité de ne jamais renoncer à l'actualité des deux mouvements générateurs, et de les regarder dès-lors comme toujours coexistants ; nous l'avons fait pour deux raisons : la première de ces raisons est qu'effectivement, si les mouvements cessaient par hasard d'exister, ils seraient par là-même tout à fait incapables de rien produire, et l'on n'aurait plus en eux que des possibilités, non des puissances réelles ou des causes; l'autre raison est que, en admettant en eux ou en l'un d'eux une certaine modification (telle qu'on l'obtient en assimilant le circulaire au rectiligne), on trouve de tout autres produits que ceux que nous avons obtenus précédemment. Par exemple, nous avons trouvé que le mouvement oscillatoire et le mouvement circulaire engendraient, par leur simple coïncidence, le mouvement elliptique. En admettant une nouvelle combinaison des mouvements oscillatoire et circulaire *traduit en rectiligne*, on trouve, au contraire, qu'ils ont pour produit le mouvement parabolique. En effet, les formules des mouvements oscillatoire et circulaire étant alors respectivement $\frac{1}{2} g t^2$ et $vt (= 2 \pi R)$, posons $y = \frac{1}{2} g t^2$, $x = vt$; il vient, par l'élimination de t,

$$x^2 = 4 \frac{v^2}{2g} y, \text{ équation de parabole.}$$

L'intellect n'aime point à confondre ainsi, dans une seule vue, les causes qui peuvent influer plus ou moins sur les déterminations du mouvement; mais le sens est consommé dans l'art ou l'habitude de fondre ensemble les diverses causes des apparences physiques. C'est ainsi que, suivant qu'on envisage un cercle (en le faisant tourner sur l'un de ses diamètres), ou on face, ou de biais, ou tout à fait de profil, on voit en lui, ou un cercle, ou une ellipse, ou une simple ligne droite. Il ne serait pas sans intérêt de poursuivre l'étude comparative des générations de figures, au double point de vue de l'Intellect et du Sens; mais nous préférons éviter ces détails et rentrer dans les considérations générales, qui sont ici le premier et principal objet de nos recherches. Dans ce qui suit, nous allons dire, du reste, expressément comment, soit le sens, soit l'intellect ou l'esprit, ont coutume de procéder à leur œuvre d'entière transformation apparente, dans leurs modes d'application particuliers.

DU MOUVEMENT A TROIS VARIATIONS, OU PARTICULIER.

90. Afin de mieux entendre la nature de cette dernière sorte de mouvement, il est bon de se rappeler ici sommairement dans quel rapport formel ou réel les trois forces individuelles appelées Sens, Intellect, Esprit, sont entre elles. Occupons-nous d'abord de leur rapport formel.

Les choses envisagées radicalement au point de vue de l'Esprit seul sont à la fois simples et immenses, instantanées et éternelles, infiniment petites et infiniment grandes; l'une de ces déterminations est même l'absolue condition ou la raison de l'autre. Nous ne craindrons point, par conséquent, d'ajouter qu'elles sont toutes, à leur manière, infiniment réelles. Telles sont les idées pures d'être, de principe, de fin, de moyen, de père, de fils, de mère, etc. Les choses envisagées radicalement au point de vue de l'Intellect sont bien réelles aussi, mais elles le sont seulement en tant qu'apparentes, et de cette nature sont tous les ensembles apparents extérieurs des êtres qu'on représente quand on les imagine réunis 1 à 1, 2 à 2, 3 à 3, etc. Enfin, les choses envisagées radicalement au point de vue du Sens, sont composées des deux points de vue précédents ou mixtes, et telles sont les représentations sensibles ou naturelles dont nous allons parler. Celles-ci sortent de l'infini et du simple, non moins que de l'apparent et de l'abstrait, et contiennent ainsi tout à la fois de l'apparent et du réel. Or il y a trois manières de sortir du simple par l'adjonction de l'apparent, ou trois manières de réalisation formelle : la première est l'extension sous forme de ligne, la seconde l'extension sous forme de surface, et la troisième l'extension sous forme de solide. Imaginons, en effet, une simple sortie du point, nous aurons une ligne ; — une sortie de la ligne prise dans toute sa longueur, nous aurons un plan ou une surface ; — une sortie du plan ou de la surface dans toute leur extension, nous aurons un solide. La ligne, la surface et la solidité sont donc les trois modes formels des forces individuelles primitives.

Le rapport réel des trois forces individuelles primitives, tel que nous voulons l'envisager ici, consiste à les distinguer par leur différence radicale d'application ou de fonction. Nous nous expliquerons plus clairement à ce sujet, en traitant la question du fait et disant que, dans le ressort de l'Esprit, un être a conscience de ce qui est absolument; que, dans le ressort de l'Intellect, il a conscience de ce qui apparaît, de même, absolument; mais que, dans le ressort du Sens, il n'a conscience ni de ce qui est ni de ce qui apparaît absolument, et qu'il se contente alors d'en apercevoir le rapport essentiellement contingent qu'on appelle *sensible*. Prenons immédiatement un exemple qui rende la chose manifeste. Un fils peut connaître un autre homme comme son *père*; il peut connaître aussi parfaitement la forme *humaine* qui convient à ce père; mais quels que soient les sentiments intellectuels ou moraux que lui suggère immédiatement cette double connaissance absolue, rien ne fait présager encore infailliblement, dans tous les cas, quels sont ou seront ses sentiments particuliers envers son père; car ces sentiments-ci sont essentiellement variables. Il peut, par exemple, de fait, l'aimer ou le haïr, l'honorer ou le mépriser, etc. Ces variations de sentiments particuliers dépendent de trois sortes de causes : 1º de *causes absolument extrinsèques*, 2º de *causes relativement extrinsèques*, 3º de *causes absolument intrinsèques*. Les explications que nous allons donner ôteront à ces termes tout ce qu'ils ont d'obscur ou d'indéterminé. La cause d'un changement sensible est *absolument extrinsèque*, quand, pour employer toujours le même exemple, le fils cesse d'aimer le père, parce que ce dernier a déjà cessé d'avoir pour lui des sentiments de père et de le regarder comme fils. La cause du changement sensible est *relativement extrinsèque*, quand le père, fatalement ou par sa faute, cesse d'offrir les qualités de forme naturelle ou convenable à sa personne, et, par suite, donne au fils une occasion de prendre conseil de lui-même pour savoir s'il doit avoir pour lui des sentiments d'honneur ou de mépris. Mais il peut arriver aussi que le père se conserve dans les mêmes sentiments moraux et les mêmes qualités apparentes, et que cependant le fils, en raison des sociétés qu'il aura fréquentées ou des goûts qu'il aura contractés sans réflexion, et même absolument par un acte spontané du libre arbitre, cesse volontairement d'aimer son père et de respecter en lui ce que naguère il respectait encore; alors les nouveaux sentiments particuliers du fils ont, plus ou moins complétement, leur source immédiate en lui-même; ils sont donc d'origine *absolument intrinsèque*.

Remarquons que, à proprement parler, tous les changements de sens indiqués tout à l'heure sont, *de fait*, d'origine intrinsèque, et que, dans ce que nous venons de dire, nous les avons déclarés d'origine extrinsèque au seul point de vue de leur principe déterminant ou de leur cause. Cette distinction est ici la distinction fondamentale. Tant que la cause des changements sensibles est absolument ou relativement extrinsèque et qu'on en reste là, le fils est complétement, quels qu'en soient les effets, hors de cause ; mais, dès le moment que la cause mérite plus ou moins d'être dite intrinsèque, le fils doit s'imputer plus ou moins à lui-même les changements qu'il éprouve, et se regarder comme responsable. De plus, on ne saurait ne pas voir que, dans ce dernier cas, où la vraie cause déterminante est absolument intrinsèque, les causes prédéterminantes que présuppose l'acte de changement se comportent comme imaginaires ou fictives, et que dans le premier cas, au contraire, où par hypothèse elles sont seules censées efficaces, elles se comportent éminemment comme réelles. Il y a donc des causes efficaces imaginaires et des causes efficaces réelles. On les différencie parfaitement les unes des autres, en observant que celles-là n'agissent qu'au dedans des personnalités dont le concours exprès est, d'ailleurs, nécessaire à leur action, et que celles-ci surviennent, au contraire, du dehors pour opérer en elles, sans attendre leur active coopération, ce qu'elles peuvent. On n'a pas oublié que, pour nous, les forces individuelles réelles sont le Sens, l'Intellect et l'Esprit, et que les forces individuelles imaginaires sont la direction, la vitesse et le sens.

91. Comme le propre du Sens, ou même de l'In-

tellect et de l'Esprit appliqués comme le sens, est, d'après ce qui précède (§ 90), de mêler ensemble l'externe et l'interne, l'apparent et le réel, il nous faudra prendre ici simultanément en considération les deux espèces de forces que nous venons d'énumérer. Mais, pour mieux fixer les idées, nous considérerons d'abord les forces imaginaires dites : direction, vitesse et sens, dans le Sens; et nous dirons ainsi, poursuivant toujours le fil de nos idées : Quand, dans le Sens, la direction change, c'est une affaire de *spéculation*, de calcul, d'intérêt; quand c'est la vitesse qui change, c'est une affaire d'*habitude*; quand c'est le sens qui varie, c'est une affaire de *fantaisie*. Mais encore, le sens peut varier pour mieux s'accommoder avec une certaine direction et vitesse données; il peut aussi varier sans tenir compte des circonstances actuelles : dans le premier cas, il fait simplement acte de liberté; dans le second, il use d'arbitraire et dégénère en caprice, raideur, entêtement. Lorsqu'il varie sans suivre ni choquer une direction et une vitesse antécédentes, il agit avec une liberté pleine, illimitée, absolue.

Notons bien, maintenant, une chose. Le Sens est la puissance première et, tout d'abord, réellement efficace. Pour qu'il agisse, il faut bien une première motion impulsive de l'Intellect et de l'Esprit; mais, chez lui, cette impulsion antécédente est encore purement imaginaire, dans le sens expliqué précédemment (§ 90). Au contraire, lorsqu'il agit, il fait comme le sol qui, lorsqu'il tremble, secoue tous les édifices élevés à sa surface ; il met nécessairement et de fait en mouvement et l'Intellect et l'Esprit, forçant l'un à représenter le fait accompli, l'autre à le juger. Mais cette influence extérieure du Sens ne s'étend point encore jusqu'à leur imposer une fatale participation à ce que l'acte sensible contingent a pu contenir d'arbitraire ; l'Intellect et l'Esprit, l'un représentant l'acte sensible et l'autre le jugeant, continuent simplement à faire usage de leur puissance respective intellectuelle ou morale. Ainsi, le changement de sens dans le Sens, n'a point de retentissement réel dans l'Intellect ni dans l'Esprit, et laisse ces personnalités intactes ; il détermine seulement un changement correspondant dans les deux forces imaginaires ou fictives appelées direction et vitesse, car c'est sous cette forme que le Sens communique avec l'Intellect ou l'Esprit ; et, de cette manière, quoique le fait accidentel sensible implique réellement une triple variation, il se passe tout entier, en tant que réel, dans le ressort particulier du Sens, et il n'infecte en aucune façon les ressorts perpétuellement vierges de l'Intellect et de l'Esprit.

Il n'est point, cependant, impossible que l'acte sensible contingent soit suivi d'une perturbation réelle dans les sphères de l'Intellect et de l'Esprit ; mais il faut, pour cela, que ces deux puissances indépendantes acquiescent au mouvement contingent provoqué chez elles par l'application préalable du Sens. Si le changement intenté chez elles par le Sens a lieu réellement, il est susceptible de la même analyse que l'acte sensible précédent.

92. Rien de plus aisé, par conséquent, que de comprendre comment les actes spéciaux de *spéculation*, d'*habitude* et de *fantaisie* sont, comme actes particuliers du Sens, des actes à triple variation. Aussi, sans nous arrêter plus longtemps sur ce sujet, nous passerons immédiatement en revue chacun de ces trois actes relatifs sensibles.

La *spéculation* en général, ou la *spéculation* pure, ne serait qu'un acte de prévision de choses ou d'événements possibles. La spéculation dont nous voulons ici parler, est plus que cela : c'est un ressort entaché plus ou moins, de près ou de loin, d'égoïsme, et par suite on l'appelle encore intérêt, calcul. Il s'agit donc, cette fois, de spéculation morale. On se prête à ce mobile imparfait, quand on particularise ses affections morales et qu'on aime, par exemple, ses père et mère, non comme père et mère ou pour eux, mais pour soi-même, ou qu'on fait servir cette affection à des vues moins pures et subalternes, ou bien encore quand on la pratique machinalement et sans réflexion ni conscience de ses actes. Les choses morales sont en général, quoique éternellement existantes ou naturelles, très-chanceuses et d'un très-facile abus ; elles ne sont, d'ailleurs, pas moins fécondes en maux qu'en biens de toute sorte, et les effets infaillibles en sont innombrables, infinis. Il y a, par conséquent, toujours du danger à se confier en tout temps aux flots mouvants de la contingence, ou, ce qui revient au même, à *spéculer* sur les principes moraux. On spécule sur eux de trois manières: on spécule d'abord sur les fonctions individuelles ou personnelles, puis sur les formes ou les qualités des personnes, enfin sur leurs actes ou leurs produits. La spéculation sur les personnes elles-mêmes ou leurs fonctions de père, de fils, de mère... sont le principe de la *famille*; l'intérêt personnel même porte à cela; c'est en suivant l'intérêt personnel qu'on aspire aux immenses jouissances domestiques, si souvent suivies des plus cruels retours. La spéculation sur les formes ou les qualités personnelles est le principe de la *noblesse* ou des distinctions sociales; dès qu'en effet on aime à se considérer dans ses proches et surtout ses parents, on se croit allié par les qualités comme par la nature ou le sang; et, de ce qui ne constitue tout au plus qu'un préjugé légitime, on se fait sans plus de façon un titre à la considération ou à l'estime publique. Enfin, la spéculation sur l'identité simplement morale des membres d'une famille et, plus particulièrement, sur leurs actes ou leurs produits, est le principe de la substitution des personnes ou de l'hérédité dans la possession des biens acquis par industrie particulière ou recueillis également par tradition, ce qui est la principale source de la *richesse* des individus, ou des familles. Quand le Moi spirituel a pu se satisfaire, et que déjà le Moi intellectuel jouit également, à sa manière, des flatteuses distinctions établies pour l'honneur, pourquoi le Moi plus spécialement positif ou sensible n'interviendrait-il point distinctement, encore à sa manière, pour s'attirer toute la jouissance dont il est capable, en s'efforçant de retirer des principes admis tout le bénéfice possible? Il est donc naturel que, comme on a déjà *spéculé* sur les personnes et sur *leurs qualités*, on *spécule* encore sur leurs œuvres, pour utiliser de toutes les manières possibles l'union morale primitive.

Nous appelons *habitudes*, non ces tendances morales innées, dont l'immanence est, dès-lors, toute naturelle comme prévenant l'exercice de nos facultés individuelles, mais ces tendances originairement acquises qui se forment en nous dans le temps par l'exercice ou l'usage plus ou moins répété des mêmes facultés. On voit par cette définition, jointe à ce qui précède, que nous rangeons au nombre des habitudes jusqu'au penchant plus ou moins légitime qui porte les hommes à se réunir en famille, à se diviser en castes et à se poser comme donateurs ou héritiers. L'état de société suppose clairement ces trois choses, et nous n'avons point certainement la pensée de venir soutenir ici que le monde humain soit possible autrement; nous prétendons seulement que cet état social n'est point une chose qui préexiste à l'exercice de nos facultés, et qu'il est par conséquent d'institution réelle, positive et libre ou spontanée, quoique non arbitraire. L'Esprit, l'Intellect y provoquent ou portent réellement le Sens ; mais, avant toute application de ce dernier, leur impulsion est une simple insinuation imaginaire ; c'est pourquoi ce dernier n'est nullement contraint à se lancer dans la carrière des destins contingents, et, s'il s'y lance, il le fait alors très-spontanément et librement. Cet exercice n'est que facultatif pour lui ; nulle loi ne l'oblige à le réaliser, mais il peut le réaliser en ayant soin de réserver son culte intérieur ou ses adorations aux vérités morales éternelles : ce sont ces dernières qui constituent le type de la suprême perfection et dont, par conséquent, il n'est jamais permis de dévier, quoiqu'il soit accidentellement permis de passer outre. Dès le moment que, par amour exclusif de la perfection, on refuse d'accéder aux tendances imparfaites motivant les institutions contingentes domestiques, civiles ou sociales ; on doit alors renoncer forcément aux actes plus particuliers qu'elles impliquent : il serait absurde, en effet, de vouloir se poser, par exemple, comme père, et de ne point vouloir cependant s'identifier de cœur et d'âme à la famille à laquelle on aurait donné le jour.

La *fantaisie* représente l'état tout à fait libre du sens, ou la facilité qu'il a de se conformer comme objet à ce que déjà, dans sa propre constitution interne, il requiert et s'attribue comme sujet. Par exemple, un homme, ayant dans sa tête un plan dont la beauté le charme ou dont il apprécie les avantages, tend naturellement et, bien souvent, avec réflexion et délibération, c'est-à-dire librement, à la réalisation de ce plan. Mais un plan qu'on a longtemps mûri dans sa tête n'est point une fantaisie; ce qu'on appelle ainsi, c'est un plan à l'état naissant, ou bien une idée qu'on ne se souvient point d'avoir jamais eue, qui soudain apparaît à l'esprit, et qui néanmoins apparaît avec tant de naturel et de clarté qu'on croirait l'avoir eue toujours et ne pouvoir l'oublier, tant elle est parfaite ou finie dans son espèce. Quand une idée se produit ainsi, c'est évidemment la nature qui l'inspire, et c'est aussi pour cela qu'on la dit inspirée; et, par ce caractère de l'inspiration, on distingue aisément les habitudes naturelles ou primitives des habitudes factices qu'on acquiert simplement à la longue dans le temps; si celles-ci sont plus nombreuses, celles-là sont plus générales et plus vives; et tandis qu'elles se produisent toujours comme un éclair, il n'y a point d'homme aussi qu'elles n'éclairent; c'est pourquoi l'on peut voir en elles le lien permanent de toutes les sociétés qui se forment dans l'espace et le temps. Observons, maintenant; que les fantaisies même primitives, une fois apparues, ne frappent plus; elles existent bien pourtant et ne cessent point d'influer sur le cours des actes intérieurs de l'Esprit, de l'Intellect et du Sens, mais elles influent sans éclat et sans bruit; leur action est latente. Il n'y a point, en effet, seulement des actes absolus latents; il y a encore des actes relatifs latents, et ceux-ci sont les actes idéaux qu'on ne sent pas. On les représente, et on ne les sent pas, parce que, par exemple, on ne réfléchit pas qu'on y pense, et alors la pensée qu'on en a passe inaperçue; ou bien encore, parce qu'on représente un rapport, et parce que, frappé du rapport même, on néglige ou l'on oublie d'en considérer les termes qui en sont l'objet. Sous ce rapport, les actes relatifs sensibles passés à l'état latent sont dans le Sens, à peu près, comme sont dans notre corps les êtres qui sont passés, par l'assimilation, de l'état libre à l'état d'équilibre, en se saturant les uns les autres et se condamnant au repos. Ces êtres que nous regardons, au dehors, comme condamnés à n'agir qu'en commun, ne sont, au dedans, que des actes latents ou des états passifs du Sens. De ce genre ou de ce caractère sont, par exemple, les tendances qu'un être emporte avec soi dans son passage du règne minéral au règne végétal, ou du règne végétal au règne animal, car tous ces règnes s'impliquent dans l'ordre dans lequel nous venons de les nommer; et comme l'âme de l'homme les a traversés tous, elle en a les tendances toujours réelles mais latentes; elle les a même dans leur ordre d'apparition et sans pouvoir jamais en aucune manière les changer. Car, d'après ce que nous venons de dire, les tendances innées sont, en elle, insensibles; elle ne peut donc, en rien, les modifier ; elles subsistent en elle ou lui sont perpétuellement présentes avec leur cortège obligé d'actes adhérents ou cohérents ou même simplement possibles ; et l'état interne du Sens ressemble ainsi parfaitement à celui d'une famille dont tous les membres sont réunis, mais dont il reste à débattre encore tous les droits respectifs pour arriver à un partage ou à un règlement définitif. La distinction ou la manifestation de toutes les tendances réunies au début d'une existence comme l'existence humaine, est une affaire de temps et de conseil ; mais il ne faut point craindre qu'on puisse en aucun cas les frauder, il s'agit seulement d'*imaginer* le mode d'arrangement le plus avantageux ou le plus convenable ; et si par hasard celui qu'on adopte n'a qu'une bonté passagère ou relative, la tendance lésée cherche et parvient à reconquérir plus tard les droits perdus. Nous donnerons en preuve de cela le fait éminemment remarquable signalé par M. Martins, de Montpellier, et concernant la torsion de l'humérus. Comme l'a très-bien démontré ce professeur distingué, la torsion existe avant qu'elle devienne apparente. Qu'est-ce à dire ? C'est quelque chose comme si l'on disait, par exemple, du roi Charles X, qu'il a signé son abdication en même temps qu'il a signé les célèbres Ordonnances du 26 juillet. Il est faux qu'il ait signé son abdication ce jour-là, si l'on veut parler d'une signature réelle ; mais c'est très-vrai, si l'on veut remonter à la première cause de cet événement. La loi suprême d'enchaînement et d'harmonie demandait que Charles X, signant ses Ordonnances, signât aussi son abdication. Un de ces actes impliquait l'autre. Ainsi, lorsqu'une certaine inspiration ou *fantaisie*, tournant d'elle-même en *habitude* et tendant *spéculativement* à une certaine fin, se réalise, il est inévitable qu'elle y aboutisse tôt ou tard et devienne même, par ce moyen, de latente, apparente.

93. Dans ce que nous venons de dire, nous sommes passé rapidement sur certaines considérations qui pouvaient demander de plus amples éclaircissements, et nous en avons négligé d'autres; réparons actuellement ces omissions ou négligences.

La première chose sur laquelle nous reviendrons, est la déclaration par laquelle nous avons prétendu qu'il y a des actes réels latents. Cette assertion est importante et demande à être bien comprise; car c'est elle qui nous permettra plus tard de concevoir la transition du temps imaginaire au temps sensible. Nous tâcherons de confirmer la preuve que nous en avons donnée, par une nouvelle observation tout expérimentale. Moi, par exemple, qui écris ces lignes, je sais ce que j'écris à présent, mais je ne me souviens plus de ce que j'écrivais hier, et je sais encore moins ce que j'écrirai demain : néanmoins, il y a la plus entière dépendance entre ce que j'écrivais hier, ce que j'écris aujourd'hui, et ce que j'écrirai demain ; et j'aurais tort de conclure, de ce que je n'ai point la conscience actuelle de tout, que les choses d'hier, d'aujourd'hui ou de demain ne coïncident d'aucune manière en ma conscience. De même, qu'un homme reçoive une injure d'un autre ou soit intimement blessé par lui dans son sens, il en sera douloureusement affecté ; plusieurs injures consécutives analogues l'affecteront de même, mais il n'est pas dit qu'à mesure que le nombre des injures augmentera, la mémoire en devienne plus claire ; au contraire, il est possible que l'offensé cesse de se rappeler toutes les atteintes infligées successivement à son honneur, et qu'il n'en retienne qu'une impression sommaire équivalente à toutes les injures reçues. Ainsi, tout s'enchaîne dans l'âme ou dans le sens indépendamment de toute conscience actuelle, et y subsiste à l'état réel, quoique latent, c'est-à-dire, à l'état idéal ou de tendance irréfléchie, pour servir de ressort ou de type et valoir dans l'occasion. Nous nous sommes contenté, dans le paragraphe précédent, d'en proposer un exemple ; mais on en pourrait trouver sans doute beaucoup d'autres, et nous aurions pu citer, nous-même, par exemple, l'exemple de la dentition, qui se produit seulement à un certain âge ; ou celui des organes qui subsistent dans l'embryon ou le fœtus et disparaissent chez l'animal né ou adulte ; le passage par les états successifs de larve, nymphe, etc. ; car il suit de là qu'il y a, chez l'animal, des tendances occultes et cependant positives, produisant, les unes plus tôt, et les autres plus tard, leur effet. Et nous ne devons point oublier de noter ici cette différence entre l'Intellect et le Sens, que l'Intellect peut parfois se rappeler, parfois oublier les mêmes choses, quelle qu'en soit la nature ; mais que le Sens, une fois passé sous certains rapports à l'état de tendance, est tout à fait incapable d'en retenir la mémoire. Car un sentiment réel n'est jamais abstrait, et l'intensité de ses affections, au lieu de servir la mémoire, l'offusque plutôt et la détruit tout à fait. De quoi servirait, par exemple, à l'artiste le souvenir de tous les actes particuliers par lesquels il a appris à manier le pinceau, le ciseau, l'archet, etc. ? L'aptitude, la perfection du Sens ainsi formé, ne consiste point dans la conscience des actes particuliers qui l'ont conduit où il est, mais simplement dans celle de leur résultante. Il présuppose bien alors tous ces actes en lui-même, mais seulement à l'état idéal, latent ; ils subsistent en lui comme autant de piliers juxtaposés entre lesquels il est contraint de chercher un passage ; ce passage est même obscur des deux côtés, mais il suffit au Sens qu'il soit éclairé par-devant lui, pour qu'il se précipite sans réflexion où il voit le jour. Aussi, le Sens ne réfléchit point, il peut être libre, comme puissance individuelle ; mais, pris relativement, il ne l'est pas, du tout. Quand on vient à considérer les choses froidement, et que, sans sortir des hauteurs de l'abstraction, on se demande si l'on tournera, par exemple, à droite ou à gauche, il n'y a point encore de raison de se déterminer plutôt pour un parti que pour l'autre ; mais, quand on est déjà, par hypothèse, au fait de la chose, ou qu'on en a l'habitude, on a son parti pris d'avance, et, comme le quartz ou le feldspath, on est alors instinctivement *dextrogyre* ou *lévogyre*, en raison des tendances qu'on tient renfermées latentes dans son sein.

Nous avons parfois, et tout récemment encore, admis une sorte d'état intellectuel des actes sensibles évanouis. Il ne faut point s'imaginer, pour cela, que nous ayons voulu sortir de la sphère particulière du Sens et passer dans la sphère de l'Intellect. Ces deux sphères n'ont radicalement rien de commun entre elles, et jamais il ne faut les confondre. Mais nous savons déjà que l'Intellect, tout en restant en dehors du Sens, a le moyen de l'influencer intérieurement en se transformant, à cette fin, en puissance simplement imaginaire ou fictive. L'Intellect réel externe influence le Sens par voie physique ou sous forme de moule ; c'est ainsi que d'abord un organisme se forme d'un autre et dans un autre, suivant la méthode connue de la génération. Le Sens, une fois revêtu, de cette manière, d'une forme, ne la laisse point stérile ; il l'utilise en l'employant comme instrument et canal naturel de son action ; il s'en fait, en un mot, un moyen ; mais cette forme qu'il emploie, ce n'est point la forme réelle ou matériolle qui l'a formé du dehors, c'est celle qu'il contient ou qu'il porte en lui-même, et qui, quoique incarnée en lui, lui apparaît, en quelque sorte, externe comme celle qui lui a donné le jour.

Enfin, on a dû suffisamment comprendre, par ce que nous avons dit des fantaisies *primitives*, que ces trois choses, la *spéculation*, l'*habitude* et la *fantaisie*, sont parfois trois espèces ou trois caractères inséparables d'une même individualité relative qui fonctionne alors, en raison de leur concours égal, comme absolue. Des individualités ainsi composées en relation ne sont point absolument identiques à l'activité radicale, puisqu'elles apparaissent en celle-ci comme des fantaisies; elles ne sont point, non plus, éternelles, puisqu'elles spéculent sur le temps ; mais elles ne sont pas davantage temporelles, puisque, d'après ce que nous avons dit, elles sont des fantaisies spéculatives se transformant en habitudes en un instant ou sans temps. Elles sont donc contingentes, et, cependant, invariables ; elle se meuvent, alors, dans un temps idéal, et non sensible. L'activité radicale, infinie, se meut dans un temps imaginaire ou nul, et ses actes nécessaires sont par conséquent, instantanés d'une part, éternels de l'autre. Les activités contingentes, dont nous parlons, au contraire, se meuvent dans un temps réel, mais seulement réel comme idéal ; le temps objectif qu'elles représentent ne les affecte point ; elles sont alors dans le temps, simplement parce qu'elles sont exclues de l'éternité, laquelle exclusion se traduit pour elles en écartement et mobilité externes ; elles sont d'ailleurs intemporelles, parce que tous les changements possibles externes n'ont jamais de retentissement dans leur manière d'être ou constitution interne essentiellement spéculative, habituelle et naïve.

94. Dans les considérations précédentes sur la *spéculation*, l'*habitude* et la *fantaisie*, nous avons paru peut-être perdre presque entièrement de vue la question de la *particularité* des mouvements. Nous ne nous sommes point cependant trop égaré de notre route, puisque tous les sujets capables de spéculation, d'habitude ou de fantaisie sont véritablement individuels ou particuliers, et que, de fait, on ne peut éviter de poser ainsi des êtres qui tournent en quelque sorte sur eux-mêmes sans éprouver le moindre changement réel. Nous avons parlé précédemment, par exemple, des trois espèces de mouvements *oscillatoire*, *circulaire* et *hyperbolique*. Ces trois mouvements, considérés d'une manière abstraite, n'existent nulle part, si ce n'est éminemment dans l'activité radicale, où séjournent les trois forces individuelles infinies appelées Esprit, Intellect et Sens. Où a-t-on vu jamais, en effet, du mouvement circulaire pur, du mouvement oscillatoire pur ?... Les trois mouvements primitifs ont donc besoin, pour être réels, de quelque chose d'absolu où ils puissent naturellement prendre racine ou trouver place comme choses relatives ; et lorsque ce quelque chose

d'absolu leur advient en effet, on a pour lors quelque chose qui oscille, ou tourne, ou gravite réellement ; et ainsi les trois mouvements, jusqu'à cette heure imaginaires, deviennent réels.

La réalité de ces mouvements demeure cependant encore une chose simplement idéale, représentative, et, par là-même, négative (5) ; et ce que nous voulons, ce que nous devons trouver en dernière analyse, c'est du positif et du vrai positif, tel qu'on en voit sur la terre, où l'on touche et manie ce que l'on sent. Pour trouver des individualités réelles de cette dernière sorte, nous n'avons qu'à supposer la direction contingente *variable*, chez les êtres absolus qui nous seront soumis. Car, la direction changeant, ces êtres n'ayant plus d'habitude proprement instinctive ou innée, seront réduits à ne trouver d'équilibre stable qu'après un certain exercice ; et leurs fantaisies, quand ils en auront, seront aussi, nécessairement, exiguës et précaires. Manquant alors par eux-mêmes d'extension et de force, ils auront incessamment besoin d'en acquérir ; et, comme la première condition de ce développement est le temps, ils seront par conséquent essentiellement temporels. Chez ces êtres, il n'y aura plus seulement diversité de qualités ou de formes, il y aura, de plus, variation d'actes et de tendances, et leur individualité percera sous le triple rapport des puissances, des tendances et des actes. Il ne leur restera de cette manière, comme dernier type constant de l'individualité, que l'absolu.

CHAPITRE II.

De l'Origine du Mouvement.

—

95. Le mouvement en général n'a point de commencement, puisqu'il est impossible, comme nous l'avons établi précédemment (§ 84), de concevoir une triple activité relative au sein d'une seule et même activité absolue, sans impliquer de fait un changement continuel, et, par conséquent, du mouvement. Mais, quoique le mouvement n'ait point de commencement, il ne laisse point d'avoir, d'après la preuve même que nous venons de donner, une origine; et cette origine du mouvement en général est la dissemblance ou, si on l'aime mieux, l'*altérité* des trois forces individuelles radicales.

Si le mouvement en général est éternel, tout mouvement ne l'est pas. On conçoit et il y a, en effet, des mouvements qui naissent et qui finissent; et ces mouvements-là ont évidemment, à la fois, un commencement et une origine. Il s'agit, actuellement, d'indiquer cette origine des mouvements commençants.

Pour comprendre cette origine des mouvements commençants ou contingents, il est indispensable de bien comprendre d'abord l'existence et les modes du mouvement sans commencement ou éternels. Livrons-nous à cette recherche.

96. Nous avons distingué précédemment (§ 88) trois sortes de mouvements primitifs, qui sont : le mouvement *oscillatoire*, le mouvement *circulaire* et le mouvement *hyperbolique*. Ces mouvements conviennent tous les trois et dans le même ordre, à l'Activité radicale, ainsi qu'il suit :

Le mouvement *oscillatoire* existe imaginairement (dans la région des faits), le premier au sein de l'Activité radicale. Sans nier, en effet, l'infinie grandeur de cette Activité sous ses trois faces, on peut et doit admettre qu'elle jouit d'une absolue simplicité dans le ressort des actes, et qu'il n'y a point en elle d'acte infini qui ne soit simple ; car c'est précisément la simplicité qui conditionne radicalement l'infinité. Nous pouvons donc imaginer l'Activité radicale comme primitivement arrondie et réduite en un point. Il y a, maintenant (§ 90), trois manières de sortir du point : la première sous forme de ligne, la deuxième sous forme de surface, et la troisième sous forme de solide. Et, cependant, ces trois manières ne sont possibles, en principe, qu'à l'aide des trois actes particuliers primitifs qui doivent indistinctement, comme réels, être supposés simples. Ces trois actes sont, alors, absolument uns et relativement trois ; c'est-à-dire, ils sont identiques et différents. Prenons les deux premiers, qui sont comme le Sens et l'Intellect. Ces deux actes, comparés, s'opposent ; donc, en eux, l'Activité radicale se polarise. Leur identité forme le centre de la ligne imaginaire qui les unit, et leur différence en fait les extrémités. Il y a donc, alors, simultanément, distinction et fusion.

Mais il n'y a pas seulement deux actes, il y en a trois. Le troisième est ainsi fait, qu'il dérive des deux précédents et tient de l'un et de l'autre. Il diffère, d'ailleurs, de chacun d'eux par ce en quoi il ressemble à l'autre ; et comme, par son origine, il se trouve entre deux, il ne peut éviter, s'il veut de nouveau traduire son opposition en ligne, de placer cette ligne en travers de la première et de la disposer avec elle à angles droits ; car c'est alors seulement qu'il fait les parts égales. Or, ce croisement de lignes que nous venons d'imaginer, est justement la description du mouvement primitif oscillatoire interne. Ce mouvement, tel qu'on se le représente dans un mobile allant alternativement en deçà et en delà de sa position initiale d'équilibre, ne se conçoit qu'en imaginant deux actes consécutifs par l'un desquels l'Activité s'exalte (§ 26) pour repousser, tandis que, dans l'autre, elle s'exalte pour attirer et ramener au centre ; et ces deux actes, figurés par des lignes, sont nécessairement deux directions perpendiculaires l'une à l'autre.

Le mouvement oscillatoire que nous venons de décrire, appartient au monde interne ; et, s'il existe dans l'une des trois forces individuelles internes, par exemple dans le Sens, il doit par là-même exister dans les deux autres, ou dans l'Intellect et dans l'Esprit. C'est aussi ce que nous atteste l'expérience, en nous montrant en nous trois grands systèmes de mouvements oscillatoires, savoir : l'oscillation des trimulations nerveuses, l'oscillation des battements vasculaires et l'oscillation des mouvements respiratoires.

97. Le mouvement *circulaire* existe imaginairement dans la région des faits, après l'*oscillatoire* ; mais, dans la région des idées, il le précède. La postériorité (de fait) du mouvement circulaire par rapport à l'oscillatoire se prouve analytiquement, parce que l'oscillatoire se produit absolument sous forme de ligne, tandis que le circulaire suppose cette ligne déjà faite et tournant sur elle-même pour le réaliser. La priorité (d'idée) du mouvement circulaire sur l'oscillatoire se prouve synthétiquement d'une manière fort simple. Nous savons déjà que l'Activité radicale entre immédiatement en pleine relation avec elle-même, ou bien qu'elle se perçoit intuitivement de tous côtés, parce que, étant partout où elle regarde, elle se voit aussi partout où elle est, et que, de cette manière, la vue subjective et l'existence objective sont, en elle, sim-

ples et infinies tout ensemble. Or, cela suffit, si l'on y fait attention, pour décider la question. Mais, de dire ainsi que l'Activité radicale se voit intuitivement telle qu'elle est, c'est une chose moins simple qu'elle le paraît de prime abord. L'Activité radicale, comme absolue, ne peut s'empêcher de s'exercer sous forme de ligne avant de s'exercer sous forme de plan ou de solide; et, bien qu'elle fasse ces trois choses à la fois, on ne saurait nier que, en raison, elles se suivent. De plus, en admettant que l'Activité radicale s'exerce d'abord sous forme de ligne, elle s'oppose comme sujet-objet. Imaginons donc l'Activité absolue placée au centre d'une ligne C A B, en A, et ayant son attention dirigée vers B. B est imaginairement distinct de A; et, comme l'Activité se distingue en se voyant, elle se voit, par exemple, en B. Mais, que n'a-t-il pas fallu faire pour arriver à cette confrontation ! Il a fallu, pour cela, qu'elle tournât complètement sur elle-même, dirigeant d'abord son attention, par exemple, à droite du point A, la repliant ensuite en C (point symétrique de B), et puis arrivant circulairement et par un mouvement continu jusqu'en B. Car, évidemment, lorsqu'elle se considère, elle est, en A, tournée vers B; elle est, en B, tournée vers A. Ces deux positions ne sont point identiques, ni même également présentes; et, si la vue vers B est primitive, la vue vers A est dérivée. Il y a donc, chez l'Activité radicale, conversion du regard de l'attention, et cette conversion implique un mouvement entier de rotation sur A. Le mouvement circulaire est donc, dans la région des idées, antérieur au mouvement oscillatoire.

98. Le mouvement *hyperbolique* est postérieur aux deux précédents, et, quoique primitif, il est exclusivement relatif à la contingence et même à la contingence la plus avancée, telle que celle de l'homme et des autres êtres vivants.

Rappelons-nous ici que (§§ 16 et 17), dans l'Activité radicale, il n'y a pas seulement trois réalités internes éternelles; qu'il y a encore une infinité d'unités ou d'existences imaginaires éternellement présentes à son idée. Ces existences-là n'ont absolument point d'action originairement sur l'Activité radicale; mais l'Activité radicale est loin d'être inactive à leur égard, et, dans l'éternelle liberté de mouvements que lui laisse l'accomplissement des deux mouvements oscillatoire et circulaire, elle les émet [1] (conformément à leur nature) absolument ou sans terme, en ne prenant conseil que d'elle-même, mais en en faisant aussi complètement abstraction, et, par conséquent, avec un degré de vitesse

---

[1] Il faut prendre ici le mot *émission* dans le sens de *mise en relation*, et non dans celui de *création absolue*. Dans ce dernier sens, l'Activité radicale émet les actes contingents intemporellement, instantanément; dans le premier, elle les réalise temporellement, successivement, et c'est son mouvement d'alors qui est hyperbolique.

proportionnel à la vitesse initiale ainsi qu'à l'espace parcouru, depuis le commencement du mouvement, jusqu'à l'instant de fait qui le limite. Par cet acte de détermination absolue, diraient les Pythagoriciens, l'Activité radicale *participe* aux idées éternellement présentes à sa pensée; elle les *imite* ou les représente, dirait Platon. Mais *participer*, *imiter*, ce sont de simples mots abstraits et vagues; nous dirons, nous : elle se les *approprie*, se les *assimile* et s'en *nourrit*, et, pour cela, devient féconde. Autant l'acte radical devient dans ce cas, idéal, autant les idées éternelles deviennent concrètes ou réelles; mais encore ce langage est figuré. *l'acte absolu contingent est l'état de l'Activité radicale dans le conflit ou le juste milieu de ses tendances*; et l'on conçoit très-bien, alors, non-seulement qu'il soit réel, mais encore qu'il ait la faculté d'assimiler à son tour en certains cas de relation externe. Il y a, toutefois, bien de la différence entre la manière dont l'acte radical s'assimile les idées éternelles, et la manière dont ces idées une fois réalisées (comme il vient d'être dit), s'assimilent entre elles. Là, l'assimilation est entière et radicale, elle pénètre l'acte radical tout entier; et les idées s'appuient en même temps, pour ainsi dire, sur lui, pour obtenir une existence indépendante et propre, ou devenir actuelles. Au contraire, lorsque les idées une fois réalisées s'assimilent entre elles, elles ne font que se donner une forme extérieure, apparente, et le fond ne change point. Là, leur renfort leur vient du dedans et les soutient ; ici, ce sont elles qui doivent soutenir la forme acquise en relation. On voit par là que, tout en admettant une différence essentielle entre l'Activité radicale et les activités absolues contingentes, il est encore possible de trouver entre elles une grande ressemblance de fonction ; car toutes assimilent. Il est vrai que l'Activité radicale n'est point en danger de tomber dans la défaillance, si par hasard elle ne s'assimile rien. Mais, de même qu'on mange et qu'on boit quelquefois sans besoin, elle peut bien vouloir s'assimiler les idées librement ; et, si par hypothèse elle le fait, ce n'est point elle qui profite alors le plus de cette détermination, dont l'effet est de la faire paraître abstraite ; ce sont plutôt les êtres imaginaires qui deviennent, du même coup, concrets. Car, comme nous l'avons déjà dit, le premier et le plus immédiat effet de leur rapprochement est de donner une sorte de corps à ces êtres en leur donnant, avec la forme, la force et le sens, toutes les conditions de la réalité.

Il suffit, pour légitimer ces rapides aperçus, de montrer ici qu'ils ont l'expérience pour eux. Qu'on nous dise si l'on connaît ou si l'on conçoit même une classe d'êtres passés en relation, qui ne débute dans la vie par l'initiation aux propriétés du règne minéral, ou de la vie minérale ! On n'en connaît ni n'en conçoit aucune, évidemment, qui ne débute par là. Or, l'acte fondamental de la vie minérale est l'acte d'assi-

milation ou de nutrition. Que font deux éléments qui
s'unissent dans les combinaisons chimiques? Ils se
saturent, comme on dit, c'est-à-dire, ils s'assimilent
et se nourrissent l'un l'autre. De plus, quelle est la
loi qui préside à cette assimilation? C'est celle du mouvement hyperbolique ou défaillant; car ces combinaisons s'accomplissent d'abord promptement et durent
même longtemps; néanmoins, à la longue, elles s'af-
faiblissent et finissent par se détruire, parce qu'elles
se font entre êtres contingents qui ne consultent en
cela que le Sens physique, et nullement les instincts
plus relevés de l'Intellect et de l'Esprit. C'est ainsi que
l'on voit quelquefois les plus durs rochers s'attendrir
et tomber en poussière. On dit, alors, que cette disso-
lution est un effet de l'oxygène de l'air, qui les oxyde.
Mais, qu'est-ce que l'oxygène? Ce n'est qu'un nom
donné à une loi mathématique.

99. Dans ce qui précède, afin de ne pas détourner
l'attention des points accessoires que nous avions en vue
d'exposer, nous avons passé légèrement sur la question
principale. Traitons-la maintenant comme il convient.

L'Activité radicale absolue, munie de son cortège
immanent d'activités relatives imaginaires ou réelles,
internes ou externes, est un agent complet, et son
monde est un monde renfermant éminemment toutes
choses; infiniment petit sous un aspect, infiniment
grand sous un autre, il n'est pas seulement, en ce qui

le concerne, invariable, il est encore imaginairement antérieur à toute application contingente et, par suite, éternel. Le temps imaginaire qu'il implique (§ 93) est nul ou infini : nul, si l'on dit que l'Activité se meut avec une vitesse infinie dans ses actes ; infini, si l'on fait allusion à l'infiniment petit degré de son emploi sensible.

Après ce premier monde, vient le second monde des existences temporelles en principe, comme précédées du temps imaginaire infini, et intemporelles de fait, comme excluant toute variation d'elles-mêmes. Une chose produite, produite même en tout temps, est temporelle, en tant que produite absolument ; car elle suppose un principe absolument distinct d'elle, avant elle. Mais une chose qui, comme les actes de fantaisie spéculative immanente dont nous avons parlé précédemment (§ 92), est exempte et même incapable de variation, n'est point temporelle en elle-même, puisqu'elle exclut expressément de soi la succession qui fait le temps. Le propre de ces secondes sortes d'existences est donc d'être dans le temps, et cependant de pouvoir être successivement en tout temps, à la manière des êtres qu'on conçoit être temporels et cependant immortels : elles joignent à la perpétuité de la durée l'instantanéité de l'existence. L'Activité radicale a plus ou fait plus : aboutissant simultanément à l'infiniment petit et à l'infiniment grand, elle a l'avantage de passer, aussi, simultanément d'un état à l'autre avec une vitesse infinie ; d'où il résulte qu'elle est vraiment éternelle comme voyant naître et finir à la fois en soi le temps. Au contraire, les êtres invariables qui ne laissent pas de sortir de l'infiniment petit par quelques actes de fantaisie spéculative immanente, n'atteignant jamais à l'infiniment grand ; et, quoiqu'ils soient, par conséquent, toujours, ils ont simplement cette sorte de durée indéfinie qui convient aux âmes immortelles, et nullement celle infiniment plus pleine ou plus parfaite qui constitue la véritable éternité.

L'Activité radicale, qui n'est point encore sortie, par hypothèse, de ses trois mouvements éternels ou possibles : oscillatoire, circulaire et hyperbolique, en sort, quand, au lieu de les réaliser simplement d'une manière infiniment petite et infiniment grande, elle choisit à son gré des quantités finies pour unités de comparaison et de mesure, et qu'elle les pose en même temps comme bases de ses opérations contingentes. En cela, le principe de l'absolue perfection ne laisse point d'être sa loi, ni la raison son guide ; agissant néanmoins librement et parce que tel est aussi son bon plaisir, elle entraîne à sa suite la foule des êtres imaginaires que nous lui reconnaissions naguère le pouvoir de faire passer à l'existence réelle, et les détermine à osciller, à tourner, à graviter avec elle. Mais, tandis qu'elle les détermine ainsi fatalement, d'une part, à la suivre, elle leur laisse, d'autre part, la latitude de se témoigner leurs sentiments ou de se faire connaître leurs pensées à distance et par des signes, en modifiant eux-mêmes à leur gré les mouvements primitifs, et cherchant dans ces modifications une expression plus particulière de leurs propres tendances. Mais, encore une fois, ces mouvements dérivés mis au jour, il est possible que, en raison de l'incessante tendance des activités absolues à se porter (alors même que rien ne les y contraint), en avant, les êtres contingents soient tentés de pousser plus loin l'expérience et de vouloir réaliser de fait les mouvements hyperboliques dans toutes les situations imaginables, pour s'efforcer ensuite de remonter, de cette dernière classe de mouvements actuels, à celle des mouvements spéciaux dérivés, et encore de celle-ci à celle des mouvements primitifs, jusqu'à vouloir imiter peut-être les mouvements infiniment petits et infiniment grands de l'Activité radicale. Il y a donc trois principaux degrés dans l'émission ou la production des mouvements contingents : le premier est celui par lequel l'Activité radicale réalise les mouvements oscillatoire et circulaire temporels en principe et intemporels de fait ; le deuxième est celui par lequel des activités absolues, ayant déjà la détermination d'être temporelles en principe (ou au dehors) et intemporelles de fait (ou au dedans), réalisent les mouvements dérivés ; et enfin, le troisième et dernier est celui par lequel des activités absolues, temporelles en principe (ou au dehors) et de fait (ou au dedans), réalisent les mouvements finis hyperboliques à tous les degrés de la vie sensible, intellectuelle ou morale.

CHAPITRE III.

De la Transmission ou Communication du Mouvement.

—

100. Nous définissons la *transmission* ou *communication* du mouvement, l'acte par lequel le mouvement passe d'un être à l'autre ou change de siége. Cette sorte de changement suppose perpétuité de *sens*, de *direction* et de *vitesse absolue* (la vitesse absolue servant à représenter ici le rapport de l'espace au temps ou de l'intensité à l'extension), et ce qu'il s'agit alors d'expliquer, c'est seulement comment il se fait ou peut se faire que le siége du mouvement cesse d'être, par exemple, en M, pour passer en M'. Pour rendre raison de ce fait, nous commencerons par distinguer deux modes de transmission ou de communication du mouvement, l'un par *voie externe* et l'autre par *voie interne* ; et nous prouverons ensuite que ces deux modes ne reposent en définitive que sur un seul et même procédé, qui est celui de l'Activité en général, et par lequel M' succède, comme siége du mouvement, à M, parce que désormais l'Activité radicale (qui ne se

détend ou relâche jamais) ne trouve plus qu'en M' la faculté de s'écouler ou d'agir, trouvée d'abord par elle en M (M' étant à M comme le second acte contingent de l'Activité est au premier). Nous étudierons d'abord le mode de transmission ou de communication du mouvement par *voie externe*.

101. On a dit : savoir, c'est pouvoir. Prise à la lettre, cette assertion est évidemment fausse ; le savoir n'est pas le pouvoir. Il est vrai que celui qui sait est digne du pouvoir, et que, en général, il doit l'avoir entre les mains ; mais il est vrai aussi que, pour qu'il l'ait, il faut qu'il le reçoive. De fait, le savoir n'a le pouvoir qu'en puissance ; et bien vainement on saurait tout si l'on n'avait, outre le savoir, les moyens d'en faire usage ou d'exercer sa puissance. Par exemple, Archimède savait les moyens de soulever le monde, qui sont un levier et un point d'appui convenables ; mais, le levier et le point d'appui convenables lui manquant, il était forcé de laisser le monde à sa place.

Nous distinguons trois moyens de pouvoir, qui sont : le moyen *éloigné*, le moyen *prochain* et le moyen *immédiat*. Le moyen *éloigné* est celui qui rend simplement un être puissant, c'est-à-dire, qui le doue d'intensité, de force. L'*exemple* est un moyen de ce genre. Qu'un homme d'armes s'empare habilement d'une forte place, qu'un savant invente un art tel que la photographie, etc., c'est assez pour enflammer de courage ou d'amour pour la science beaucoup d'esprits qui, sans cela, n'eussent jamais senti, peut-être, brûler en eux la noble flamme de l'émulation ou de l'enthousiasme. Le moyen *prochain* est celui qui consiste dans le savoir dont nous parlions tout à l'heure, c'est-à-dire, dans la science des moyens à prendre pour obtenir un certain but; par exemple, dans l'art du maniement des armes, la discipline militaire, etc. Un homme instruit de cela, s'il a déjà du courage, aura de plus, évidemment, le moyen de former des plans de bataille, d'attaque de places, etc.; il sera donc puissant, mais puissant d'une manière encore simplement prochaine ou non immédiate. Le moyen *immédiat* est celui qui rend un être puissant à faire *actu* quelque chose. Le seul moyen général de cette nature est le *moment favorable*. Ce moment est celui de la transmission ou communication réelle du mouvement dans le triple ressort de l'Esprit, de l'Intellect et du Sens. Et voici, maintenant, comment cette communication actuelle ou physique s'opère.

La transmission ou communication actuelle du mouvement s'opère, dans le règne de la nature, par le *choc* d'une part, et par la *résistance* de l'autre. Imaginons un mobile qui vient en choquer un autre. Si ce dernier corps ne résiste point au mouvement et n'est bon qu'à se conserver imperturbablement dans son état interne primitif, il est emporté par le premer sans en augmenter ni diminuer le mouvement ; il ne participe donc point alors réellement, mais seulement en apparence, à ce mouvement, ou bien il n'a point de mouvement à lui, et son état est justement celui de nos pensées dans notre âme ou celui des êtres imaginaires dans l'Activité radicale. Les êtres constitués, par hypothèse, en cet état de passivité pure, sont comme des fantômes, c'est-à-dire des êtres sans pesanteur ni matérialité ni vertu propres. De tels êtres subissent tout, mais ils sont absolument inactifs et ne peuvent rien opérer ni transmettre. Admettons, maintenant, que le corps choqué résiste plus ou moins au choc du mobile d'abord en mouvement ; alors, le corps choqué, résistant, contient, en raison même de sa résistance, au moment du choc, le corps choquant ; et, bien qu'il cède toujours plus ou moins à son attaque en se modifiant surtout au début du choc, il finit, suivant la loi du mouvement hyperbolique, par arrêter tout à fait le mouvement au moment où, chez lui, la résistance égale la pression. Un autre cas est, cependant, possible : il peut arriver, par exemple, que l'impression du choc aille plus loin que la résistance et la brise ; il est possible encore qu'il la dompte d'abord, mais seulement pour un temps (par la rupture de quelques liens accidentels), et qu'alors il soit incapable de l'empêcher de regagner, à la manière des corps élastiques, son état primitif, en raison de ressorts plus secrets mais respectivement indestructibles.

L'examen de ce dernier fait nous ramènerait à la considération du mouvement oscillatoire, qui n'est point actuellement notre affaire [1] ; le seul cas qui doive ici nous occuper, est celui du mouvement hyperbolique dans lequel il arrive, entre deux êtres qui se rencontrent et se choquent, toutes choses égales d'ailleurs, que l'un d'eux perd, par exemple, la moitié de sa première vitesse, et que l'autre acquiert cette moitié de vitesse perdue.

Nous nous trouvons maintenant, si l'on y fait attention, dans la région des actes. Or, la région des actes est celle du passage de l'imaginaire au réel, ou de l'interne à l'externe, et inversement. Dès qu'un acte réel se produit, une chose s'enlève, une autre se pose, et ce qui se pose est toujours une première détermination réelle de l'activité, qui, lorsqu'elle n'est pas zéro, est toujours positive ou négative et tournée vers le dehors ou le dedans. Toutes les choses de cette nature ou contingentes sont d'ailleurs essentiellement sujettes à négation, ou telles, qu'elles ont toujours leurs contraires alternant avec elles dans le temps comme dans l'espace. Quand il y a, par conséquent, pression et *résistance* simultanées entre deux êtres apparents *extérieurement* opposés, il y a par là-même simultanément, mais *intérieurement* et par manière

---

[1] Il s'agit ici de la transmission ou communication, non de la création du mouvement.

d'application inverse, développement égal de passion et d'*élasticité* chez la *force absolue*, vraie cause et vraie fin du phénomène. Alors, tandis que le dehors influe sur le dedans, le dedans influe pareillement, mais sans rétroaction et en avant, sur le dehors pour rendre de nouveau possible dans l'instant suivant la même opération. L'interne alterne donc alors avec l'externe; et comme leur identité absolue ne cesse point pour cela d'exister, leur alternation, qui n'engendre au dehors qu'une *apparence* de substitution d'un être contingent à l'autre, exécute *réellement* au dedans une sorte de roulement de l'absolu sur lui-même, roulement au bout duquel l'action et la passion, quoique n'ayant jamais cessé de varier, se retrouvent dans les mêmes rapports qu'à son début. Non-seulement ici l'imaginaire devient réel, et là le réel devient imaginaire; ces deux changements inverses ont lieu simultanément dans le même être. Ce même être agit donc sur lui-même ou reçoit sa propre action; comme il est sujet et objet, il est également agent et patient tout à la fois. Mais, lorsqu'il en est ainsi dans un être, cet être n'est-il point manifestement constitué, par là-même, dans l'état primitif où l'on doit supposer l'Activité radicale à l'origine des choses, quand elle va simplement de soi à soi, et que, dans cet acte de rencontre, elle réunit le sens externe à l'interne? Il nous semble vraiment impossible de méconnaître l'identité de ces deux cas. L'acte par lequel le mouvement externe se transmet est donc, à certains égards au moins ou foncièrement, l'acte radical par excellence; et l'acte par lequel un être se meut (comme on dit) en vertu de la vitesse acquise, est l'acte suprême; car, dans cet acte, le même être est, comme il vient d'être dit, actif et passif, sujet et objet, principe et terme du mouvement. Or, toutes ces oppositions et distinctions conviennent essentiellement à l'Activité radicale; il n'est donc pas étonnant que nous lui assimilions l'acte de transmission et de continuation du mouvement. Cette explication est, du reste, tout à fait conforme à l'idée qu'on s'est toujours faite et qu'on se fait encore généralement de la chose; il n'y a personne qui ne voie dans la question du mouvement un mystère. Ce mystère est, cependant, bien simple, puisque ce qu'on appelle ici de ce nom, c'est seulement, en dernière analyse, l'acte éminemment simple et perpétuel de présentation de l'Activité absolue à elle-même.

Un *acte absolu* se compose de deux parties ou de deux faces alternes, qui sont l'interne et l'externe, ou les *forces* et les *effets*. Les forces et les effets sont séparables, mais ils peuvent également être unis. Sont-ils unis, on a l'acte absolu sensible; sont-ils séparés, on a de simples forces d'un côté, de simples effets de l'autre, sans acte absolu sensible; mais alors l'imaginaire alterne avec le réel, et le réel avec l'imaginaire. Maintenant, s'il s'agissait ici de déterminer le *temps pendant lequel* il y a ou il n'y a point union actuelle entre la face interne, qui tend à s'extérioser, et les faces externes multiples M, M', etc., nous devrions évidemment cesser tout à coup de considérer la question même du *mouvement*, pour nous occuper de celle du *repos*, et chercher à savoir dans quels cas une activité se fixe ou se pose une fois comme réelle, une autre fois comme imaginaire. Or, il est bien manifeste que cette dernière question sort de notre sujet. Nous pouvons donc la négliger, et nous borner à dire comment le mouvement se transfère par la raison, que l'effet se termine quand la force recommence d'agir, ou que la force recommence d'agir dans toute sa plénitude quand l'effet se termine.

Mais cet acte de relation interne que l'Activité radicale porte toujours et partout avec soi, n'échoit aux êtres contingents qu'en certains moments ou certains lieux particuliers, et ces lieux ou moments sont alors les lieux et les moments favorables. Pour ces êtres, le moment est surtout la question capitale. Quiconque laisse passer ce moment, ne l'a plus, ne le retrouve plus. Il importe donc souverainement aux êtres libres et contingents de savoir le moment de leur moment respectif, puisque le résultat de ce moment est de les dispenser de tout ouvrage et même peut-être d'un simple concours. Toute force appliquée dans le moment favorable est, en quelque sorte, une force infinie.

102. Nous venons d'expliquer la transmission du mouvement par voie externe; voyons de la comprendre maintenant, quand elle se produit inversement par voie interne. De prime abord, on conçoit de soi-même où cela tend. L'acte essentiel du mouvement ne doit changer dans aucun cas en lui-même; mais son origine ou le principe de sa détermination peut changer. Là, par exemple, la cause du changement est au dehors, et, pour lors, quoique la pression et la résistance soient simultanées, la pression précède, en raison, la résistance. Ici, au contraire, la cause du changement est en dedans, et pour lors, en supposant que la pression et la résistance dont nous venons de parler se maintiennent, leur rôle change, et ce qui naguère se contentait de résister devient agressif à son tour et condamne la pression à faire inversement fonction de résistance. Dès ce moment, tout se passe, d'ailleurs, dans le cas actuel comme dans le cas précédent. Et la raison générale des deux mouvements d'origine interne ou externe est l'intervention, contingente dans un cas, plus ou moins arbitraire dans l'autre, d'une force continuellement prête à s'exercer toutes les fois que l'occasion lui en est fournie par les divers changements de relation ou d'équilibre qui s'accomplissent dans le temps.

Imaginons ici, pour achever d'éclaircir la chose, une activité qui se meut d'un mouvement uniforme, continu, rectiligne; et tandis qu'elle se meut ainsi, imaginons encore qu'elle exécute tout à fait indépendamment, en elle-même, des actes d'oscillation consécutifs : ces actes d'oscillation consécutifs s'accompliront alors évidemment dans des lieux consécutifs aussi et très-distincts ; et ces lieux distincts seront justement la figure ou l'équivalent des êtres M, M', etc., que l'activité radicale traverse en se mouvant perpétuellement avec même sens, direction et vitesse absolue.

Comme il n'y a que trois forces individuelles internes, il est aisé de concevoir sommairement tous les cas possibles de changement par voie interne. Pour nous en rendre compte, nous aurons soin, d'abord, de nous rappeler ici que les trois forces internes sont inverses entre elles ; que, par exemple, le Sens est l'inverse de l'Intellect, et l'Intellect l'inverse du Sens; d'où il suit que, lorsque l'un concentre, l'autre disperse, etc. ; que, de même, le Sens et l'Intellect sont l'inverse de l'Esprit, et l'Esprit l'inverse de l'Intellect et du Sens ; d'où il suit encore que si ces derniers sont actifs, l'autre est passif, et *vice versâ*. Nous aurons soin, en outre, d'observer que chacune des trois puissances est, en elle-même, comme composée de deux parties, qui sont l'imaginaire et le réel ; c'est pourquoi, si l'on tient en même temps compte de leur inversion constatée tout à l'heure, il arrivera que les mêmes actes absolus *imaginaires* et *réels*, v. g., dans le Sens, pourront être ou devenir coup sur coup réels et imaginaires dans l'Intellect. Imaginons maintenant qu'un jour le Sens cesse de s'appliquer accidentellement, ou bien que son mouvement hyperbolique respectif expire dans l'insensibilité : l'Activité radicale, qui ne peut demeurer un seul moment inactive, s'exercera aussitôt par l'Intellect, et, par là-même, elle instituera l'imaginaire à la place du réel et le réel à la place de l'imaginaire. Et, dans ce cas, il y aura changement manifeste de phénomène et de substance, puisqu'il y aura alternation de rôles d'une part, et d'autre part substitution d'une puissance à l'autre.

Exposons toutefois ce dernier point avec un peu plus d'extension, pour le mieux éclaircir et le rendre incontestablement manifeste. On conçoit bien clairement deux êtres imaginaires (ou sans action sur le sujet) A et B, dont l'action s'exerce cependant fictivement d'une manière relative de l'un à l'autre. Ces deux êtres n'ont point, par là-même, encore conscience actuelle de leurs tendances respectives : néanmoins, ils les exercent et les satisfont alors d'une manière physique, dans le ressort exclusif du Sens ; en s'unissant, ils sentent. Le sentiment, telle est leur substance réelle, car telle est aussi celle de leur *substratum* immédiat, ou du Sens.

Mais, comme nous l'avons déjà dit plus haut, le Sens a à peine accompli son acte, qu'il n'a plus rien de particulier à faire et laisse l'Activité radicale libre de se porter en avant. Que fait alors cette Activité ?

Elle s'empare des deux êtres A et B, tels qu'ils viennent d'être déterminés en union sensible, c'est-à-dire, l'un (le positif) saturé de négatif, l'autre (le négatif) saturé de positif, et, par là-même, revêtus l'un et l'autre d'une sorte de corps; d'où il résulte qu'ils apparaissent comme composés désormais d'âme et de corps. L'acte physique d'union, quoique absolument un, a eu cet effet de faire que les deux positions primitives se sont, en lui, modifiées de manière à donner lieu, par leur action et relation interne, à quatre autres, deux âmes et deux corps. Mais ces quatre choses disposées deux à deux ne forment encore que deux groupes A' et B', c'est-à-dire, deux groupes en qui l'acte sensible ou le sentiment (qui peut d'ailleurs continuer à exister de fait) n'est plus, en représentation, qu'un souvenir; c'est pourquoi les êtres absolus A et B, que nous caractérisions naguère comme *êtres-sentiments*, ne sont plus, vus en représentation, que des *êtres sensibles*. Tandis que, avant l'acte de sentiment, les êtres A et B n'en avaient que la *possibilité*, ils sont donc représentés, après l'acte de sentiment, comme en ayant la *puissance*. Mais, s'ils en ont la puissance, il n'est plus désormais nécessaire, pour qu'ils sentent, qu'ils réalisent de nouveau l'acte physique précédent, il doit être suffisant qu'ils le représentent; car si, par expérience, un homme qui ne connaît point la douleur d'un coup d'épée, ne fuit devant une épée qu'au moment où elle pénètre dans son corps, un homme qui connaît cette douleur fuira même à son approche et devant la menace ou le signe. La puissance d'un être se révèle donc en ce que le *signe* opère en lui le même *effet* que la *chose*. Mais il est bien clair, maintenant, que deux actes de conscience, radicalement identiques d'ailleurs, dont l'un a la vertu d'unir *physiquement* deux êtres constitués comme A et B, dans leur état primitif, c'est-à-dire imaginaires, et dont l'autre a celle d'unir *idéalement* les mêmes êtres constitués, comme A' et B', dans leur état subséquent, c'est-à-dire réels, sont deux actes manifestement dissemblables et comme hétérogènes entre eux, ayant pour *substratum*, l'un le Sens radical, l'autre l'Intellect radical, et de plus commençant, le premier à l'imaginaire, le second au réel, etc. Il est donc bien certain que, par une certaine transformation d'application, une même Activité radicale peut donner lieu à deux actes ainsi faits que, étant tous les deux réels dans leur genre, ils se retournent en quelque sorte; ou bien que l'un soit une transition de l'imaginaire au réel, l'autre une transition du réel à l'imaginaire, et qu'ils soient cependant tous les deux réels, parce qu'à cause de l'inversion signalée précédemment, le réel de l'un est l'imaginaire de l'autre, et *vice versâ*.

A l'aide de ces observations, on expliquerait maintenant bien des choses de l'ordre naturel, telles que les oppositions tranchées de goûts ou le changement profond des caractères, et plusieurs autres choses encore dont nous ne dirons pas un seul mot : il nous suffit d'avoir établi les principes. Au lecteur, le soin d'en tirer toutes les conséquences.

103. Envisageant dans leur ensemble et dans leur application toutes les principales divisions et considérations de la Dynamique, nous pouvons dire, en terminant, qu'elles se réduisent à ces trois propositions particulièrement remarquables : 1º L'homme, être variable et fini, n'a sous son empire que la détermination des mouvements hyperboliques contingents, ou concernant les relations externes d'être à être ; 2º Les mouvements dérivés impliquent un état fixe et dépendent, conséquemment, de causes finies mais invariables ; 3º Les mouvements primitifs sont l'effet de causes à la fois invariables et infinies ou simples.

FIN.

TABLE DES MATIÈRES

Avant-propos.. VII

INTRODUCTION.

De l'identité des mathématiques et de la philosophie... 3

Chapitre Ier. — Des notions fondamentales philosophiques et mathématiques.................... 5
    Du positif... 6
    Du négatif.. 15
    De l'irrationnel................................... 27
    De l'imaginaire................................... 33

Chapitre II. — Des principales opérations philosophiques et mathématiques...................... 40
    Des opérations constitutives..................... 41
    Des opérations statiques......................... 54
    Des opérations dynamiques....................... 62
    Des opérations effectives........................ 70

PREMIÈRE PARTIE.

Des êtres à l'état latent, ou des quantités en général.... 85

Thétique.. 91

Chapitre Ier. — Des êtres et des unités simples...... 97

Chapitre II. — Des composés et des nombres...... 125
Chapitre III. — De la liberté et de la numération... 144

DEUXIÈME PARTIE.

Des êtres à l'état d'équilibre, ou des quantités dans l'espèce. 185

STATIQUE.................................. 186

Chapitre Ier. — De la relation ou de l'équilibre en général.................................. 189

Chapitre II. — De la relation ou de l'équilibre dans l'espèce.................................. 215

Chapitre III. — De la relation ou de l'équilibre en particulier.................................. 245

TROISIÈME PARTIE.

Des êtres à l'état de mouvement, ou des quantités en particulier. 254

DYNAMIQUE.................................. 259

Chapitre Ier. — De la nature du mouvement....... 264
    Du mouvement à variation simple.......... 266
    Du mouvement à variation double.......... 268
    Du mouvement à trois variables........... 278

Chapitre II. — De l'origine du mouvement......... 299
Chapitre III. — De la communication du mouvement. 311

FIN DE LA TABLE.

www.ingramcontent.com/pod-product-compliance
Lightning Source LLC
Chambersburg PA
CBHW060515170426
43199CB00011B/1458